教育部电子商务类教学指导委员会首批推荐慕课
21世纪经济管理新形态教材 · 电子商务系列

跨境电商创业

理论＋策略＋案例

林炜莉　郑　奕　吴剑飞　黄建堂 ◎ 编

清華大學出版社
北　京

内 容 简 介

通过基于主流跨境电商平台“理论＋策略＋案例”的实战，本书以任务驱动和案例解说为主线，帮助读者开启跨境电商创业之路。本书依托教育部电子商务类教学指导委员会的首批推荐慕课、福建省本科高校线上一流课程“跨境电商理论与实务”，凸显“书面教材＋慕课教材”的立体交互优势。教师可以借助立体教学资源，实施“线上＋线下”混合式教学，提升课程教学过程和评价过程的可控性与可视性。

本书不仅适合高等院校跨境电商相关专业使用，也可以作为跨境电商企业员工的岗位培训和自学用书。

图书在版编目（CIP）数据

跨境电商创业：理论＋策略＋案例 / 林炜莉等编 . — 北京：清华大学出版社，2024.7
21 世纪经济管理新形态教材 . 电子商务系列
ISBN 978-7-302-65734-7

Ⅰ . ①跨…　Ⅱ . ①林…　Ⅲ . ①电子商务—商业经营—教材　Ⅳ . ① F713.365.2

中国国家版本馆 CIP 数据核字（2024）第 052106 号

责任编辑：徐永杰
封面设计：李伯骥
责任校对：王荣静
责任印制：刘海龙

出版发行：清华大学出版社
网　　址：https://www.tup.com.cn，https://www.wqxuetang.com
地　　址：北京清华大学学研大厦 A 座　　**邮　　编：**100084
社 总 机：010-83470000　　**邮　　购：**010-62786544
投稿与读者服务：010-62776969，c-service@tup.tsinghua.edu.cn
质 量 反 馈：010-62772015，zhiliang@tup.tsinghua.edu.cn
印 装 者：小森印刷霸州有限公司
经　　销：全国新华书店
开　　本：185mm × 260mm　　**印　　张：**14.75　　**字　　数：**317 千字
版　　次：2024 年 7 月第 1 版　　**印　　次：**2024 年 7 月第 1 次印刷
定　　价：59.80 元

产品编号：087738-01

前　言

在“一带一路”倡议下，跨境电子商务（以下简称“跨境电商”）已成为21世纪的“空中丝绸之路”，走好这条新丝路，对缓解外需市场低迷、加工制造业转移等因素给中国传统外贸带来的压力有着巨大的现实意义。《国务院关于积极推进“互联网+”行动的指导意见》（国发〔2015〕40号）明确提出要加强电子商务国际合作，鼓励各类跨境电商服务商发展，完善跨境物流体系，拓展全球经贸合作。这可以看作国家层面发出的推动跨境电商进一步发展的积极信号。

但是在跨境电商方兴未艾的发展势头下，市面上针对亚马逊这一全球领先的跨境电商平台的创业导向性的实操性教材却寥寥无几。全国开设跨境电商方向课程的院校和教师也期盼有一套具有实践性与可操作性的教材来指导、帮助教学工作。正是在这样的背景下，本书在各方人士的共同努力和推动下得以问世。

本书的编写目的：满足新时代国家对创业型人才培养的要求，培养具备跨境电商主流平台实操技能的人才，满足大学生专业学习和未来职业发展的实际需要。因此，本书在编写的过程中遵循以实操应用为目的，以任务驱动、案例解说为主线，秉持理论部分够用为度、操作部分实用为主的基本理念，旨在通过基于跨境电商平台“理论+实操+案例”的实战，来帮助读者开启跨境电商的创业之路。

本书的特色与亮点：“书面教材”+“慕课教材”的立体交互优势。本书依托教育部电子商务类教学指导委员会的首批推荐慕课——“跨境电商理论与实务”，凸显慕课学习的自主性和交互性。教师可以借助该慕课拓展教学内容，实施“线上+线下”混合式教学，提升课程教学过程和评价过程的可控性和可视性。

在本书的编写过程中，中国国际贸易学会李学新和刘姝辰两位专家提供了大量宝贵的建议；莆田市有为电子商务有限公司蔡曙源先生及AMZ123亚马逊卖家导航网创始人林金海先生也从诸多方面对本书的编写给予了大力支持，在此表示衷心感谢。

此外，在本书的编写过程中，编者参阅了大量的资料和互联网资源，同时也借鉴了国内外专家学者的部分研究成果，因部分资料几经转载已无法找到原作者，未能一一列出来源与出处，在此一并表示诚挚歉意。

本书在编写过程中得到了莆田学院跨境电子商务校企合作教材编写组的大力支持，是校企合作的系列成果之一。本书在编写过程中充分考虑了跨境电商的整个工作流程，将职场所需要的专业知识、语言技能、职业素养有机地结合在一起，做到了学习任务与社会需求相匹配、课堂教学与岗位实践相结合。

本书编写分工如下：林炜莉编写第 1 ～ 7 章及附录部分，郑奕、吴剑飞、黄建堂负责提供相关案例及数据。本书在编写过程中也得到了莆田学院领导与诸位老师的鼎力支持，在此一并致以诚挚的谢意！

本书不仅适合高等院校跨境电商相关专业课程使用，也可以作为跨境电商企业员工的内训参考书。

由于编者水平有限，不足与缺点在所难免，恳请广大读者批评指正。

编者

2024 年 5 月

目　录

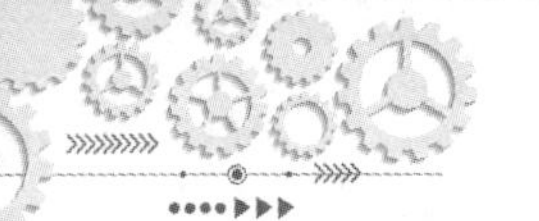

第1章 认识跨境电商

学习目标

1. 了解目前全球跨境电商的发展状况。
2. 知悉当下主流的跨境电商平台。
3. 理解跨境电商主要的运营模式与特征。

能力目标

1. 阐述全球跨境电商的发展现状及主要模式。
2. 根据商品特性初步选择合适的跨境电商平台和区域市场。
3. 描述主流跨境电商平台在运营模式上的异同点。

思政目标

1. 通过全面梳理全球跨境电商的过去、现在和未来，使学生了解在全球化浪潮下伴

随互联网经济兴起的跨境电商对世界经济与贸易格局产生的影响，理解中国作为“世界工厂”在跨境电商的加持下，如何整合供应链、物流链和贸易链。

2. 通过横向与纵向的跨境电商平台比较，锻炼学生客观、辩证地观察及分析某一事物的能力。

学习任务　了解跨境电商的一般原理

1. 掌握跨境电商的基本概念。

2. 了解全球主流跨境电商平台。

4 学时。

企业情境引入

林经理告诉小莉：在进行跨境电商平台实操之前，我们应该了解全球主流跨境电商平台的类型、主要销售目标国家（地区）等信息，并掌握关于跨境电商的基本概念和工作原理，这样可以帮助我们快速进入跨境电商的实操部分。

知识点 1：跨境电商的基本概念

跨境电商是互联网发展到一定阶段所产生的新型贸易形态，指分属不同关境的交易主体，通过电子商务平台达成交易、进行支付结算，并借助跨境物流送达商品的一种国际商业活动。

跨境电商起源于 20 世纪 60 年代，当时电子数据交换（electronic data interchange，EDI）是电子商务初级形式，随着 20 世纪 90 年代互联网在全球的快速普及，跨境电商成了互联网应用的热点，基于互联网的跨境电商具有费用低廉、覆盖面广、功能全面和灵活便捷等优势。

跨境电商从进出口方向分为两类：出口跨境电商和进口跨境电商。除特别指明外，本书所指跨境电商均为出口跨境电商。

跨境电商发展到目前阶段，主要的模式有以下四种：B2C、C2C、M2C、B2B2C。

B2C：business-to-customer 的缩写，指的是商家直接面向消费者销售产品和服务的商业零售模式。B2C 模式的特点是一般以网络零售为主，主要借助品牌官方在线商城、大型跨境电商平台（如亚马逊）等开展在线销售活动。

C2C：customer-to-customer 的缩写，指个人与个人之间的电子商务活动，也就是说出售商品或服务的主体可以是自然人。目前主流跨境电商平台对于自然人开设店铺的管控趋严。

M2C：manufacturer to consumer 的缩写，是由生产制造商直接在线将商品出售给消费者的购物模式。这是一种在 B2C、C2C 基础之上的网络购物模式，核心要义是取消中间环节，实现从工厂到用户的点对点营销。这种模式看上去很美好，但在实际运营过程中，生产商多专注于研发制造，不善市场营销，故极有可能出现网络销售不畅的情况。

B2B2C：business to business to consumer 的缩写，第一个 B 指广义的卖方（即成品、半成品、材料提供商等），第二个 B 指交易平台，即提供卖方与买方的联系平台，同时提供优质的附加服务，C 即指买方。平台绝非简单的中介，而是提供高附加值服务的渠道机构，拥有客户管理、信息反馈、数据库管理、决策支持等功能的服务平台。B2B2C 的定义包括现存的 B2C 平台和 C2C 平台的商业模式，更加综合化。

我国跨境电商主要分为企业对企业（B2B）和企业对消费者（B2C）的贸易模式。在 B2B 模式下，企业运用电子商务以广告和信息发布为主，成交和通关流程基本在线下完成，本质上仍属传统贸易，已纳入海关一般贸易统计。在 B2C 模式下，境内企业直接面对境外消费者，以销售个人消费品为主，物流方面主要采用航空小包、邮寄、快递等方式，其报关主体是邮政或快递公司。

知识点 2：认识跨境电商的主流平台和特点

本知识点将从平台特色、入驻费用、平台佣金等方面介绍不同模式的主流跨境电商平台。

一、eBay

eBay 集团于 1995 年 9 月成立于美国加州硅谷，是全球电子商务和支付行业的先行者，致力于为不同规模的商家提供公平竞争、共同发展的机会。eBay 买家前台首页和 eBay 中国卖家中心如图 1-1、图 1-2 所示。

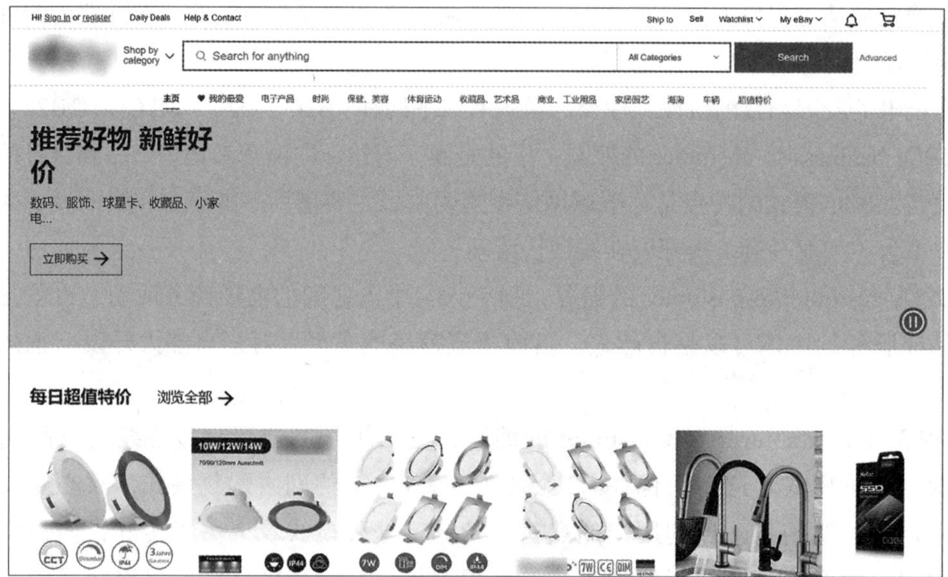

图 1-1　eBay 买家前台首页

图 1-2　eBay 中国卖家中心

eBay 采用“拍卖加一口价”方式综合刊登。所谓“拍卖加一口价”方式综合刊登，就是卖家在销售商品时选择拍卖方式，设置最低起拍价的同时，再根据自己对物品价值的评判设置一个满意的“保底价”，也就是一口价。这种“拍卖加一口价”的方式能够综合拍卖方式和一口价方式的所有优势，从而让买家根据自身需要和情况灵活地选择购买方式，为卖家带来更多的商机。

卖家在 eBay 上开店铺、刊登物品进行销售并不免费，需要支付一定的手续费。eBay 平台的手续费主要包括五个部分，如图 1-3 所示。

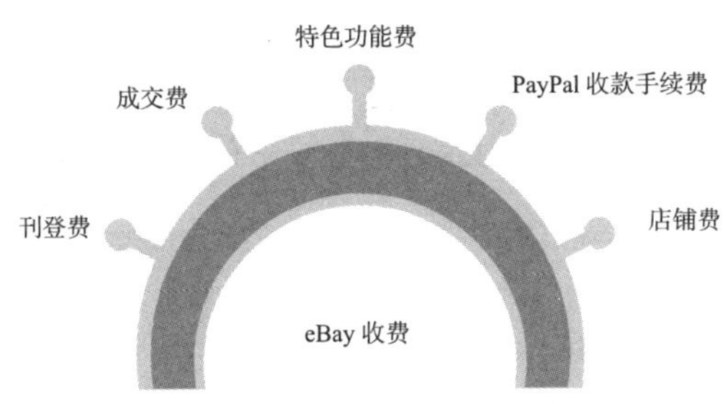

图 1-3　eBay 平台开店费用

二、Wish

Wish 平台将主要消费者称为 Power Buyer（强力购买者）。他们是平台的忠实用户，也是各位卖家需要重点抓住的核心用户。从数据上看，Power Buyer 用户的点击率、加购率、结账率都要更高，也会更多地使用优惠券等。Power Buyer 的用户画像如下。

（1）购买频次：最近 14 天内购买过。

（2）数量：在最近 90 天内下单 ≥ 3 次。

（3）金额：在过去 90 天内消费 ≥ 30 美元。

（一）国家分布

从分布的国家来看，大多数 Power Buyer 用户来自欧洲（占 26%）和美国（占 23%），和平台整体的用户分布相当。其中，从 Power Buyer 用户贡献的 GMV（商品交易总额）的比重来看，贡献最多的是美国的 Power Buyer，其次分别为加拿大、瑞士、德国、英国、澳大利亚、意大利、西班牙、挪威、瑞典、巴西、墨西哥。

（二）年龄分布

在年龄方面，用户大多出生于 1997—2012 年，具体来看：年龄在 21 ～ 30 岁，约占总用户的 30%；年龄在 31 ～ 40 岁，约占总用户的不到 15%；年龄在 41 ～ 50 岁，约占总用户的近 20%；年龄在 51 ～ 64 岁，占总用户的比重超过了 25%。

（三）品类分布

根据 Wish 平台的订单数据，2023 年上半年，更多的 Power Buyer 用户在购买这些品类的产品：珠宝和手表、家居提升类产品、运动户外装备、高级珠宝、家居装饰、厨房与餐饮用品、手机壳及屏幕保护贴、男士箱包及配饰、女士内衣及塑身衣、缝纫与编织用

品、清洁用品、汽车内饰、女士箱包及配饰、女士上衣、便携式电子产品、洗浴用品、汽车护理产品、汽车外观产品、储物产品、运动服装……整体上看，这些购买较多的产品品类和平台整体热销品类分布相差不大；也就是说，在品类偏好上，Power Buyer 用户和普通用户差别不大。综合来看，Power Buyer 用户对于平台、商户来说，都有较为重要的指标性价值，抓住 Power Buyer 用户的需求变化和需求差异，对于卖家制定产品策略有很大帮助。①

值得一提的是，据 Wish 官方网站②的消息披露：Wish 的母公司 ContextLogic Inc. 计划将 Wish 电商平台出售给 Qoo10。Qoo10 是一个电商平台，其总部位于新加坡。Qoo10 为用户提供各种各样的产品选择，包括时尚和美容产品、家居产品和电子产品等。一旦 Qoo10 完成对 Wish 的收购，Wish 将正式成为 Qoo10 业务系列的一部分，Qoo10 将为 Wish 商家带来新的跨境电商流量。

三、阿里巴巴国际站

阿里巴巴国际站成立于 1999 年，是阿里巴巴集团的第一个业务板块，现已成为全球最大的数字化贸易出口平台之一。截至 2023 年，阿里巴巴国际站累计服务 190 余个国家和地区的超过 4 000 万活跃企业买家。③阿里巴巴国际站致力于让所有的中小企业成为跨境公司；打造更公平、绿色、可持续的贸易规则；提供更简单、可信、有保障的生意平台。它始终以创新技术为内核，高效链接生意全链路，用数字能力普惠广大外贸中小企业，加速全球贸易行业数字化转型升级。阿里巴巴国际站将赋能全球 3 000 万活跃中小企业，实现全面无纸化出口、货通全球。如图 1-4 所示。

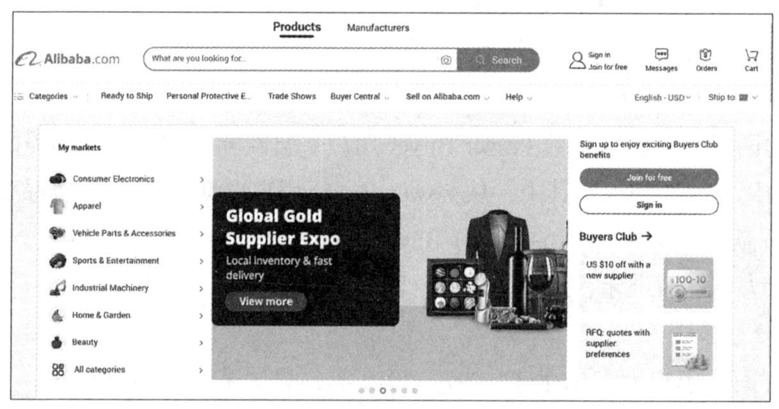

图 1-4　阿里巴巴国际站买家登录首页

① 数据发现：这群用户花费更多，尤其是这 20 类产品！ [EB/OL].（2023-10-24）.https://peixun.wish.com/2023/10/shujufaxianzhequnyonghuhuafeigengduoyouqishizhe20leichanpin/.

② 重要消息：Wish 电子商务平台将出售给 Qoo10[EB/OL].（2024-02-18）.https://peixun.wish.com/2024/02/zhongyaoxiaoxiwishdianzishangwupingtaijiangchushougeiqoo10/.

③ 阿里巴巴国际站中文官网 [EB/OL].https://supplier.alibaba.com/landing/sem.htm?joinSource=gw_baidu_LP_PC000134&bd_vid=11830121923199088769.

四、全球速卖通平台

全球速卖通（AliExpress）是阿里巴巴集团旗下的面向国际市场打造的跨境电商平台，被广大卖家称为“国际版淘宝”。全球速卖通面向境外买家客户，通过支付宝国际账户进行担保交易，并使用国际物流渠道运输发货，是全球领先的英文在线购物网站。全球速卖通平台卖家登录首页如图 1-5 所示。

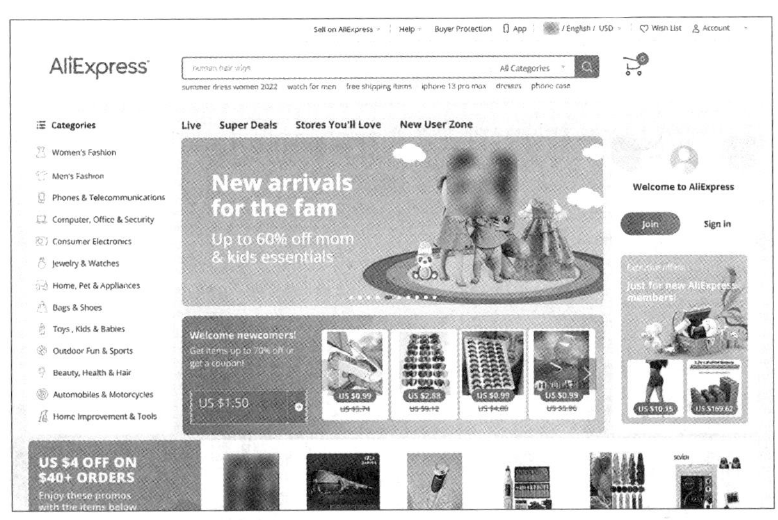

图 1-5　全球速卖通平台卖家登录首页

全球速卖通平台成立至今已 10 多年，其高速发展，日趋成熟，覆盖全球 220 多个国家和地区，主要交易市场为俄罗斯、美国、西班牙、巴西、法国等；海量资源助力中国品牌出海，支持世界 18 种语言站点，涵盖 22 个行业，囊括日常消费类目，支持全球 51 个国家的当地支付方式。全球速卖通的买家以个人消费者为主，约占平台买家总数的 80%，还有约 20% 为境外批发商和零售商，全球速卖通在成立之初的定位就是外贸零售网站。

全球速卖通 2010 年 4 月开始免费对外开放注册，核心优势是在全球贸易新形势下，全球买家采购方式正在发生剧烈变化，小批量、多批次正在形成一股新的采购潮流，更多的终端批发零售商直接上网采购，直接向终端批发零售商供货，更短的流通零售渠道，直接在线零售支付收款，拓展了小批量、多批次产品利润空间，创造批发零售商的更多收益。全球速卖通覆盖 3C（计算机、通信和消费电子）类产品、服装、家居、饰品等共 30 个一级行业类目；其中优势行业主要有服装服饰、手机通信、鞋包、美容健康、珠宝手表、消费电子、电脑网络、家居、汽车摩托车配件、灯具等。

全球速卖通自 2016 年中国好卖家助力计划推出以来，帮助了数以千计的全球速卖通卖家拓展境外市场、提升自主运营能力，从而快速成长为全球速卖通平台的实力卖家。2018 年 11 月，全球速卖通中国好卖家助力计划全面升级，重点聚焦于助力优质卖家跨境出海，在卖家招募、准入和成长等工作中投入优质培育与发展资源，帮助优质卖家实现货通全球。

五、敦煌网

敦煌网（DHgate.com）创立于2004年，是中国领先的B2B跨境电商交易服务平台。作为中国B2B跨境电商领跑者，敦煌网自创办伊始就专注大商家给小商家供货赛道不动摇。通过整合传统外贸企业在关检、物流、支付、金融等领域的生态圈合作伙伴，敦煌网打造了集相关服务于一体的全平台、线上化外贸闭环模式，极大地降低中小企业对接国际市场的门槛，不仅赋能国内中小产能企业，也惠及全球中小微零售商，致力成为二者之间的最短直线。敦煌网的卖家登录页面和买家平台首页如图1-6、图1-7所示。

图1-6　敦煌网卖家登录页面

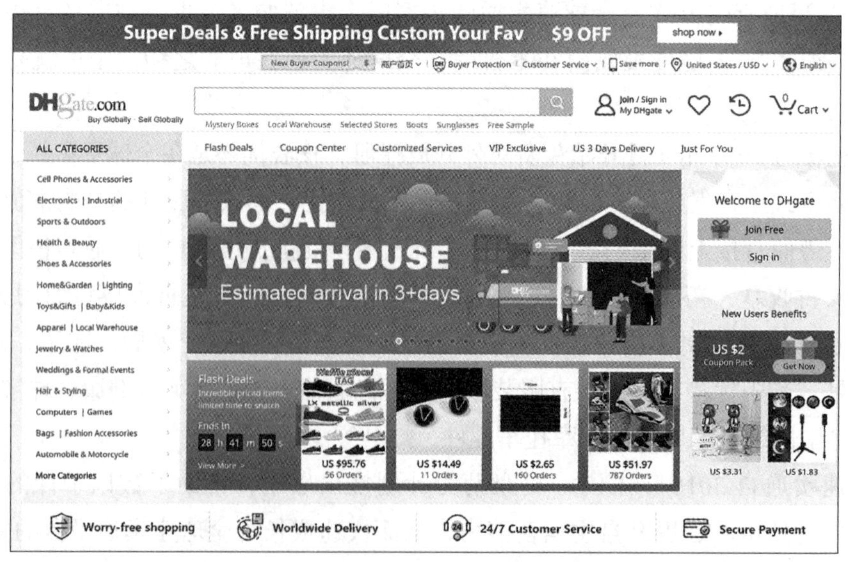

图1-7　敦煌网买家平台首页

截至 2022 年，敦煌网拥有 254 万以上累计注册供应商，年均在线产品数量超过 3 400 万，累计注册买家超过 5 960 万，覆盖全球 225 个国家及地区，提供 100 多条物流线路和 10 多个海外仓，在北美洲、拉丁美洲、欧洲等地设有全球业务办事机构。敦煌网以“促进全球通商，成就创业梦想”为使命，专注小额 B2B 赛道，为跨境电商产业链上中小微企业提供店铺运营、流量营销、仓储物流、支付金融、客服风控等全链路赋能，帮助中国制造商对接全球采购。

当下，敦煌网持续发力构建“B2B+B2C”双赛道跨境电商平台，一站式布局全球千亿级市场，通过全方位的平台资源政策，赋能卖家起步成长。

（一）敦煌网的画像标签

（1）领先的全球中小零售商一站式贸易和服务平台。

（2）美国市场最大的中小零售商一站式在线贸易平台。

（3）同时赋能供应端和采购端的中小企业。

（二）敦煌网品牌优势

（1）20 余年国内外品牌认知。

（2）境外线下实时品牌渗透。

（3）50+ 国家清关能力。

（4）200+ 物流专线。

（5）17 个海外仓。

（三）敦煌网技术优势

（1）20 余年技术沉淀。

（2）年均近万项迭代优化。

（3）数字贸易智能生态体系（DTIS）。

（四）敦煌网运营优势

（1）1 000+ 运营模块。

（2）高度跨界的运营人才。

（3）典型电子商务基因。

作为跨境电商领域 B2B 出口贸易的创新者，敦煌网是中国最早将信息流、资金流、物流实现“三流合一”的出口电商平台。敦煌网发挥整合优势，为平台用户提供完整的平台资源整合业务。

敦煌网还开创了以民间力量自下而上推动国家和地区间双边协议的数字贸易合作模式，为跨境电商的发展谋求制度保障，响应并助推“一带一路”倡议。由敦煌网发起并促成的中国—土耳其、中国—秘鲁跨境电商合作备忘录先后于 2015 年、2016 年签署。中土协议更是中国第一个双边跨境电商合作协议，打响了“一带一路”网上丝绸之路第一炮。2018 年，敦煌网土耳其商品专页上线，土耳其中小企业也可以通过敦煌网将本国产品销往

海外。敦煌网为交易双方提供一个交易平台，买卖双方可以在该平台上完成交易，交易成功后，平台向买家收取一定比例的佣金。由于跨境电商交易所面对的市场是全球200多个国家和地区及十几万个城市，且跨境电商的整个交易流程更加复杂，也就需要更多的服务环节来支持。基于跨境电商的这个特点，敦煌网会为用户提供物流、金融服务、代运营等一系列服务，并从中收取相应服务费。

六、区域性电商平台

除上述主流跨境电商平台外，近年来一些区域性的跨境电商平台也增长迅猛，如专攻东南亚电商市场的Shopee平台和Lazada平台，帮助卖家拓展印度尼西亚、马来西亚、菲律宾、新加坡、泰国及越南等国家和地区的电商市场；以日本电商市场为主的Rakuten（乐天）平台和雅虎日本购物平台等；以韩国电商市场为主的Coupang平台等；专攻拉丁美洲市场的Mercado Libre（美客多）平台；专注俄罗斯电商市场的Ozon平台和UMKA平台；专注非洲电商市场的Jumia平台等。

（一）Shopee平台

Shopee自2015年在新加坡成立以来，业务范围辐射新加坡、马来西亚、菲律宾、泰国、越南、巴西、墨西哥、哥伦比亚、智利、波兰等10余个市场，同时在中国深圳、上海和香港设立跨境业务办公室。2021年，Shopee总订单量达61亿，同比增长116.5%。Shopee拥有的商品种类包括电子消费品、家居、美容保健、母婴、服饰及健身器材等。目前，Shopee已累计覆盖了新加坡、马来西亚、菲律宾、泰国、越南、巴西、墨西哥、哥伦比亚、智利等十余个市场，在东南亚及拉美电商增长蓝海均有布局。其面向跨境新卖家开放十大首站，卖家可根据过往运营经验及经营类目选择出海首站。①

Shopee自成立起，一直保持快速增长势头。2018年，Shopee GMV达到103亿美元，同比增长149.9%。2019年第一季度，Shopee季度GMV同比增长81.8%，总订单数同比增长82.7%，App下载量超过2亿。2021年第二季度，Shopee总订单数同比增长127.4%，总成交额达到150亿美元，同比增长88%。

根据权威移动数据分析平台data.ai的调查数据：2022年第二季度，Shopee荣登谷歌应用商店全球购物类App用户使用总时长第一及平均月活数第二，囊括东南亚、中国台湾及巴西市场购物类App平均月活数、用户使用总时长第一。同时，Shopee品牌影响广泛，入榜YouGov 2022全球最佳品牌榜第五，为前十强中仅有的电商品牌。

2022年Shopee“11·11”大促期间，数万跨境卖家售出商品数涨超10倍；首次参与11·11大促的跨境新卖家，多类目售出商品涨超50倍。Shopee致力于构建一站式跨境出海方案，以打造SLS（Shopee logistics service，Shopee物流服务）、中文/多语种互译、支付保障、中国卖家中心的基础硬实力，提供流量、孵化支持的运营软实力，整合优质三方

① 出海东南亚电商平台跨境解决方案[EB/OL].（2023-11-01）.https://shopee.cn/onboard/100/1141.

合作伙伴的资源聚合力，成就每一种出海可能。

东南亚是“21 世纪海上丝绸之路”建设的枢纽地区，且因地缘、人口、经济发展潜力叠加，东南亚日渐成为电商发展的蓝海市场及中国跨境商家开展出口电商的首选。

2022 年 10 月 27 日，谷歌、淡马锡和贝恩公司联合发布了《东南亚互联网经济报告（2022）》（*e-Conomy SEA 2022*，以下简称《报告》）。《报告》指出，在全球宏观经济面临下行压力的背景下，东南亚经济全面复苏仍然面临许多挑战，如利率上涨和高通货膨胀等。但即便如此，2022 年东南亚数字经济 GMV 仍有望达到约 2 000 亿美元，复合年均增长率为 20%，这一 GMV 规模比淡马锡、贝恩公司和谷歌在 2016 年的报告预期中早了 3 年。此外，《报告》还预计 2025 年东南亚的数字经济 GMV 会达到 3 300 亿美元，复合年均增长率预计为 20%。就东南亚各国数字经济发展情况来看，该报告预计各国会有全面、持续的增长，其中越南和菲律宾是未来的领跑者。从《报告》看，越南和菲律宾的数字经济 GMV 增速在 2022—2025 年均高于东南亚其他国家。到 2030 年，越南和菲律宾的数字经济 GMV 规模有望挤进东南亚前三。

1. 本土化策略

（1）Shopee 本土人才招聘和培养，在当地形成良性的人才培养梯队。

（2）Shopee 依据每个市场特性制订本土化方案，以迎合当地消费者需求。比如，Shopee 在印度尼西亚和马来西亚市场发起斋月大促活动，推广引流，两大市场迎来一年一度的流量高峰。

（3）Shopee 建立了不同的 App 服务于不同的市场。

2. 移动端优先战略

（1）Shopee 从移动端切入，推出简洁干净、易于使用的交互页面，使消费者顺畅使用 App 每个功能，实现在 30 秒内完成选择并购买商品。

（2）优化移动端体验，如推出 Shopee Shake 摇金币游戏契合移动端碎片化场景，在 2018 年“11・11”当天，东南亚用户总计玩了 9 400 万次 Shopee Shake。

3. 社交明星引流

（1）以“社交”作为切入点，Shopee 结合本地元素、流量明星、互动游戏、社交网络等方式，获取高黏性用户。

（2）Shopee 在 App 中推出直播功能，商家可在 App 中通过直播向潜在消费者推介商品。

4. 提升全流程体验

Shopee 跨境业务团队专为中国跨境卖家打造一站式跨境解决方案，提供流量、物流、孵化、语言、支付和 ERP（企业资源计划）等全流程支持。

Shopee 平台发展历程简表如图 1-8 所示。

2015		Shopee于新加坡成立并设立总部
2016	01月	在深圳和香港设立办公室，开展中国跨境业务
2017	03月	深圳研发中心成立
	07月	上海办公室开业，服务华东市场
	10月	母公司Sea集团纽约证券交易所上市
2018	09月	SLS全面覆盖东南亚等7大市场
	10月	上海新办公室开业，持续深耕华东市场
	11月	与义乌市签署战略合作协议，推动当地企业出海
2019	04月	厦门孵化中心落成，Shopee完成珠三角、长三角和海西三大经济区布局
		Shopee中国总部新办公室亮相，加速跨境布局
	06月	与杭州市达成战略合作，构建数字丝路“新杭线”
		Shopee 扬帆计划 & Young帆计划正式启动，赋能跨境电商产业人才培养
	07月	发布“虾皮国际平台 (SIP)”，助力内贸卖家出海
	08月	国际巨星克里斯蒂亚诺・罗纳尔多出任Shopee全球代言人
	11月	“虾皮网红营销服务（SKS）”重磅上线，掀起东南亚直播带货风
	07-12月	SLS不断升级，上线海外仓、重物渠道、大件物流提升物流效力
2020	02-04月	Shopee跨境推出“卖家复苏计划”，通过稳运营、拓流量、省金流等多项举措降低疫情对卖家负面影响
	05月	SLS开启“3+1”升级计划，以头程揽收、干线运输、全程保险及海外仓储，保障疫期跨境物流
	06月	Shopee跨境香港新办公室开业
		Shopee跨境义乌运营中心正式启用
	08月	Shopee在中国启动第一届“全球管培生计划”，招募并培养未来全球化电商人才
	09月	虾皮公益基金在中华慈展日获得由深慈会颁发的“深善-战役先锋”和“深善-生态共建闪光机构”两大奖项
		Shopee跨境联合南宁市外事办公室和南宁市人民对外友好协会，共同举办中国-东盟外语主播大赛
2021	03月	Shopee作为跨境电商平台代表接受国家商务部服贸司莅临调研，共同探讨服贸建设的发展方向
	05月	与河北白沟新城签订合作备忘录，设立白沟运营中心，增设白沟物流揽货点
		上线中国卖家中心，一站式管理助力卖家多站点运营更高效
	08月	Shopee聊聊开通中文自动翻译功能，实现中文/多语种及时互译
2022	01月	增设中国南宁境内仓，全面升级仓储物流服务
	09月	代表“深圳代表团”参加2022年中国国际服务贸易交易会

图 1-8　Shopee 平台发展历程简表

（二）Lazada 平台

Lazada 成立于 2012 年，是东南亚本土领先的电子商务平台。其致力于通过商业和科技促进印度尼西亚、马来西亚、菲律宾、新加坡、泰国和越南六国的市场发展。Lazada 自 2016 年起成为阿里巴巴东南亚旗舰电商平台，获阿里巴巴集团前沿科技的支持，拥有东南亚全面覆盖的物流网络和领先的支付体系。Lazada 平台页面截图如图 1-9 所示。

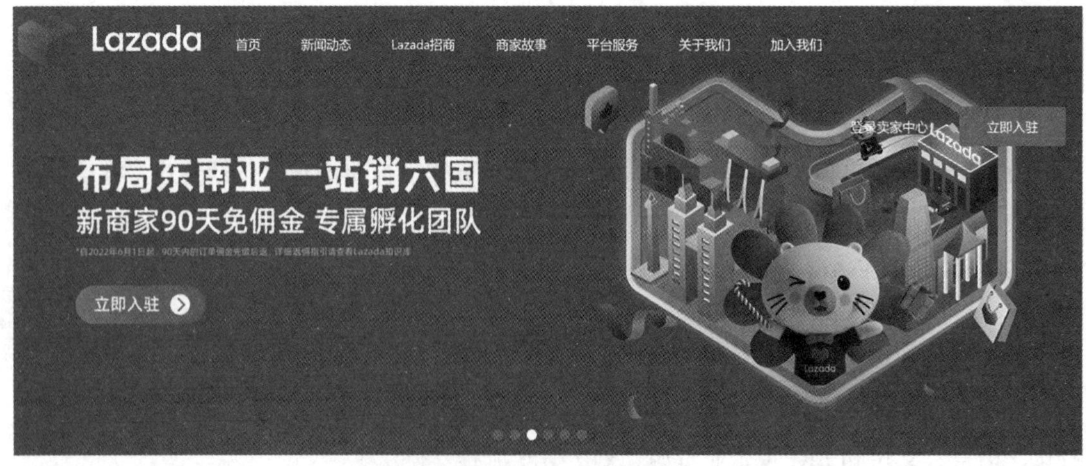

图 1-9　Lazada 平台页面截图

2021 年，Lazada 年度活跃消费者达到 1.3 亿，GMV 突破 210 亿美元，80% 多的福布斯 Top100 品牌已入驻 LazMall 品牌商城。Lazada 致力将世界带到东南亚，Lazada 跨境业务为东南亚消费者提供来自全球的品牌，其跨境业务是通过全球精选频道将来自中国、日本、韩国、美国和欧洲等市场的品牌与商家引入 Lazada。同时阿里巴巴的技术基础设施和完善的物流网络布局，让客户在下单后最快当日内即可收货。

Lazada Marketplace 于 2013 年在 Lazada 平台上推出，为商家提供可接触数百万新客户的即时渠道；同时，在安全支付选择和客户关怀支持，以及分销网络和市场分析等方面提供全套服务，旨在帮助商家销售更多产品。Lazada Marketplace 的商家共可销售 18 个品类商品，包括移动设备、家用电器、健康美容、家居生活、母婴等快速增长品类。

LazMall 于 2018 年在 Lazada 平台上推出，有超过 18 000 个国际和本地知名品牌入驻。LazMall 提供给消费者高度保障的品牌、服务和产品，作为东南亚最大的虚拟商城，LazMall 为零售行业设下新标准。消费者在 LazMall 能买到 100% 正品，享有 15 天退换货保障以及次日达的配送服务。对入驻的品牌和卖家来说，LazMall 亦为其消费者提供了定制化的购物体验。

LazGlobal 是 Lazada 跨境业务，Lazada 跨境业务为跨境商家提供一站式的跨境解决方案，1 份合同即可进入东南亚 6 个市场，1 次内容上传即可同步到 Lazada 各国站点，1 份简单的 LGS 运费卡即可抵达东南亚六国市场，1 个汇款解决方案即可解决收付款问题，1 个跨境新手学习平台助力运营孵化。

Lazada 跨境一直保持高速的增长，已经帮助一批优秀的中国品牌和商家取得了巨大的成功，在东南亚市场建立了影响力。

（三）日本乐天市场

根据 2021 年数据，日本电商市场规模超过 1 224 亿美元，约合 8.7 兆人民币，其中生活家电、服装杂货、食品饮料排名品类规模前三。[①] 日本乐天市场是日本知名电商平台，在电商市场中拥有高占有率，“要网购，上乐天市场”已经成为很多日本消费者的购物习惯。日本乐天市场强大的“集客力”可以吸引大量有购买欲望的客户，促进销售额的增长。从消费市场来说，乐天市场的特点是顾客黏度高、回访率高，顾客以 30 ~ 40 岁女性为主。从卖家角度来说，乐天市场是精品店 Mall（适合拥有品牌的商户），店铺数量少且平均单价高，竞争少，属于蓝海市场。值得注意的是，同样品类的产品在价值诉求上，中日有所不同，日本消费者的消费特点是高单价、黏度高、对细节有追求，需要卖家做好本土化经营。日本乐天市场首页截图页面如图 1-10 所示。

---

① 参考 2021 年 8 月日本经济产业省市场调查资料。

图 1-10　日本乐天市场首页截图页面

（四）韩国 Coupang 平台

Coupang 是于 2010 年由哈佛商学院毕业生 Bomseok Kim 成立的一家韩国电子商务公司，总部位于韩国首尔。网站商品类目众多，包括但不限于电子产品、美容产品、消费品、书籍、婴儿用品、家居用品、装饰、时尚、玩具、体育用品、门票、旅游和文化活动策划。

韩国作为亚洲第四大经济体、全球第十二大经济体，是世界上电子商务机会最多、增长最快的国家之一。经过数年的努力，Coupang 改变了韩国消费者的日常生活，成为韩国最大的电商平台之一，也是世界上增长最快的电子商务公司。Coupang 一直在致力于投资仓储、闪购的业务，努力缩短配送时间，目前大部分商品能够完成次日达，甚至当日达。特别是对中国卖家来说，Coupang 更新中文操作系统后台，即便不会韩语也可以轻松上传产品，需要填写的页面较为简单。如果具备其他跨境电商平台的实操经验，应该能够快速上手韩国 Coupang 平台。韩国 Coupang 平台买家首页截图如图 1-11 所示。

七、独立站跨境电商系统

跨境电商出海经历了三个重要的阶段：最初的大平台模式，即依托亚马逊这样的大平台进行跨境电商拓展；其次是 SaaS（软件运营服务）模式建站；最后是独立站（independent website）模式，以 DTC（direct-to-consumer，直连消费者）的方式触达

图 1-11　韩国 Coupang 平台买家首页截图

境外的消费者。当然，独立站模式，并不意味着彻底放弃第三方平台，目前大多数跨境电商企业依然采用“第三方平台 + 独立站”的双轨模式，将独立站作为促进业务增长的“第二曲线”，其优势在于无须受制于第三方平台的规则，抗风险能力强，节省平台佣金。此外，独立站模式能够帮助卖家积累来自消费者的一手数据，如用户消费偏好、交易额、商品页停留时间等重要数据。独立站模式已成为未来跨境电商出海过程中的趋势所在。①

对于大部分境外的品牌消费者来说，即便他们从电商平台购入一件产品，也会尝试去搜索该品牌的独立站点。所以不单是做 TikTok 电商要做独立站，亚马逊、eBay 等平台上的品牌卖家也应该开设自己的品牌独立站。如果连独立站都没有的话，在境外消费者眼中可能算不上一个真正的品牌，这与他们的网购习惯有关。

（一）独立站的基本概念

独立站是指由个人或小团体自主设计、开发和运营的网站，相对于大型门户网站和社交媒体平台而言，独立站通常拥有更小的规模和更专业化的内容。独立站的前景取决于多个因素，包括网站的定位和内容、用户体验、营收模式、竞争情况等。以下是一些可能影响独立站前景的因素。

定位和内容：独立站的定位和内容决定了它是否能够满足特定用户群体的需求，是否

① 亿欧智库 . 2021 跨境电商市场机遇与技术趋势白皮书 [R]. 2021.

能够获得足够的流量和用户黏性。如果定位和内容具有差异化与吸引力，那么独立站的前景会更好。

用户体验：独立站的用户体验对于用户留存和增长非常重要。如果独立站的用户体验不佳，如页面加载慢、易用性差、广告过多等，那么用户会选择其他网站。

营收模式：独立站的营收模式通常包括广告、付费内容、赞助、电子商务等。如果独立站选择适合自己的营收模式，并且在市场上获得足够的收入，那么前景会更好。

竞争情况：独立站通常处于激烈的竞争环境中，需要与其他同类网站以及门户网站、社交媒体等大型平台竞争。如果独立站找到合适的定位，以及在内容质量、用户体验、营收模式等方面具有优势，那么就有可能在竞争中脱颖而出。

总的来说，独立站的前景是良好的，但是需要克服很多挑战，包括流量获取、用户留存、盈利等问题。要想建立成功的独立站，需要在定位和内容质量上下功夫，提升用户体验，选择适合自己的营收模式，并且具有良好的执行力和持久性。

（二）独立站跨境电商的模式特征

语言问题长期以来一直是跨境电商交易中的重大阻碍因素。逾半数的全球网购消费者认为：如果境外的购物网站界面语言不是母语，购物体验会大打折扣。因此，首先必须关注的是独立站语言的本土化问题。对广大中国卖家来说，营销层面的最大难题便是如何生产原汁原味的本土化营销内容来带动销售，而人工智能所生产的内容，或能在原创营销内容生产方面助力跨境电商卖家实现突破。这一令不少跨境卖家头疼的难题，可能有了极佳的解决方案——利用人工智能做一些简单的运营工作，诸如为品牌取名、撰写商品详情页（listing）和营销邮件等。

尽管跨境电商依然被大多数人认为是朝阳产业，但不可否认的是依托各大平台网站销售的出海模式遇到了越来越多的挑战。同行间激烈的竞争压缩了利润空间，平台收取的各类费用持续走高，甚至推出并扶持平台自营品牌。跳出这种困境的方法之一便是 DTC Commerce（直营电商），也就是独立站电商方式。DTC 以消费者为终端，整合线上与线下生态系统中的营销、支付、物流和售后工具来管理并扩大生意。

与在平台销售不同，成功的独立站能够通过 Facebook、Instagram、YouTube、Twitter 等非平台电商与消费者建立直接联系。摆脱了平台电商千篇一律的模板，从精美的图片到详尽的视频，DTC 品牌能多角度、多形式、更加生动地讲述自己的产品故事。留住忠诚度高的客户是品牌长远发展的基石。通过定制化的邮件、折扣和个性化内容营销，不断增强消费者的黏性，提升复购率。

B2C 电商平台能够帮助卖家在开发新市场时省略不少流程，也能做前期的产品和市场测试，但有三大痛点，如图 1-12 所示。

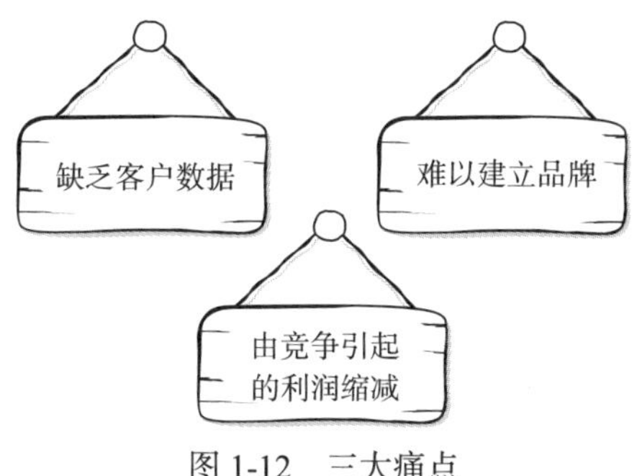

图 1-12　三大痛点

随着网上购物普及化，消费者的要求也更为严苛，他们追求品牌化的产品，期待优质的消费体验：流畅的流程、便捷于移动端的内容页面、及时的客户服务。独立站拥有专属于自己的客户体验，这与电商平台模式恰恰相反，它所带来的价值能够最终赋予企业独一无二的形象和品牌故事。加强品牌的三条路径如图 1-13 所示。

图 1-13　加强品牌的三条路径

1. 掌握属于自己的客户数据

当卖家在 B2C 电商平台和第三方平台上卖产品的时候，这些平台就掌控了这些数据。亚马逊等平台通过采用“一切全盘掌控”的模式迅速发展，其中就包含了其根据在其平台上产生的消费所推断得出的数据丰富的客户洞察。卖家提供给 B2C 电商的数据越多，卖家自己所拥有的控制权就越小。

独立站能掌握自己的客户数据，从而带来以下好处。

（1）对客户消费习惯以及人口统计数据的直接掌握能够让你定制个性化的体验与促销。

（2）让你从过去的错误中吸取经验，并在今后作出更明智的商业决策。

（3）数据是增加客户留存和推动重复购买的营销关键。

2. 提高利润率

在建立自己的品牌网站时，你的产品就已不再是海量类似产品中的一个选择。

3. 降低广告成本

B2C 电商平台在贩卖站内流量的同时也由站外购买流量。跨境电商企业如果通过 Facebook 等推广，不仅能够降低中间费用，而且能够获取客户资料，拓展更多的营销渠道，降低广告成本。

4. 避开日益激烈的竞争

当客户在大电商平台寻找特定产品时，即使他们在寻找你所创立的品牌，但他们不仅能看到你的产品，同时也会看到其他竞品。更让人烦心的是，他们可能也会看到电商平台的自营产品。一而再，再而三，对生产品牌商的忠诚可能最终抵不过超低的价格和大量的评价。

5. 统一的品牌体验

创建能够展现品牌价值的完美客户体验是赢得竞争、吸引客户和提升客户忠诚度的关键。要做到这些，第一步就是在你的网站打造一个沉浸式品牌体验。

6. 客户服务

客户服务不仅仅是解决询问这么简单，每位客户都期待被重视，在需要的时候能够获得及时的客户服务。由他们访问你的独立站开始，到购买产品，再到收到货物，每一个阶段他们都会期待有窗口能够服务他们。Shopify 与 Facebook Messenger 等即时通信工具的整合，能有效地自动化这些流程。

客户留存是提供有效的端到端体验过程中产生的副产品。另外，提高现有客户的平均终身价值（即长期复购率）比经常花钱获取新客户更为有效。正因如此，对复购客户和重复购买进行监控是重中之重。

7. 整合线上市场

由于每个线上市场的演算规则、产品上传模板不同，卖家们不得不重复为同一个商品制作不同的上传模板，浪费大量的时间与精力。而独立站能够对 Amazon、eBay、AliExpress、Walmart 等全球数百家线上市场的产品、订单、客户进行规范化整合，做到跨平台统一发布与管理。

8. 打通社交流量

当传统网站建好之后，获取流量的方法往往是通过关键词推广，加上在各个主流论坛或社交媒体粘贴网站链接，以提升网站的 PR（网页级别）值和 SEO（搜索引擎优化）权重。这个过程是 SEO 的主要工作，但是大部分都需要人工手动进行。而独立站可以做到多平台统一发布产品、博客、页面，自动大幅增加自建站曝光并提高 SEO 排名。

9. 创新支付模式

独立站允许卖家通过 PayPal、Amazon 以及信用卡等支付形式收款，所有付款一目了然。

（三）搭建境外独立站基本步骤

传统的建站系统包括：最普遍的建站系统 WordPress，网上商城建站系统 Magento 和 BigCommerce 等。而基于电子商务的独立站 Shopify、Shopline 等则整合了线上市场、社交媒体、独立站的一站式产品推广和客户关系管理系统。

可以按照以下步骤来搭建境外独立站。

（1）选择一个境外虚拟主机服务商。在选择境外虚拟主机服务商时，可以根据自己的需求，选择价格合理、稳定性好、技术支持及时的服务商。

（2）注册域名。根据自己的需求，选择一个适合自己的域名，可以在境内的域名注册商或者境外的域名注册商注册。

（3）安装网站建设程序。可以选择一些常见的网站建设程序，如 WordPress、Joomla 等。这些程序都有详细的安装指导，可根据指导完成安装。

（4）设计和开发网站。在网站设计和开发方面，可以根据自己的需求选择相应的网站模板或者请专业的网站设计团队进行设计和开发。同时，也需要关注网站的可用性、易用性、SEO 等方面的优化。

（5）配置支付系统。在网站中需要集成支付系统，以便境外用户方便地支付订单，可选择信用卡、PayPal、PingPong 等支付方式。

（6）推广和营销。建站完成后，需要进行推广和营销，通过社交媒体、广告投放等方式来吸引境外用户的注意，并提高网站的曝光率和访问量。

在建站和推广过程中，需要注意以下问题。

（1）选择合适的语言。根据目标客户的语言习惯，选择适合的语言，如英语、西班牙语等。

（2）遵循当地法律法规。在建站过程中，需要遵守当地法律法规，并关注境外消费者个人信息的保护措施。

（3）考虑物流和售后服务。在卖家的境外独立站中，需要提供完善的物流和售后服务，以便境外用户方便地购买和退换货。总的来说，境内卖家搭建境外独立站，需要进行全面的策划、设计和开发，同时也需要注意当地法律法规和消费者保护措施，提供完善的物流和售后服务，以满足境外用户的需求。

（四）如何优化独立站

（1）网站建设。卖家需要选择一个可靠的网站建设服务商或团队，设计网站结构，优化用户体验，提高网站速度和稳定性。此外，卖家需要确保网站的 SEO 和 SEM（search engine marketing，搜索引擎营销）等方面的工作做得足够好，提高网站在搜索引擎中的排名，吸引更多的流量和潜在客户。

（2）产品展示。独立站是卖家展示自己产品的重要平台，需要在独立站上展示自己的产品和服务，提供详细的产品信息，包括产品特点、功能、价格、用户评价等。此外，卖

家还需要提供高质量的产品图片和视频，让用户更好地了解自己的产品。

（3）网站安全。独立站的安全非常重要，因为网站遭受黑客攻击或数据泄露会对客户和卖家造成极大的损失。因此，卖家需要确保自己的网站安全，包括使用 Https（超文本传输安全协议）、安装防火墙、加密客户数据等。

（4）客户服务。独立站需要提供良好的客户服务，包括及时回复客户的咨询和问题、提供订单跟踪服务、处理退换货等售后服务，这样可以提高用户的满意度和忠诚度，使其成为忠实的回头客。

（5）营销推广。卖家需要积极进行营销推广，包括广告投放、社交媒体推广、电子邮件营销、口碑营销等多种方式。此外，卖家可以在其他网站或社交平台上开展活动，吸引流量并引导用户转移到自己的独立站。

（五）独立站的流量来源

建立独立站是为了让更多的人知道你的品牌和产品，从而吸引潜在客户并转化为销售机会。以下是一些可以帮助独立站带来客户流量的方法。① SEO。优化网站的 SEO，使搜索引擎能够更好地找到你的网站，从而为你带来更多的流量。你需要确定关键词并把它们包含在网站的元素中，如标题、URL（统一资源定位符）、头部和主体内容等。②社交媒体。在社交媒体上发布有关品牌和产品的信息，分享促销活动、新闻和博客等。此外，可以利用社交媒体平台的广告投放工具来针对潜在客户群体进行广告推广。③内容营销。提供高质量的内容来吸引潜在客户，如博客文章、新闻、视频和白皮书等。通过提供有价值的信息和知识，潜在客户更容易理解和信任你的品牌，并最终成为忠实客户。④建立电子邮件列表。建立电子邮件列表，通过提供有价值的信息和特别优惠等方式与潜在客户互动。这可以让你与你的客户建立联系，并在未来促进销售机会。⑤付费广告。通过付费广告平台，如 Facebook 广告等，来吸引潜在客户访问你的网站。这些平台能够帮助你精确地针对潜在客户群体，如特定的关键词、地理位置、年龄和性别等。总之，为了带来客户流量，你需要综合利用多种方法来吸引潜在客户访问你的独立站，通过持续的努力和不断优化，逐步建立自己的品牌知名度，吸引更多的流量，并将潜在客户转化为忠实客户。

（六）境内品牌做境外独立站的优势

（1）降低成本。在境外建立独立站可以降低跨境电商平台的手续费和其他费用，同时也能更加精细地管理自己的品牌和产品线。

（2）建立品牌信任。拥有自己的独立站能够让品牌更加专业化，更容易为消费者所信任。这有助于提升品牌形象和忠诚度，从而在竞争激烈的市场中获得优势。

（3）拓展境外市场。境外独立站可以更好地针对境外市场和当地文化进行定位和推广，从而更好地满足当地消费者的需求；同时，也有助于品牌在境外市场上建立更为稳固的地位。

（4）自主管理数据。建立自己的独立站能够更好地管理客户数据，如购买记录、用户信息等。这有助于品牌更好地了解消费者需求，调整产品和服务策略，提高销售额。

（5）提高用户黏性。建立自己的独立站可以提供更为优质的用户体验，包括更好的产品展示、更快的页面响应速度、更完善的售后服务等。这可以提高用户黏性，从而增加回头客和口碑宣传。

建立自己的独立站是境内品牌进军境外市场的重要一步。通过独立站，品牌可以更好地管理自己的形象、定位和营销策略，同时也能够提高用户黏性和品牌忠诚度，从而在激烈的市场竞争中获得优势。

（七）独立站如何在目标市场打开知名度

（1）搜索引擎优化。优化独立站的搜索引擎排名，让消费者能够更容易地找到你的网站。可以通过研究当地的关键词、创建优质的内容等方式来实现。

（2）社交媒体营销。利用当地的社交媒体平台，如 Instagram 等，开展营销活动。通过发布有趣的内容、与客户互动等方式，提高品牌知名度。

（3）支持当地语言和支付方式。独立站应该支持当地的语言和支付方式，这样能够更好地迎合当地消费者的需求，提升用户体验，从而增强与提升品牌的信任和忠诚度。

（4）优惠活动和促销。通过开展优惠活动和促销，吸引更多的消费者来到独立站，如提供折扣、免费配送等服务，可以提高购买率和品牌知名度。

（5）合作伙伴营销。与当地的品牌、博主、社区等合作，共同推广品牌和产品。通过利用合作伙伴的影响力和渠道，可以快速提高品牌知名度和曝光率。

总之，打开独立站的知名度需要通过多种策略来实现，综合运用这些策略，可以帮助独立站在当地市场上快速打开知名度，提高品牌影响力。

（八）适合做独立站的品类

当前哪个品类做独立站较有优势主要取决于市场需求和竞争状况，不同品类之间的竞争格局也会因市场变化而发生改变。但从当前市场趋势和发展态势来看，以下几个品类做独立站可能具有一定的优势。

（1）美妆护肤品类。随着女性消费力的不断提高，美妆护肤品市场也在逐步扩大。独立站可以通过提供专业的美妆护肤知识、个性化产品推荐等服务，吸引更多女性消费者的关注。

（2）个性化定制品类。个性化定制产品的需求不断增加，做个性化定制品类的独立站可以更好地提供个性化服务，满足消费者的个性化需求，打造品牌口碑。面对同质化商品垄断竞争激烈，且欧美市场对个性化需求日益旺盛，个性化定制商品无疑是运营独立站最具有优势的产品之一，经典热门的定制产品，如抱枕、T 恤、水杯、毛毯的定制需求位居定制品前列。随着消费者对智能产品的需求不断增加，数码电子品市场也在不断扩大。独立站可以通过自主研发、制造自己的产品，并提供售后服务，建立自己的品牌形象和口碑。需要指出的是，哪个品类做独立站有优势还需要考虑自身的产品特点和市场竞争状况等多方面因素，需要具体问题具体分析。

（九）独立站货源

独立站货源有：①批发市场：可以到当地的批发市场或者大型的综合商场采购商品，这种方式可以直接和货源方接触，获取更多的商品信息和更大的折扣优惠，但需要考虑运输和仓储成本。②按需定制供应链平台：和传统供应链相比，按需定制跨境电商供应商业务的变化很大。传统供应链要求订单量比较大，而柔性定制供应链平台只需要按照实际需要进行定制，1 件起订，还可以代发全球，这就节省了不少成本，还可以帮助卖家无门槛迅速测款，轻松打造爆款。③厂家直销：可以通过厂家直销的渠道采购商品，这种方式可以直接和生产厂家接触，获取更低的采购成本和更多的商品信息，但需要考虑起订量和运输成本。④网络采购平台：可以通过淘宝、京东、阿里巴巴等网络采购平台采购商品，这种方式可以快速获取商品信息和供应商信息，但需要考虑供应商的可靠性和产品质量问题。

（十）独立站运营策略

（1）精细定位和差异化竞争。独立站卖家面对的是市场竞争激烈的环境，需要在产品、服务和用户体验等方面进行差异化竞争。因此，卖家需要进行精细定位，找到独立站的目标客户，通过产品、价格、服务等方面创造出竞争优势。

（2）注重用户体验。独立站卖家需要注重用户体验，提供方便、快捷、贴心的购物体验。例如，建立客服团队，提供在线客服、售后服务等，增强用户对独立站的信任感和满意度。

（3）优化网站 SEO。SEO 可以提高独立站的曝光度和流量，卖家可以通过关键词优化、页面结构优化、内容优化等方式提高网站的搜索排名，增加自然流量。

（4）加强营销推广。在独立站的营销推广方面，可以采用多种方式，如内容营销、社交媒体营销、搜索引擎营销等，提高独立站的曝光度和流量。同时，卖家需要注重转化率，通过营销手段促使用户下单购买。

（5）注意品牌建设。品牌是独立站卖家的重要资产之一，需要注重品牌建设。卖家可以通过品牌口碑、产品质量、服务质量等方面塑造品牌形象，提高用户对品牌的认知度和信任感。

（6）不断优化产品和服务。独立站卖家需要不断优化产品和服务，提升用户满意度和购物体验。可以通过用户反馈、市场调研等方式获取改进产品和服务的建议，不断推陈出新，提高用户忠诚度。

八、Shopify 平台建站

Shopify 是加拿大跨国电子商务公司，由托比亚斯·卢克创办，总部位于安大略省渥太华。Shopify 为在线零售商提供了一套服务“包括付款、营销、运输和客户参与工具，以简化为小商户开设在线商店的过程”。Shopify 是全球顶尖的一站式电商 SaaS 平台，其完善的生态系统集云端建站、库存管理、多渠道销售等功能和技术于一体，赋能来自约 175 个国家的 170 万家中小商户、大型零售贸易企业及全球知名品牌，如图 1-14 所示。Shopify 具

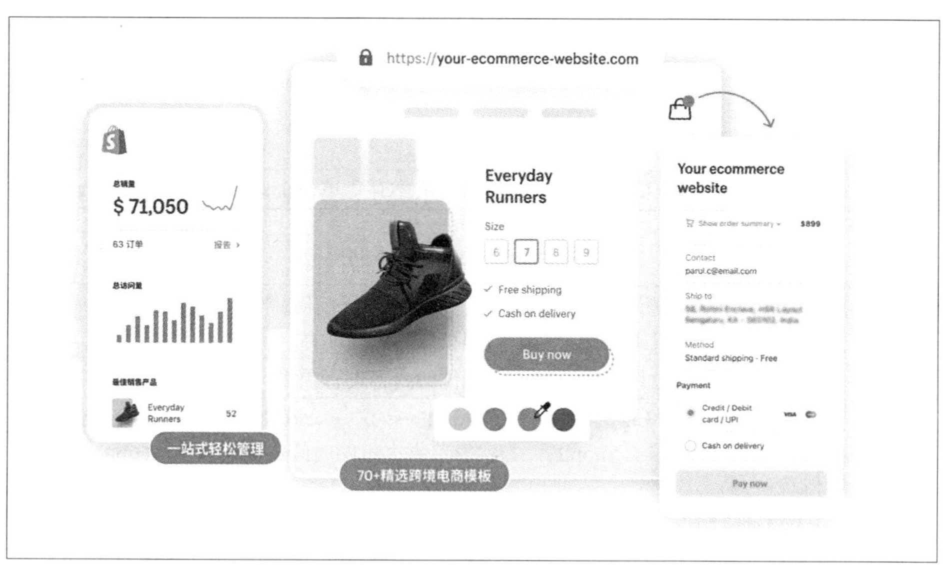

图 1-14　Shopify 平台概览

备如下特点。

（一）省心建站无须编程能力

上百种精选电商主题模板一键应用，卡片式操作，无须技术和设计能力，快速拥有一个能体现你的品牌调性，且安全、稳定、高速的跨境电商独立站。

（二）强大应用生态满足多种业务需求

丰富多元的应用市场，成熟完善的服务生态，提供选品供应、引流获客、物流履约、功能拓展、客户管理等多种工具与服务。一站式工作台，打通境外主流营销平台，简洁易用的中文操作界面，轻松管理商店运营的一切事务。

（三）支付方式多样灵活

Shopify 让消费者拥有更灵活的支付方式。不论是选择 Shopify Payments，还是其他支付服务提供商，支持全球 100 多种支付方式。Shopify Payments 让 Shopify 满足各种支付需求，可直接通过店铺运营后台掌握一切销售与支出细节，实时关注交易动态。使用 Shopify Payments，可以节省使用第三方支付平台产生的费用，同时满足消费者偏好的任何支付方式需求，其中包括 Apple Pay。

Shopify 基础电商功能和后台部分介绍见表 1-1、表 1-2。

表 1–1　Shopify 基础电商功能

产品呈现	图片放大缩小，画廊模式，产品视频，和大多数平台没有区别，均可以上传
变体产品	卖家需要先定义自己的产品的设置，包括颜色，尺寸，材料等，然后就可以添加变体，如同一产品的不同尺寸。在完成这些设置之后，Shopify 会生成所有可能的组合，默认的最大组合数量不会超过 100，如果需要更多组合，可以使用应用插件

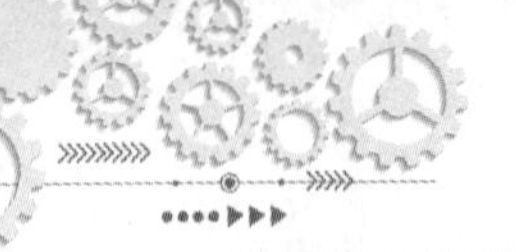

续表

购物车功能	Shopify 的购物车功能会多一个“回复购物车”。这个功能可以让卖家通过自动邮件的方式提醒消费者完成购物
消费者评价	消费者可轻松给产品或卖家留评价
产品数量	卖家可以给自己的产品自定义 SKU（最小存货单位）以便管理

表 1–2　Shopify 后台部分介绍

商品管理	Shopify 会追踪所有在库商品。买家也可以通过设置来实现自动提示。后台 POS（销售时点信息系统）可帮助卖家管理在线和离线库存
自定义通知邮件	卖家可以对自己设置的所有通知邮件的内容进行预设
导入产品数据	卖家可以通过 Magento、eBay、WordPress 这些渠道和 CSV（逗号分隔值）文件的方式将产品数据导入 Shopify，为卖家节省大量的时间，同时让在 Shopify 上创建产品变得更容易
导出产品数据	卖家导出的产品数据为 CSV 文件格式
导出订单信息	卖家可以将订单信息导出到一个 CSV 文件中。平台也集成了一些像 Xero 和 QuickBooks 这样的会计工具
电子商务分析	对于选择了标准模式或者更高级模式的卖家，Shopify 提供了多种多样的报表帮助卖家进行业务分析，如产品报表、订单报表以及更多各种类型的报表

九、Jumia 平台

非洲拥有庞大的人口数量、高速的网络使用增长率，电商发展潜力巨大。作为跨境电商新兴平台，Jumia 在 2022 年交出了一份不俗的成绩单：2022 年网站访问量超过 11 亿人次；订单量多达 3 890 万次以上；超 5 000 万件的产品数量；10 万以上的活跃卖家数量；在全非洲拥有 840 万消费者。[①] 除此以外 Jumia 还提供给当地消费者多种服务，如物流、支付等。安全、快速配送和多品类的选择让 Jumia 成为非洲消费者首选的电商网站。物流方式：直邮＋海外仓＋平邮（Jumia 自营物流保证安全性和时效性）。全品类＋品牌商，能够满足非洲电商消费结构年轻化、消费多元化的趋势。非洲实体店铺品类不够丰富导致网络消费需求势头强劲。其中，手机、3C 产品、服装、鞋子、饰品和小家电等均为平台热销品。尤其是对品牌商而言，非洲地区是跨境电商难得的一片蓝海市场，具有极强的可塑性强，如图 1-15、图 1-16 所示。

Jumia 是非洲电子商务平台巨头。作为第一家在美国主板上市的非洲本土科技企业，100% 面向非洲市场。业务覆盖非洲的 9 个国家：尼日利亚、埃及、肯尼亚、乌干达、塞内加尔、摩洛哥、南非、加纳和科特迪瓦。平台由专有的物流业务 Jumia Logistics、数字支付和金融技术平台 JumiaPay 支持。Jumia Logistics 实现了数百万包裹的无缝交付，JumiaPay 则促进了在线支付和数字金融服务。Jumia 希望帮助消费者以最优惠的价格获取丰富的商品和服务，同时为卖家开辟接触消费者和发展业务的新途径。

① Jumia- 非洲领先的跨境电商平台 [EB/OL].https://www.jumia-global.com.cn/about.

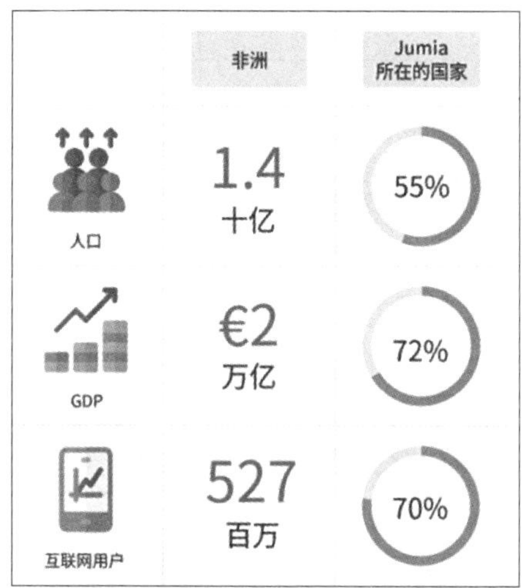

图 1-15　Jumia 与非洲电商市场（图片来源：Jumia 官方网站）

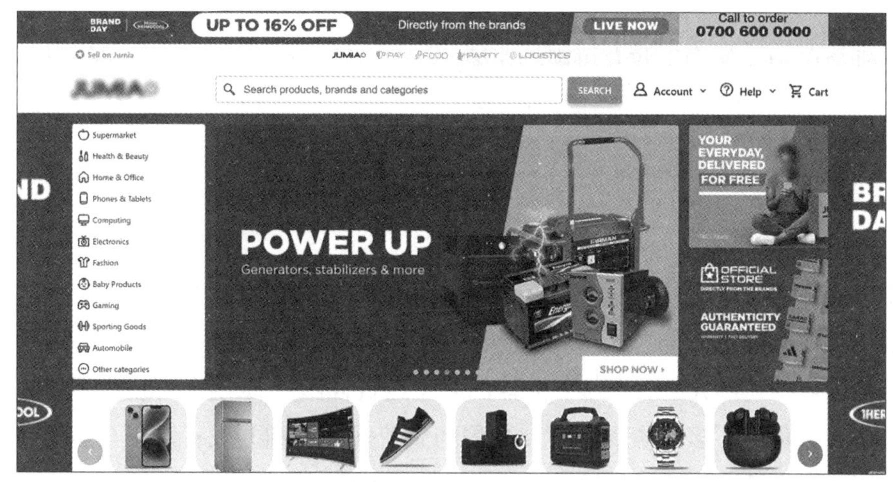

图 1-16　Jumia 买家页面前台

十、Etsy 平台

Etsy 是全球独特和有创意的电子商务市场，以手工艺成品买卖为主要特色，成立于 2005 年。从独特的手工制作的作品到古老的珍宝，网站集聚了一大批极富影响力和号召力的手工艺术品设计师。人们可以在 Etsy 开店，销售自己的手工艺品。在自动化日益增长的时代，Etsy 的使命是将人际联系作为商业的核心。手工匠人不仅在网上创造属于自己的品牌，销售自制手工艺品，还参加网络社区交流，进行线下聚会，参加 Etsy 赞助的工艺品集市或展览。因而，Etsy 对卖家的价值已经不能仅仅用金钱来衡量，它更多的是对手工业者团体的一种联系。Etsy 平台买家页面截图如图 1-17 所示。

相较于其他主流跨境电商平台，Etsy 有着手工、原创、情感连接等显著的品格标签，因此它在运营模式和商业模式上具有迥异于其他平台的特征，如客单价高、利润率高、发货时间宽松和回款周期短等。如果自己的品类或供应链契合 Etsy 平台的销售理念，那么就

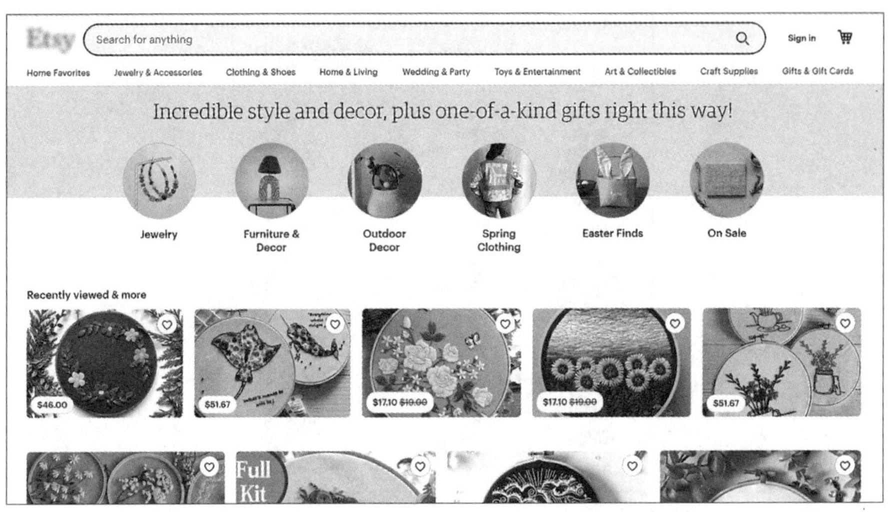

图 1-17　Etsy 平台买家页面截图

有很大的机会在 Etsy 平台上收获可观的业绩。

知识点 3：认识跨境电商的特征与发展趋势

一、跨境电商的特征

跨境电商作为推动经济一体化、贸易全球化的技术基础，具有非常重要的战略意义。跨境电商不仅使国际贸易走向无国界贸易，也正在引起世界经济贸易的巨大变革。对企业来说，跨境电商构建的开放、多维、立体的多边经贸合作模式，极大地拓宽了进入国际市场的路径，大大促进了多边资源的优化配置与企业间的互利共赢；对于全球消费者来说，跨境电商使他们非常容易地获取其他国家的信息并买到物美价廉的商品。

跨境电商融合了国际贸易和电子商务两方面的特征，主要表现在以下三个方面。

（1）信息流、资金流、物流等多种要素必须紧密结合，任何一方面的不足或衔接不够，都会影响整体跨境电商活动的完成。

（2）流程繁杂，法规不完善，电子商务作为国际贸易的新兴交易方式，在通关、支付、税收等领域的法规还不完善。

（3）风险触发因素较多，容易受到国际政治经济宏观环境和各国政策的影响。

具体而言，跨境电商具有以下特征。

（一）全球性和非中心化

互联网具有全球性和非中心化的特征。依附于互联网发生的跨境电商也因此具有了全球性和非中心化的特性。电子商务与传统的交易方式相比，一个重要特点在于电子商务是一种无边界交易，丧失了传统交易所具有的地理因素。互联网用户不需要考虑跨越疆界就可以把产品尤其是高附加值产品和服务提交到市场。网络的全球性特征带来的积极影响是信息最大限度的共享，消极影响是用户必须面临因文化、政治和法律的不同而产生的风险。

（二）匿名性

由于跨境电商的全球性和非中心化的特性，因此很难识别电子商务用户的身份和其所处的地理位置。在线交易的消费者往往不显示自己的真实身份和地理位置，重要的是这丝毫不影响交易的进行，网络的匿名性也允许消费者这样做。

（三）即时性

对于网络而言，传输的速度和地理距离无关。传统交易模式，信息交流方式如信函、电报、传真等，在信息的发送与接收间，存在着大小不同的时间差。而电子商务中的信息交流，无论实际时空距离远近，一方发送信息与另一方接收信息几乎是同时的，就如同生活中面对面交谈。某些数字化产品（如音像制品、软件等）的交易，还可以即时清结，订货、付款、交货都可以在瞬间完成。

（四）更新迭代快速化

跨境电商现阶段仍处于快速发展阶段，其网络设施和相应协议软件的发展具有很大的不确定性，势必会以前所未有的速度和无法预知的方式，进行不断的更新迭代。这体现在各个国家和地区海关等部门的监管方式、平台规则、支付手段、营销形式等方面。

（五）高利润率

跨境电商由于采用点对点交易，跳过了冗余的中间环节，所以线上终端售价虽较实体店铺降了不少，但利润率却比传统外贸行业高出数倍。

（六）小批量

跨境电商平台的出现，使跨境零售成为可能。消费者每次订购的批量可以很小，甚至可能只有一件商品。这就降低了平台的销售门槛，其销售灵活性是传统外贸下经由大批量采购，而后再集中由当地经销商销售的模式所无法比拟的。跨境电商具有直接交易和小批量的特点，再加上跨境电商跳过一切中间环节与市场实时互动，就注定了其具有即时采购的特点，交易频率大大超过传统外贸行业。

二、从跨境电商行业分析报告来看跨境电商业态的现状与发展前景

智研咨询发布的《2022—2028 年中国跨境电商行业投资潜力分析及发展前景展望报告》[①]，详细介绍了中国跨境电商行业市场发展环境、跨境电商整体运行态势等，分析了中国跨境电商行业市场运行的现状，介绍了跨境电商市场竞争格局。同时，该报告对跨境电商做了重点企业经营状况分析，最后分析了中国跨境电商行业发展趋势与投资预测。

《2021 年中国跨境电商发展报告》带来对跨境电商行业的洞见，其主要包括以下内容。

---

① 注：本研究报告主要采用国家统计数据、海关总署、问卷调查数据、商务部采集数据等数据库。其中，宏观经济数据主要来自国家统计局，部分行业统计数据主要来自国家统计局及市场调研数据，企业数据主要来自国家统计局规模企业统计数据库及证券交易所等，价格数据主要来自各类市场监测数据库。

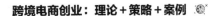

（一）境外赛道分析

在电商发展日趋成熟的美国，服饰时尚、家居园艺、3C 类产品和美妆是四大机会赛道，成为美国消费品行业电商的领跑者。同时，各细分品类的 DTC 品牌增长势头迅猛，且竞争力优势明显，极具发展潜力。

（二）中国跨境电商出海现状

在疫情席卷下的全球，相较其他国家，中国跨境电商企业在政策、供应链、人才方面拥有得天独厚的竞争优势。报告通过对境内颇具代表性的 18 家跨境电商企业进行深度访谈，总结出了六种对应的企业类型，并针对三项核心能力（产品、用户、品牌能力）进行了概括性评分。

（三）成功 DTC 最佳实践

在对优秀美国本土 DTC 品牌及国内新兴互联网品牌深度研究的基础上，报告针对中国跨境电商的核心关注点，从用户、产品和品牌三个维度，选取了几大品牌的最佳实践，以便为中国跨境电商提供参考与借鉴。

1. 训练题

（1）跨境电商的主要特征有哪些？

（2）主流跨境电商平台中这些特征如何凸显？

2. 实训题

（1）从跨境电商的特征入手，选择一个主流跨境电商平台进行简要分析。

（2）福建安溪的某家企业，专注做铁艺家具出口，产品主要销往欧美等发达国家和地区。该企业拟通过入驻跨境电商平台将产品直接销往境外。根据对主流跨境电商平台信息的分析整理，为该企业提供 3 家备选平台，并说明你的理由。

学习任务考核评价表

序号	评价内容	得分 / 分			综合得分 / 分
		自评	组评	师评	
1	对跨境电商特征的基本了解				
2	结合各大主流跨境电商平台理解跨境电商的特点				
合计					

注 综合得分 = 自评 ×30%+ 组评 ×30%+ 师评 ×40%。

学习项目总结与评价

建议学时

1 学时。（用来总结本学习项目各任务的学习等情况。）

总结与评价过程

一、汇报总结

序号	汇报人	值得学习的地方	有待改进的地方
1			
2			
3			
4			
5			
6			

二、综合评价

1. 专业能力评价

序号	项目名称	得分
1	了解目前全球跨境电商的发展状况	
2	知悉当下主流的跨境电商平台	
3	理解跨境电商主要的运营模式与特征	
综合得分		

注 综合得分为本学习项目中各学习任务得分的平均值。

2. 职业素养能力评价

<table>
<tr><th rowspan="2">序号</th><th rowspan="2">评价内容</th><th rowspan="2">评价标准</th><th colspan="3">得分 / 分</th><th rowspan="2">综合得分 / 分</th></tr>
<tr><th>自评</th><th>组评</th><th>师评</th></tr>
<tr><td rowspan="2">1</td><td rowspan="2">跨境电商基本概念的掌握</td><td>①能否掌握跨境电商的基本概念</td><td></td><td></td><td></td><td></td></tr>
<tr><td>②能否掌握跨境电商的基本模式</td><td></td><td></td><td></td><td></td></tr>
<tr><td rowspan="2">2</td><td rowspan="2">对各大跨境电商平台基本特点的了解</td><td>①能否列举出主流跨境电商平台的基本情况及平台的主要特点</td><td></td><td></td><td></td><td></td></tr>
<tr><td>②能否对不同跨境电商平台进行比较分析</td><td></td><td></td><td></td><td></td></tr>
</table>

续表

序号	评价内容	评价标准	得分 / 分			综合得分 / 分
			自评	组评	师评	
3	学习态度	①上课是否认真听讲，勤于思考，独立钻研				
		②课后是否认真完成老师布置的各项任务				
4	团队合作能力	①是否积极配合团队的成员				
		②是否对团队作出积极的贡献				
5	能力拓展	能否依据真实情况，综合利用各种方法，分析自己或所在团队的平台选择策略				
综合得分						

3. 综合得分

学习项目 1 综合得分 = 专业能力评价得分 ×60%+ 职业素养能力评价得分 ×40%+ 创新素养能力评价得分。

注：创新素养能力指学生在学习过程中提出具有创新性、可行性的建议的能力；创新素养能力评价得分，满分 10 分（根据表现由老师评定），为加分项。

第2章 了解亚马逊平台的基本规则

学习目标

1. 认识亚马逊平台。
2. 选择合适的亚马逊站点。
3. 了解亚马逊全球开店计划。
4. 掌握亚马逊店铺开店技巧。
5. 亚马逊平台主要站点的可销售品类概览。
6. 掌握亚马逊平台各类术语名称。

能力目标

1. 在实操工作环境中恰当使用亚马逊平台的各类术语。
2. 通过亚马逊全球开店计划并根据拟售商品特性选择合适的亚马逊站点开店。
3. 掌握跨境电商交易的一般规则和亚马逊平台的基本运营规范。

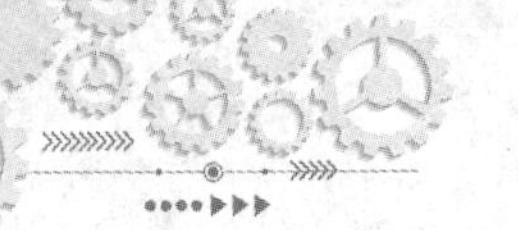

1. 通过对亚马逊等跨境电商平台创业发展历程的梳理，理解感受通往创业成功道路的偶然和必然。

2. 通过对亚马逊不同站点的选择和比较，锻炼学生收集、分析信息并形成有效观点的能力。

学习任务1　认识亚马逊平台

1. 掌握亚马逊平台概况。
2. 了解亚马逊平台提供的基本运营服务。
3. 认识亚马逊平台开店的优势。
4. 知悉亚马逊平台的经营理念。

2 学时。

林经理告诉小莉：亚马逊平台是目前全球领先的跨境电商平台，覆盖全球多个国家和地区。亚马逊平台起步早、发展快，目前在亚马逊各个站点上开设店铺的中国卖家数以万计，不少卖家通过深耕亚马逊，还创立了自己的自主品牌，实现中国品牌卖全球。小莉听后跃跃欲试，也希望在亚马逊平台上实现自己的创业梦想。

知识点 1：亚马逊平台概况

亚马逊公司成立于 1994 年 7 月，总部位于美国西雅图，是美国最大的网络电子商务公司，www.amazon.com 也是全球交易体量最大的跨境电商平台。亚马逊及入驻的销售商为全球客户提供数百万种独特的全新、翻新及二手商品，类别涉及广泛。

2015 年，亚马逊全球开店业务进入中国，旨在借助亚马逊全球资源，帮助中国卖家抓住跨境电商新机遇，发展出口业务，拓展全球市场，打造国际品牌。目前，亚马逊美国、加拿大、墨西哥、英国、法国、德国、意大利、西班牙、荷兰、瑞典、比利时、日本、新加坡、澳大利亚、印度、阿联酋、沙特阿拉伯和波兰 18 大海外站点已面向中国卖家开放，吸引数十万中国卖家入驻。其中，为其美国网站服务的员工就超过 24 万名。事实上，亚马逊公司并不仅仅是一家跨境电商企业，创始人杰夫・贝索斯（Jeff Bezos）对公司的定位是科技公司。

亚马逊平台上全球货源丰富，在世界范围运作多年，已经聚集大量的优质供应商。消费者可享受到来自亚马逊多个站点数以千万计的国际选品。亚马逊物流全链条的系统性成为亚马逊称霸全球电商版图的重要护城河。亚马逊通过布局大型仓储运营中心，将供应商或者消费者分散的信息流和物流集中起来，发挥规模效应，降低整个供应链的运行成本，从而抢占更大的市场份额。亚马逊平台相关数据如图 2-1 所示。

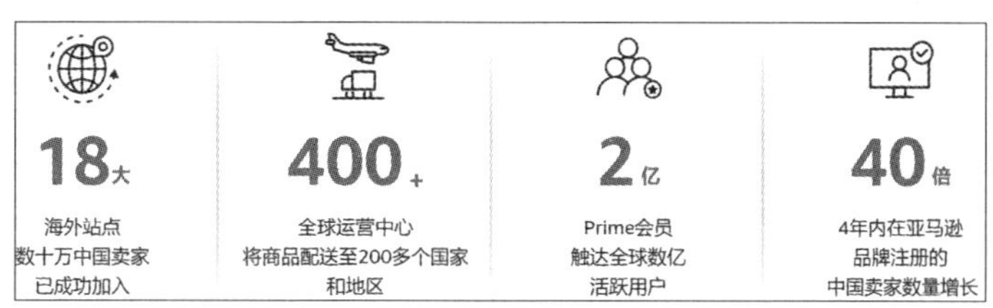

图 2-1　亚马逊平台相关数据

资料来源：亚马逊跨境电商平台 [EB/OL]. https：//gs.amazon.cn/home?ld=SECNSOAbaiduBZ001.

知识点 2：亚马逊平台提供的基本运营服务

一、亚马逊自有仓储物流服务

亚马逊提供的仓储配送服务（fulfillment by Amazon，FBA），包括仓储、打包、配送、收款以及售后。换言之，亚马逊提供第三方卖家仓储及代发货业务等一条龙服务。通过亚马逊快捷可靠的多渠道物流服务，FBA 的库存也可以用于卖家自己的网站或其他第三方网站上产生的订单，为卖家提供简单方便的跨境扩展业务方式。此项服务，可以将广大卖家

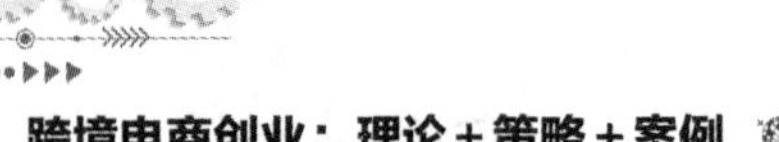

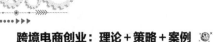

从烦琐的物流跟踪和退换货等售后服务中解放出来，从而将更多的精力专注于店铺的运营和产品的开发迭代上。

二、站内广告推广服务

亚马逊平台提供免费的站内推广服务，商家的商品可以在主题活动中得到免费推广；亚马逊也提供付费推广，包括关键词搜索、页面广告等。亚马逊广告通过多个媒介触点帮助提升客户对商家的品牌和商品的购买意向的同时，许多亚马逊站外渠道在购物旅程中也起着关键作用。借助亚马逊引流洞察的成效衡量功能，可以了解这些亚马逊站外媒介触点如何帮助顾客在亚马逊上发现并考虑购买商品。利用这些广告分析数据和洞察，可以根据能与客户产生共鸣并为品牌带来价值的内容，来规划并优化在亚马逊上的数字方案。通过点击量、商品详情页面浏览量、加入购物车次数以及销售额等指标，获取全流域广告分析数据。借助广告活动提供的亚马逊转化指标，深入了解广告活动在开展过程中的效果。

亚马逊引流洞察目前可供已完成亚马逊品牌注册的专业卖家、供应商、KDP（Kindle Direct Program，亚马逊旗下的自助出版平台）作者以及拥有在亚马逊上销售商品的客户的服务商使用。符合条件的卖家和供应商可以通过自助式平台或已集成亚马逊广告 API（应用程序接口）的软件服务商来使用亚马逊引流洞察的成效衡量功能。

三、经营商业顾问服务

亚马逊拥有专业的顾问团队，向平台商家提供技术支持和咨询服务，并定期提供培训服务。中国卖家通过亚马逊全球开店计划的招商经理注册成功以后，将享受官方账户经理在一个自然年度内的跟踪扶持。此外，亚马逊全球开店还推出“官方讲堂”项目，亚马逊官方讲堂是亚马逊唯一的官方付费培训服务。亚马逊专业讲师授课，涵盖从入门到进阶的各类运营难点，线下小班＋线上网课双渠道授课，理论＋实操训练帮卖家掌握正确运营思路和技巧。

知识点 3：亚马逊平台开店的优势

亚马逊平台覆盖的市场基本上是目前世界上最核心的主流市场，如美国、加拿大、德国、英国、法国、意大利、西班牙和日本，在这些国家亚马逊都是当地领先的线上购物平台，作为跨境卖家，想要让自己的产品在这些国家获得销售渠道，在亚马逊开店是上佳的选择。

一、平台流量最大

以美国地区为例，亚马逊的访问流量约为 22 亿，而同是 B2C 类型的平台，eBay 为 9.99 亿，全球速卖通的流量是 5.93 亿。亚马逊（美国站）大致相当于 2 个 eBay（美国站）；相当于 4 个全球速卖通（美国）站。

二、平台体量最大

亚马逊公司公布了 2023 年第二季度财报。根据数据，亚马逊第二季度销售净额 1 343.8 亿美元（约 9 600 亿元人民币）；第二季度经营利润 76.8 亿美元（约 550 亿元人民币）。营业收入增加至 124 亿美元，2017 年营业收入则为 41 亿美元 。其中，2018 年净收入为 101 亿美元。亚马逊在全球的各个站点，让你人在中国，足不出户，也能迅速将业务拓展到国外，接触到全球海量的亚马逊客户。

三、平台客户优质

企业文化以“世界上最以用户为中心的企业”为基础，一切决策都以让用户满意为原则。亚马逊美国站的重度用户 Prime 会员 1.01 亿，人均消费 1 200 美元。Prime 会员是亚马逊的重要拥趸，他们对亚马逊的信任将自然而然延伸到中国卖家身上。

四、物流体系强大

亚马逊拥有全球最大的仓储物流体系 FBA，送货时效快。

五、平台规则规范

平台自营与第三方卖家同在，亚马逊也会基于平台数据选择热销产品自己销售；各入驻商家平等，没有排名垄断，有机会后来居上。

六、平台平均利润率最高

基于亚马逊独特的平台属性和消费群体较高的消费能力，客户对价格不太敏感，通常保持在 30% 以上的利润率；如产品新颖独特，可高达 100% 以上。目前亚马逊仍然处于流量红利期，而且平台在全球大力扩张。只要跟上亚马逊的步伐，我们的产品也能远销境外，成为全球品牌。

知识点 4　亚马逊平台的飞轮理论与经营理念

一、飞轮理论

飞轮理论是亚马逊公司创始人贝索斯早期提出的亚马逊商业理论。一种通俗的解读是：一个公司的各个业务模块会相互推动，就像咬合的齿轮一样。这个齿轮组从静止到转动起来需要花费较大力气，但每一圈的努力都不会白费。一旦有一个齿轮转动起来，整个的齿轮组就会跟着飞速转动，如图 2-2 所示。

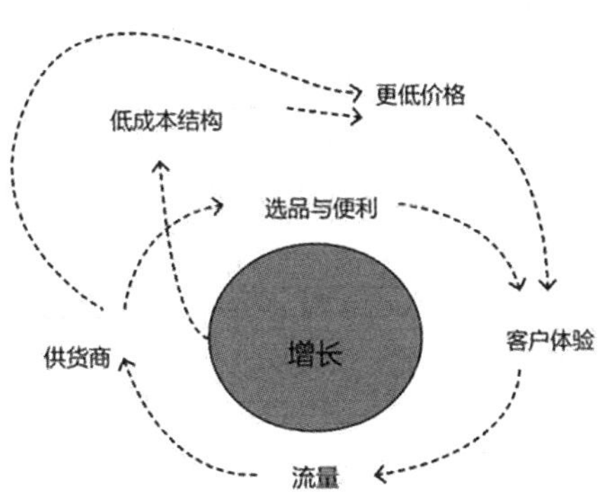

图 2-2　亚马逊公司“飞轮理论”示意图

这套理论已经深深根植于亚马逊平台的运营理念之中。其逻辑起点就是客户体验，并以客户体验为出发点产生一个良性循环。在不断致力于用户体验的提升时，平台流量就会在口碑的带动下自然增加，由此可吸引更多的卖家入驻平台，那么消费者就有了更多的选择和便利的服务，从而带动用户体验的进一步提升。随着这个循环不断往复，亚马逊作为跨境电商企业实现体量和效益的双增长。

飞轮理论为亚马逊带来了高速的扩张和回报，作为卖家，也可以将这套理论运用到日常的运营中，寻求销量的提升和突破，主要体现在以下三个方面。

（一）做好客户体验

把控好产品的品质，同时做 Listing 的优化工作，让买家在购买前和购买后都能有愉快的体验。

（二）压缩生产成本

当商品获取消费者认可、销量上涨的时候，订单必然也会增加，从而大幅压缩产品的生产成本。

（三）提升流量

生产成本下降会带动商品价格的下降，这便会带来流量的提升。若把握流量、提升转化，就能获取更多的有效订单。

二、亚马逊的经营理念——四重四轻

（一）重推荐，轻广告

一直以来，亚马逊不太重视各种站内广告，进入亚马逊主页后看到的一般都是基于后台数据的关联推荐和排行推荐。

（二）重产品详情展示，轻客服咨询

亚马逊鼓励买家自助购物，因此对于产品详情页的质量有很高的要求。优质的产品详情页可以让用户准确地判断出此商品的材质、尺寸、颜色、功能等是否为自己所需。亚马逊不同于淘宝、天猫等境内电商平台，没有设置直接的卖家与买家沟通的在线客服，但可以使用站内信等方式进行交流，卖家沟通回复的时效要求较宽松。因此，运营亚马逊平台，店铺规模不大的情况下，设置专职客服的必要性不大。

（三）重产品，轻店铺

亚马逊较重视的是产品本身，一般买家搜索关键词的时候，列表里展示的都是产品，而非店铺。因此像淘宝的店铺装修等，在亚马逊上是不适用的。

（四）重视客户反馈，对卖家表现严格以待

亚马逊比较重视客户的反馈：一是客户对商品的评论（reviews）；二是客户对提供的服务质量的评价等级（feedback）。一旦卖家在这两个指标上出现问题，就会极大地影响该产品链接的权重，轻则排名下降，重则失去黄金购物车。

亚马逊经营理念之“四重四轻”如图 2-3 所示。

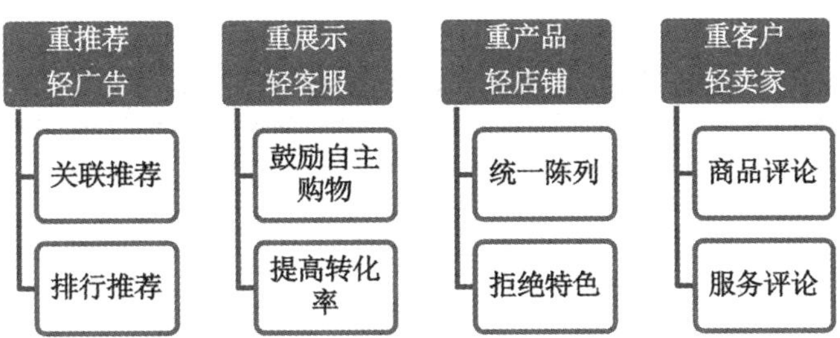

图 2-3　亚马逊经营理念之“四重四轻”

1. 训练题

（1）亚马逊平台提供的基本运营服务有哪些?

（2）在亚马逊平台上开店具有哪些优势?

2. 实训题

选择一项产品来解析亚马逊的飞轮理论。

学习任务考核评价表

序号	评价内容	得分 / 分			综合得分 / 分
		自评	组评	师评	
1	对亚马逊平台的了解				
2	对亚马逊平台基本运营服务的了解				
3	对亚马逊平台开店优势的了解				
合计					

注综合得分 = 自评 ×30%+ 组评 ×30%+ 师评 ×40%。

学习任务 2　选择合适的亚马逊站点开店

任务目标

视频 2–2　如何选择适合自己的亚马逊站点

1. 了解亚马逊平台各大站点的基本情况。
2. 掌握亚马逊平台站点的选择考量维度。

建议学时

2 学时。

企业情境引入

林经理告诉小莉：目前中国卖家可对接亚马逊海外 18 个站点，触及 3 亿活跃用户，正可谓“广阔天地，大有作为”。当然，每个站点虽然都是基于亚马逊平台，但是各个目标国家和地区的风土人情、消费习惯等不同，运营逻辑也会相应不同。因此，我们要充分了解各个站点的情况，这样在后期选择站点开店的时候，就可以有的放矢了。

老师讲

知识点 1：亚马逊各站点概览

一、亚马逊的全球站点

跨境电商近年来持续高速增长，是践行“大众创业、万众创新”的新业态和新渠道。对于中国卖家来说，目前跨境出口电商的主战场依旧是欧美市场，但日本站及印度站作为后起之秀也在持续发力。美国作为亚马逊集团的总部所在地，自然是各大从事跨境电商贸易企业的必争之地，也是竞争最激烈的海外市场之一。进入 2020 年以后，亚马逊新增了新加坡、印度、中东等站点，中国卖家的可选择范围更大了。

截至 2023 年 2 月，亚马逊的全球站点分布如下。

北美站点：美国站、加拿大站、墨西哥站；欧洲站点：英国站、德国站、法国站、意大利站、土耳其站、西班牙站、荷兰站；其他：巴西站、澳大利亚站、中国站、日本站、印度站、新加坡站、越南站、中东站、瑞典站。

（一）亚马逊北美及拉美站

亚马逊覆盖北美洲两大成熟站点及拉丁美洲两个潜力站点，囊括了近 5 亿人口，Prime 会员占比高；美国库存可以在加拿大、墨西哥、巴西售卖，稳居美国、加拿大和墨西哥电商网站首位（数据来源：Statista）。其中，多元品类为中国卖家提供巨大的业务潜力空间，电子产品、服装、美容、电脑、电器、保健、汽车、家装、玩具、小家电等在北美洲热销。而生活方式等相关选品则在墨西哥十分热销，包括游戏办公、收纳存储、运动健身及户外类商品等。此外，家具类、居家类、雪上运动、厨房等相关选品在加拿大热销。在巴西，消费品和消费电子产品长期位列最热销品类，如电子产品、个人计算机及配件等；家居品类和时尚品类表现亦很突出，厨房小家电、背包、鞋类产品均有不错表现。

（二）亚马逊欧洲站

亚马逊为欧洲地区提供了欧洲联合账户系统。只需一个销售账户，即可创建并管理面向英国、法国、德国、意大利、荷兰和西班牙等国家和地区的多个商品目录。同时，建立国际商品信息工具可以帮助卖家创建并同步欧洲多个地区的商品目录，一键设置定价规则。亚马逊在欧洲 7 国拥有运营中心，可将商品配送到欧洲各地，推动业务增长。此外，多种欧洲亚马逊物流服务能够将库存货物分配到离顾客最近的运营中心，成本低、配送快。亚马逊物流还能以当地语言提供客户服务及商品退换货服务。

亚马逊的多国库存允许卖家管理存储库存的位置，卖家可以将库存存储在全部 5 家欧洲商城的任一运营中心。库存商品将离这些国家和地区的买家更近，以便他们享受更快的配送服务，卖家也可以节省跨境配送费用。利用亚马逊物流欧洲整合服务，亚马逊会根据需要主动迁移卖家在欧洲范围内的库存，以便以更低的成本和更短的时间配送订单。

（三）亚马逊日本站

日本电商经济发达，消费人群电商购物习惯成熟，具有较高的购买力。亚马逊日本站深受日本消费者喜爱，通过亚马逊物流的订单可实现当日达或次日送达。日本当地文化节日众多，电商促销氛围浓厚，亚马逊日本站全年站内大促高达十余次，促销旺季不间断，新手卖家出单起步较快。日本的物流基础好，便利的交通条件可帮助中国卖家节省物流费用、提升物流效率。因此，亚马逊日本站的利润率相当可观，只要产品质量过硬，就有可能实现高客单价和高利润。

（四）亚马逊印度站

印度人口超 14 亿，自 2013 年亚马逊印度站开通以来，一度是亚马逊所有站点中增长最快的站点。经过持续高速发展，亚马逊印度站很快成为印度最受欢迎的电商平台之一。印度的 GDP 总量与英国、法国基本相当。高速、稳定的经济增长刺激消费升级、购买力

提高。由于国土面积较大，且地区发展不平衡，当地二、三线城市缺乏实体购物场所，这为电商渗透提供了先天优势。

亚马逊作为当地电脑端和移动端访问量最大的购物网站，持续高速增长，超过 40 万卖家入驻，选品数超 1.7 亿，覆盖 100 多个品类。电子品类占比最大，服饰其次，本土女装和西式女装为特色。印度全境 50 多个仓库，基本可投递所有印度邮编覆盖区域，高达 65% 的订单派往实体购物欠发达的二、三线城市。

（五）亚马逊中东站

亚马逊中东站的前身 SOUQ 成立于 2005 年，是中东最大的电商市场。SOUQ 的月浏览量超过 7 000 万人次，为买家提供超过 1 000 万种选品。

中东地区本土轻工业不发达，极为依赖进口。中东各国中，作为海湾国家的沙特阿拉伯和阿联酋属于中东地区 GDP 比较高的国家；埃及、土耳其人口众多；而卡塔尔、科威特、阿曼富裕程度虽然不及沙特阿拉伯和阿联酋，但和东南亚各国相比也有一定的优势。亚马逊中东站点功能齐全，FBA、站内营销活动提报、促销组合、A+ 及视频等功能均已上线，卖家如果能充分利用好斋月节、会员日、电子节、白色星期五等节日促销红利，对提升销量大有帮助。基数庞大的年轻人口是电商的主要消费者。当地节日众多，一年内造就多个流量高峰，线上消费大大增加。阿联酋拥有世界领先的智能手机覆盖率，67% 的线上消费者通过移动端购买，阿联酋的网络渗透率为 91%（中国的网络渗透率为 59.6%），社交媒体渗透率高达 99%。在线零售占总零售比例方面，阿联酋为 4.2%，沙特阿拉伯为 3.8%。

（六）亚马逊新加坡站

新加坡站是亚马逊开拓东南亚电商市场的重要一环，在亚马逊进入新加坡之前，Shopee 和 Lazada 是其主要跨境电商平台。

中国是新加坡的头号贸易伙伴，新加坡消费者非常依赖中国商品。并且基于中国和新加坡自由贸易协定，中国向新加坡出口任何货物都无须缴纳关税。事实上在亚马逊进入新加坡之前，亚马逊的服务已在新加坡深耕多年。通过亚马逊 Prime Now、Amazon Fresh、Singapore Prime 计划等服务，获得了新加坡消费者的信赖与垂青。得益于此，截至 2023 年 6 月，进入新加坡两年后，亚马逊新加坡站的总访问量迅速攀升至第三位，是新加坡最受欢迎的电商品牌之一。（数据来源：Similarweb）

（七）亚马逊澳大利亚站

2017 年，亚马逊澳大利亚站上线。2022 年 6 月，亚马逊澳大利亚站成为澳大利亚月独立访客量最高的电商网站；同年 12 月，登上澳大利亚电商网站全球月访问量第一的宝座。①

亚马逊澳大利亚站沿袭欧美热卖选品，与欧美文化语言高度相似，让欧美卖家快速拓展生意、畅通无阻。

① Website Traffic - Check & Analyze Any Website | Similaweb[EB/OL]. https://www.similarweb.com/.

（八）亚马逊越南站

作为东南亚市场的新兴站点，亚马逊越南站不断展示惊人的潜力和优势。电子商务消费具有巨大潜力，人口增长迅速。东南亚 6 亿人口，其中越南约占 1 亿人，比重很大，隐藏着巨大的人口红利，手机和社交软件用户增长更快。

越南城镇化发展空间更大；而城市化进程将带来消费的增长，尤其是电商消费的增长，这对有意入驻亚马逊的卖家来说是个好机会。

小贴士

亚马逊所有站点都是基于相同的卖家后台进行操作，因此理论上只要掌握一个站点的后台操作，其他任一站点的后台界面也基本趋同，无须重新学习，这也正是亚马逊全球开店带给卖家在运营管理上的极大便利。当然，因为各个站点所在国家和地区不同，在入驻资料提交、开放的商品品类、税务政策、品牌备案等各方面都存在一定的差异，所以在选择入驻站点前，一定要综合上述因素进行开店可能性评估。

二、数说亚马逊平台

个人卖家计划每售出一件商品的佣金为 0.99 美元，而使用专业卖家计划则每月支付 39.99 美元。如果一个月卖出超过 40 件商品，推荐采用专业卖家计划。以上计划可以随时更改。

在亚马逊上销售，可能会支付几种不同类型的销售费用，取决于销售计划和销售的产品类型。

（1）卖家订阅费。为亚马逊网站支付的费用销售计划。

（2）销售佣金。根据品类的不同而有所不同。

（3）运费。可能包括国际物流的头程费用和 FBA 费用。

（4）FBA 费用。大致包括订单履行、存储和可选服务的费用。FBA 费用包含两类：履行费（按售出的单位收费，包括分拣和包装订单、运输以及处理、客户服务和产品退货）和库存保管费（每月收费）。

以下以日本的电子商务发展情况为例，总结选择站点的考量四维度：站点特色、选品特点、语言优势、物流条件。

日本国土面积小、人口密度大、通信设施完备、物流网络发达、网购行为普及，如此诱人的日本电商市场获得了包括中国卖家在内的全球卖家的青睐和追捧。但中国卖家打入日本电商市场也并非易事，只有对日本电商格局有较为深入的了解，根据自身情况并结合各大平台特点，选择合适的平台和运营策略开展对日跨境电商出口业务，才可以在与日本

本土及其他国家卖家的较量中赢得商机。

日本经济产业省公布的“电子商务相关市场调查报告”显示，2022年面向消费者的电子商务市场规模为22兆7 400亿日元，比2021年增长9.91%。2013年的市场规模是11兆1 600亿日元，这9年间翻了一番。从2022年不同领域的市场规模来看，“商品销售类”同比增加5.37%，达到13兆9 900亿日元；旅行和门票销售等“服务类”同比增加32.43%，达到6兆1 400亿日元。在线游戏和电子出版等“数码系”同比减少6.10%，为2兆5 900亿日元。在出行需求回暖的背景下，服务类领域的市场规模扩张明显。网络购物在整个商品销售类中的占比（电商化率）同比上升0.35个百分点，达到9.13%。

在商品销售类中，电商化发展最快的是“书籍、影像、音乐软件”，占52.16%（市场规模1兆8 000亿日元），2022年首次超过50%。“生活家电、AV机器、PC·周边机器等”占42.01%（同为2兆5 000亿日元）。“生活杂货、家具、室内装饰”“服装杂货”占20%。“食品、饮料、酒类”仅占4.16%。按服务类项目来看，市场规模最大的“旅行服务”同比增长67.95%，达2兆3 500亿日元。其次是“金融服务”，为7 500亿日元。餐饮、美发、门票销售、餐饮外卖等服务的规模也在5 000亿日元到6 000亿日元之间。在数字类领域，市场规模最大的是在线游戏，同比减少18.79%至1兆3 000亿日元。电子出版6 200亿日元，同比增长10.16%；付费视频播放4 300亿日元，同比增长14.98%；付费音乐播放1 000亿日元，同比增长14.27%。

知识点2：日本三大电商平台对比分析

一、日本乐天市场（https：//www.rakuten.co.jp）

日本乐天市场创立于1997年，隶属于日本乐天株式会社。经过20多年的发展，已经在29个国家和地区拥有超过15 000名员工、45 000间店铺和9 870万会员，销售超过9 500万件商品，交易额超过7 000亿美元，尤其在服装、食品和家居饰品领域，皆占据了超过35%的市场占有率，远超亚马逊日本站。乐天公司将旗下乐天市场的商业模式定位在介于eBay和亚马逊之间的B2B2C模式，可以看作网络商城模式。乐天市场之所以发展成为日本电商市场的“巨无霸”，主要是靠一套多年磨炼的独家组合拳，如后台管理系统（rakuten merchant server，RMS）、ECC（电子商务顾问）和乐天大学等。

二、雅虎日本购物

雅虎日本购物（https：//shopping.yahoo.co.jp）是雅虎日本旗下的一个购物网站，雅虎日本购物网站包含日本雅虎拍卖（Yahoo Auction）和日本雅虎购物（Yahoo Shopping）两个部分。日本雅虎拍卖类似我国淘宝旗下的闲鱼平台，主要为个人拍卖二手物品等。日本雅虎购物类似日本乐天，平台上主要是百货用品，产品种类非常齐全。据雅虎商城官方披露的数据：通过与日本软银、PayPay、LINE 等集团企业的合作，近几年来网站流量持续上升。据日本雅虎商城官方披露的数据，截至 2023 年，雅虎购物商城拥有 8 600 万 / 月的访问量，目前雅虎商城入驻店铺 87 万左右。

三、亚马逊日本站

亚马逊进军日本后，与日本乐天市场的关系从“跟跑”到“并跑”直至与乐天交替“领跑”日本电商市场。在书籍、百货、电子消费品等传统优势领域，亚马逊市场占有率较高，但在服装鞋帽等时尚品类上，亚马逊仍落后于乐天市场。鉴于此，亚马逊日本站（https://www.amazon.co.jp）除了在自己的优势类目继续巩固霸主地位外，也采取多种举措争夺时尚品类目的线上市场份额，如从 2016 年起斥重金冠名赞助东京时尚周。

以上三大平台均允许第三方卖家入驻，为广大中国跨境零售卖家提供进入日本电商市场的渠道。下面就平台入驻条件、流程和收费标准，平台运作和推广，后台管理系统，物流体系四个方面进行比较分析。

（一）平台入驻条件、流程和收费标准

日本乐天市场入驻条件：目前主要针对美国公司和日本公司，入驻费用为每年 2 万 ~ 8 万元人民币，销售佣金为 7% ~ 10%，如果是通过乐天的站外联盟销售，则需要另外支付 1.3% 的佣金。如果以美国公司身份入驻乐天市场，并拥有美国 D&B（Dun & Bradstreet）信用号码，则可以申请免除 1 年的费用。

日本乐天市场的入驻流程简单，但用时较长，一般需要一个半月才能完成入驻。通常入驻流程分为：①注册申请。联系乐天市场客服，在客服的协助下准备注册乐天所需要的资料，备齐后提交并等待审核，审核时间一般在 2 ~ 3 周。②通过 RMS 制作网店并提交审核，资料审核通过后，在 RMS 中制作店铺并且上架产品，完成后等待审核，通常审核周期为 2 ~ 4 周。③制定销售战略，开始销售。完成以上步骤后，日本乐天市场客服团队将联系并协助商家制定销售战略，开始正式销售。

日本雅虎购物开店入驻条件与流程：①拥有一个雅虎日本 ID（身份标识号）。②提交信用卡信息。信用卡持卡人的姓名必须与公司法人名字一致；个人卖家需提交本人名字开户的信用卡信息。③提交公司法人和个人店主信息。④提交银行账户信息。企业账号必须提交以公司名字开户的银行账户，或者是以公司法人名字开户的银行账户；个人卖家提交自己名下的银行账户。⑤个人店铺卖家需要提交由日本国家税务局出具的允许个人开展业务的同意书副本。⑥个人店铺卖家需要提交过去两年内居民纳税证明复印件。⑦如果是以公司名义开设的企业店铺，日本雅虎购物平台只接受在日本注册的公司。

日本雅虎购物的卖家可以根据自身条件和店铺需求选择下面这两种开店方式：企业店铺和轻型店铺。卖家不需要缴纳注册服务费、平台系统使用费、会员费等。当产品售出之

后，卖家需要支付 2.5% 到 16.5% 不等的 T 点（T 点即日本雅虎购物的会员积分卡），每个产品对应的 T 点奖励不同。日本雅虎购物网站上提供了开店费用估算工具，卖家只要输入几项指标数据，平台就能自动估算出开店费用。

亚马逊“全球开店”项目启动后，中国卖家通过官方网站（https://gs.amazon.cn）即可注册成为亚马逊日本站卖家。

综合三大平台的入驻条件和流程（表 2-1），我们可以得出结论：没有公司资质或仅有中国公司资质的卖家，只能通过亚马逊日本站开展跨境销售业务；拥有日本公司或美国公司资质的卖家，可以根据自身定位与布局选择三者中的某个平台或同时运营三个平台来增强产品和品牌的曝光度。对中国卖家而言，在日本乐天市场和日本雅虎购物平台开设网店难度较大，换言之如果能成功开店，竞争相较于亚马逊日本站应该小得多。

表 2-1 日本三大主流电商平台的比较

电商平台	亚马逊日本站	日本雅虎购物	日本乐天市场
比较内容	1. 专业销售计划 每月金额固定：4 900 日元＋销售佣金（依据产品类目有所不同） 2. 个人销售计划 订单成交费用：100 日元＋销售佣金（依据产品类目有所不同）	1. 注册费用：免费 2. 每月系统使用费用：免费 3. 其他：商品卖出时产生 T 点基金、会员加盟基金及会员费	1. 首次注册费用：60 000 日元 2. 每月开店费用： 超级商店服务计划，100 000 日元；标准服务计划，50 000 日元；加油服务计划，19 500 日元；轻服务计划，39 800 日元 3. 其他：系统服务费、决算服务费等

（二）平台运作和推广

日本乐天市场以店铺为核心，更注重向消费者阐释产品的价值。日本乐天市场的卖家服务尤为出色，会为入驻商家配备专业的电商顾问，同时根据乐天的大数据推送最新的市场趋势信息以及营销战略推荐。日本雅虎购物的企业店铺可以参与平台上许多促销活动。如活动产品有机会出现在雅虎日本首页，获得巨大的曝光机会；还可参加其他诸如发放折扣券或包邮优惠券等促销活动，借此吸引老客户重复购买并获取新客户。除了常规曝光流量外，产品还会在促销项目的产品列表页面上发布，进一步增加了曝光机会。

亚马逊日本站也注重自身的本地化，除保留其他站点的经典促销手段外，也充分借用了日本本土电商企业的站内促销套路，可谓是博采众长。在电商公司尤其重视的用户黏度方面，相比其他两个平台善用积分抓住客户，亚马逊的 Prime 会员制度则是在配送速度和指定配送时间方面更加成功地抓住客户。一直以来制约中国卖家在日本站做大做强的瓶颈之一，是饱受日本消费者诟病的日语服务能力。为解决中国卖家日语运营人才匮乏的痛点，亚马逊日本站为专业销售计划卖家提供客服服务（customer service by Amazon,

CSBA）。根据卖家的授权，亚马逊客服将为中国卖家在亚马逊日本站的客户提供日语售前及售后服务（包括 FBA 以及卖家自配送的商品）。该客服服务可以大大减轻客服负担和费用，使卖家无须担心日语沟通问题。

（三）后台管理系统

日本乐天市场的 RMS，通过以下功能板块可以让卖家轻松设置和管理店铺：R-Back office（接受订单和客户管理），如能够帮助店长生成定期的销售报表并且自动打印订单收据等；R-Data tool（数据分析模块），能够查看每日访问人数、不同时段的销售额和下单客户的属性等；R-Mail（制作发送营销电子邮件），发送范围还支持精细化定制，如可重点针对近 30 天内购物的新客户或者是超过半年没有复购的流失用户。日本乐天市场卖家后台支持 CSV 格式的产品上传，因此卖家可以进行批量上传和更新店铺产品数据，实现高效化产品管理，产品销售数据和库存数据也可以批量下载。日本雅虎购物的企业店铺后台功能丰富，卖家可以从多个店铺模板中选择整体布局、图片和颜色来提升店铺的专业度和美观度。卖家后台同样支持 CSV 格式上传，因此如果卖家同时运营日本乐天市场和日本雅虎购物，将实现工作量的大幅降低。亚马逊日本站的卖家后台页面与其他国家和地区站点并无二致，在页面语言上也可在汉语、英语、日语等语言中自由切换。对于已经在亚马逊其他站点开店运营的卖家来说，在日本站上操作完全没有问题。

（四）物流体系

截至 2023 年，亚马逊日本站在日本拥有 18 个 FBA 运营仓库、2 个客服中心，物流系统非常发达。在亚马逊进军日本以前，日本乐天市场和日本雅虎购物因日本原有的强大物流网与极具日本特色的便利店收发货业务，将仓库和库存管理委托给经销商，而亚马逊则建立起了自有、高效的仓库物流系统，反而取得后发优势，使竞争对手在短时间内无法在仓储和物流方面与其抗衡。随着日本电商市场竞争的日趋白热化，日本乐天市场也意识到构建自身物流体系的重要性，着手打造自己的物流系统。日本雅虎商城携手日本软银公司，同日本线下连锁商超巨头永旺（Aeon）强强联手，意图依托 Aeon 在日本的 300 多个仓库，实现全日本的货物仓储与配送，届时雅虎购物的运送效率和成本都将比亚马逊更具竞争力，亚马逊在日本的核心优势有可能受到挑战。

对中国卖家进入日本电商市场的建议如下。

（一）研究日本电商市场的选品特点

无论是亚马逊日本站还是日本乐天市场或日本雅虎购物的时尚品类都越来越受到日本消费者的青睐和喜爱。以时尚类目的鞋服为例，从颜色、服装风格、服装的尺寸等维度解析日本市场有别于欧美市场的选品特点。

从颜色来看，日本常年流行的颜色主要为白色、黑色和深蓝色等。从服装风格来看，日本消费者比较喜欢基础款，一些服装的风格也较为偏向可爱型，且符合亚洲人的风格审美。从服装的尺寸来看，不同于欧美国家消费者主要购买大码及以上尺码，入驻日本市场

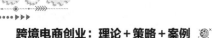

的卖家在备货时应该选择较为纤瘦的 S 码和 M 码。此外，从日本各大电商平台的鞋类销售情况来看，运动鞋的销量最高，且多数消费者都不过度追求国际大牌，所以中国自有品牌卖家有较大的销售机会。另外相较于欧美消费者，日本消费者更重视鞋子的舒适度。观察日本本土鞋类品牌的产品详情页，会发现除了常规的尺码表外，对于鞋子的宽度也都有明确的标示，通常还附带各种参数的示意图。

（二）了解日本消费者的购物心理

首先，日本消费者对产品质量非常重视，甚至达到吹毛求疵的地步，因此优秀的产品是获得成功的根本。其次，日本人同样追求高性价比的产品。日本人比较看重产品本身的品质与设计以及合理定价，品牌并非唯一的考量因素。再次，日本人十分注重仪式感，节日与纪念日名目繁多，带来一年多个销售旺季。如每年 12 月份是年货采购时节，此时日本人的购买力是非常旺盛的。除日本本土节日外，日本人也非常热衷西方节日，如情人节、万圣节、圣诞节等，往往与之相关的各类礼品销量都会有爆发式增长。因此要提前做好各种节日的产品刊登、销售及推广计划，特别注意及时备货，避免因断货造成产品搜索权重下降。最后，优质的客户服务将赢得好评和高复购率。日本人对品牌忠诚，日本消费者更愿意选择已知的可以相信的品牌，将其视为产品质量的保证。如果卖家售出的产品得到日本消费者的肯定，则可能提升产品复购率。

（三）打造符合日本人线上消费习惯的产品详情页

中国大部分的跨境电商卖家都是通过欧美系平台成长起来的，运营手法往往更符合欧美文化特征及欧美人的消费习惯。这些卖家在运营日本电商时，应区别日本人和欧美人的线上消费行为与习惯，实行差异化运营。准确、地道的日语是产品详情页的基本要求，合乎规范的敬语会带给日本消费者美好的阅读体验，增进其购买欲望。对于新卖家来说，使用机器翻译来拼凑日语产品详情页是不可取的，日语翻译需具备资质，有条件的卖家可以聘请日本人来进行翻译的审校。除日语外，页面的细节也须向日本本土的成功卖家学习，如图文的布局和产品细节的展示方法等，努力避免在跨文化交际中可能产生的冲突和碰撞。

（四）注重物流时效性，适时设立日本海外仓

日本国内物流基础设施成熟，物流服务经过多年发展，已相当成熟、规范，尤其注重物流服务细节，给消费者网购创造了完美的物流体验。在电商货物配送方面，日本目前以日本邮政、佐川急便、YAMATO（黑猫宅急便）这 3 家公司为主。在亚马逊进入日本市场以后，整个物流业务体量增长迅猛，物流公司的业务承载能力已超负荷，配送价格不断攀升。除了北海道和冲绳等偏远地区外，日本物流配送基本已实现当日达或次日达。因此一般情况下如果 3 天还未收到货，日本人可能就会向平台提出索赔。

中国与日本的距离较近，物流递送较快，因此 2017 年之前中国卖家采用直邮小包的方式向日本买家送货是惯常做法。虽然这种派送方式成本相对较低，但跨境物流时效性却

很难得到保证。为提升跨境物流的时效性和客户的购物体验，各大跨境卖家纷纷采取应对措施，其中建立海外仓或寻求和海外仓合作是行之有效的方法。海外仓能有效推进电商本土化，优化买家的物流时效及售后体验。原本受跨境地域的限制，退换货等售后服务让许多境内卖家力不从心，使用海外仓后，这些问题便可解决。

（五）高度重视知识产权保护

日本十分重视电商领域的知识产权保护，通过不断地修改法律及政策来完善知识产权立法。日本在知识产权保护方面采用的一系列政策措施，为日本电子商务产业发展营造了良好的环境。日本各大电商平台对侵犯知识产权的行为也是“零容忍”，如在知识产权上违规，后果十分严重，轻则下架产品，重则店铺被关。比如卖家最常出现的侵权案例之一就是产品图片侵权。各个平台对卖家上传的图片都会进行甄别，被侦测判定为问题图片的产品页面，流量就会降低且在平台的数据筛查时易被列为侵权产品，所以产品图片从前期拍照到后期处理都应该为卖家原创，并且要注意保存原始图片数据，以避免不必要的纠纷。除产品图片外，产品标题也是侵权的“高发地带”，在编辑产品标题时，应反复仔细验证，确保不出现他人的注册商标、品牌名称、产品系列名称以及文学和动漫影视作品中的受保护信息。

日本市场对于中国卖家而言还有极大的开发空间，无论是从销售利润还是市场份额来看，日本都将是中国跨境电商卖家的必争之地。综合研判日本电商市场趋势，练好自身“内功”，将产品设计、研发和品控做到最优，就有可能在日本电商零售市场中获得成功。[①]

1. 训练题

（1）亚马逊平台提供的基本运营服务有哪些？

（2）在亚马逊平台上开店具有哪些优势？

（3）日本三大电子商务平台的运营差异体现在哪些方面？

2. 实训题

以买家身份分别登录亚马逊美国站和欧洲站，观察两者的异同，并形成观察报告。

① 林炜莉. 对日跨境电商平台的选择与分析 [J]. 对外经贸实务，2019（5）：37-40.

学习任务考核评价表

序号	评价内容	得分 / 分			综合得分 / 分
		自评	组评	师评	
1	对亚马逊主要站点的了解				
2	对亚马逊在不同站点发展轨迹的了解				
3	对日本电商市场格局的理解				
合计					

注 综合得分 = 自评 ×30%+ 组评 ×30%+ 师评 ×40%。

学习任务 3　了解亚马逊全球开店计划

1. 了解通过亚马逊全球开店计划开店的主体资质。
2. 熟悉亚马逊各站点的全球开店计划入驻政策。

1 学时。

企业情境引入

林经理告诉小莉：通过亚马逊全球开店计划来开店，是需要一定的开店主体资质的，并且应该熟悉亚马逊各站点不同的入驻政策，如果其中一个环节或者一项资料不齐全或者弄错的话，有可能会导致开店审核不通过，这会给公司带来损失。小莉表示一定会好好梳理掌握各个站点的入驻条件和所需资料，争取在开店审核时顺利通过。

知识点：什么是亚马逊全球开店计划

“全球开店”业务是亚马逊为满足中国卖家拓展海外市场的诉求，而推出的一个帮助中国卖家通过亚马逊网上营销平台将产品更好地卖给国外消费者的项目。“全球开店”项目有利于中国卖家开拓国际市场、进行全球销售业务布局，受到了众多卖家的追捧。

2012 年，亚马逊中国开始引入“全球开店”业务，并同步启动美国、加拿大、法国、德国、英国、意大利和西班牙七大站点的卖家招募工作。

2013 年，亚马逊中国在北京设立为中国卖家“全球开店”提供服务的专属团队，次年专属服务团队延伸到上海和广州，并开启亚马逊日本站点的卖家招募。

2015 年 2 月，亚马逊美国推出中文卖家支持服务；3 月，亚马逊在欧洲市场和日本市场成立“全球开店”专属顾问团队；7 月，墨西哥站点卖家招募工作开启，美国和英国站点推出全中文操作平台；同时，为优化物流服务、为卖家提供多元化的跨境物流解决方案，亚马逊推出了“亚马逊全球货运”计划以及针对轻小商品的物流试点计划；11 月，亚马逊“全球开店”中文网站正式上线。

目前已有数万中国卖家上线亚马逊全球站点，直接触及超过 3 亿的活跃消费者和超过百万的企业与机构买家。包括亚马逊美国、加拿大、德国、英国、法国、意大利、西班牙、日本、墨西哥、澳大利亚与中国在内的 18 大站点已向中国卖家全面开放。

一、亚马逊全球开店项目的优势

（一）庞大的客户数目

亚马逊平台在全球拥有超 3 亿的优质客户，能为卖家提供坚实的用户基础；亚马逊的站点基本覆盖了全球各个市场区域，有利于卖家全面布局全球业务，并根据各个国家（地区）的差异性文化和季风性消费行为寻求新的消费机遇；借助亚马逊的物流配送渠道，卖家有机会将拥有更强大消费能力的亚马逊 Prime 会员转化成自己的客户。

（二）广阔的市场机遇

亚马逊不断创新优化的工具和配套服务生态链，能够帮助卖家更好地适应全球市场，成为顶尖卖家；亚马逊成熟完善的物流配送系统，能帮助卖家高效、便捷地将商品送到客户手中，优化客户的物流服务体验。

（三）丰富的卖家支持服务

亚马逊积累了丰富的全球市场业务经验，拥有内容全面的培训素材，能够为卖家提供有关境外业务拓展的全方位知识；第三方服务商网络能够为卖家的跨境电商交易提供专业性的意见与服务；亚马逊还能为卖家提供实时技术支持、营销工具咨询及丰富的卖家支持服务。

二、亚马逊“全球开店”项目所覆盖的站点

目前“全球开店”可以开通的站点有 18 个。其中，美国、加拿大和墨西哥为北美联合账号；英国、法国、德国、意大利、西班牙、荷兰为欧洲联合账号。联合账号是指卖家开通其中任意一个站点，就不需要再提供其他资料连带开通联合账号内的其他站点。不同地区亚马逊全球开店计划的特色如图 2-4 所示。

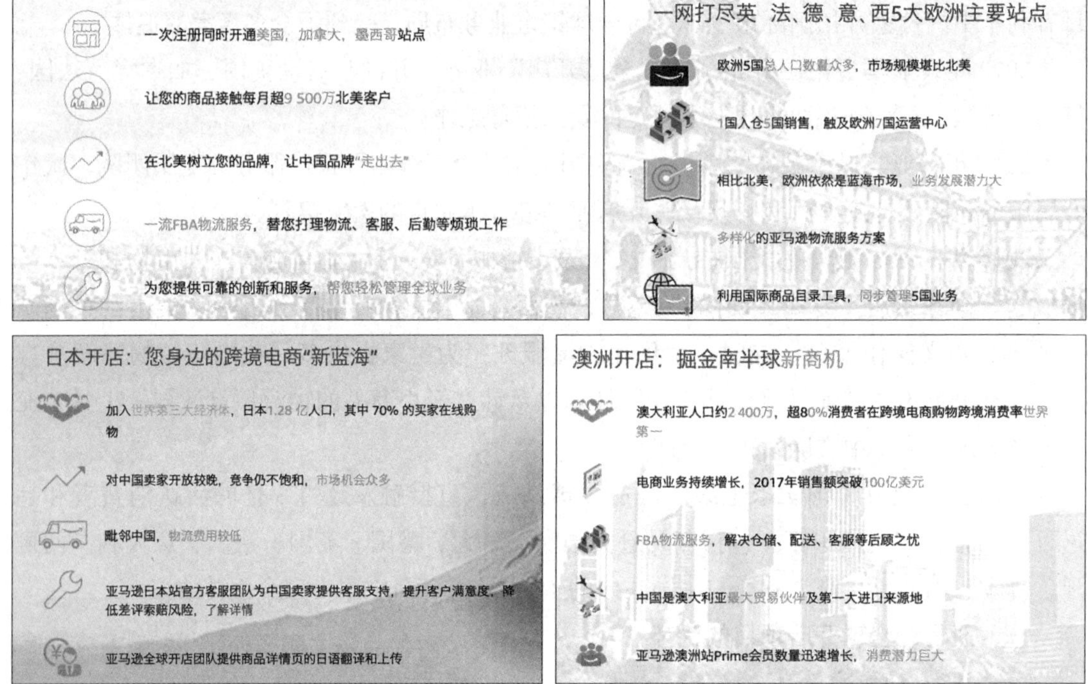

图 2-4　不同地区亚马逊全球开店计划的特色

三、注册账户分类和销售计划

亚马逊账户类型有两种：专业销售计划（professional）和个人销售计划（individual）。

无论是公司还是个人，都可以通过亚马逊自注册通道完成账户注册并开始销售。以公司名义开设的账户与以个人名义开设的账户在销售权限上（如流量、商品上架数量、商品审核要求等）没有任何区别。需要注意的是，目前中国卖家通过自注册渠道在亚马逊平台上开店的难度在加大。这两种计划的主要区别在于费用结构和功能使用权限。个人销售计划会被收取按件收费的费用，而专业销售计划账户则需要支付月度的订阅费。

以上两种销售计划是可以相互转化的。如果你注册时选择了个人销售计划，之后也可以在后台自助升级为专业销售计划。如果你注册时选择专业销售计划，后续也可以降级为个人销售计划。

1. 训练题

（1）亚马逊全球开店项目的优势有哪些？

（2）个人买家账户与专业买家账户有何区别？

2. 实训题

以亚马逊美国站点为例，收集通过亚马逊全球开店计划开店所需的相关材料。

学习任务考核评价表

序号	评价内容	得分 / 分			综合得分 / 分
		自评	组评	师评	
1	对亚马逊全球开店计划的了解				
2	对卖家账户区分的了解				
3	对亚马逊不同站点入驻资质要求的了解				
合计					

注 综合得分 = 自评 ×30%+ 组评 ×30%+ 师评 ×40%。

学习任务 4　掌握亚马逊店铺开店技巧

任务目标

1. 了解在亚马逊开店前需做的准备工作。

2. 熟悉亚马逊北美站点的开店注册流程。

通过全球开店计划开店

4 学时。

企业情境引入

林经理告诉小莉：当开店资料都准备妥当后，就要进入亚马逊后台来进行资料提交等店铺注册工作了。这部分工作较为细致、烦琐，且平台时有更新，在正式开始线上填报资料前，最好到官网上下载最新版本的店铺注册手册，对照要点进行操作。

老师讲

在本知识点中将以亚马逊官方全球开店计划手册为蓝本，以北美站点店铺为例进行说明。欲了解详细内容，可至亚马逊官网（https://gs.amazon.cn）下载最新版手册。

知识点1：注册前的准备工作

一、注册前需准备的材料

注册前需准备的基本资料包括以下几种。

（1）电子邮箱地址。

（2）公司的名称、地址、联系方式。

（3）可以支付美元的双币信用卡（如Visa等）。

（4）可用的电话号码。

注：通过全球开店计划方式开店，注册主体须具备公司资质，且需要提供相应的商业文件和法定代表人代表身份证，以及信用卡/储蓄卡对账单。

其中，商业文件指：

（1）内地卖家：营业执照。

（2）香港特别行政区卖家：公司注册证明书、商业登记条例。

（3）台湾地区卖家：有限公司设立登记表、股份有限公司设立登记表、有限公司变更登记表、股份有限公司变更登记表。

二、注册亚马逊卖家的具体流程

（1）填写姓名、邮箱地址、密码，创建新用户。

（2）填写公司信息、卖家名称、联系方式，进行电话/短信认证验证。

（3）填写信用卡卡号、有效期、持卡人姓名、账单地址，设置你的收款方式。

（4）填写国内银行账户名称、地址、持有人姓名、账号等，设置你的存款方式。

（5）勾选你的商品信息和分类（可跳过）。

（6）进行卖家身份验证并完成验证。

（7）审核完成后上架你的第一个产品。

三、注册的账户类型和收费标准

若通过亚马逊自注册通道进行账户注册并进行销售，须具备公司资质。若你的亚马逊账户类型是专业销售计划，则需要支付月度的订阅费（表 2-2）。

表 2–2　专业销售计划

项目	订阅费
注册主体	公司
月租金	39.99 美元 / 月
销售佣金	根据不同品类亚马逊收取不同比例的佣金，一般为 8% ~ 17%

注：收费标准以亚马逊北美为例。销售佣金：卖家为每件所售商品支付销售佣金。月租金：亚马逊网站使用费，按月收取。

知识点 2：亚马逊（北美站）店铺注册实操步骤详解

当一切材料准备就绪，我们就开始注册新店铺吧！

特别注意事项如下。

（1）除特殊要求之外，所有信息请使用拼音或英文填写。

（2）其间若有疑问，可以单击页面中的“获取支持”按钮，取得相应支持，如图 2-5 所示。

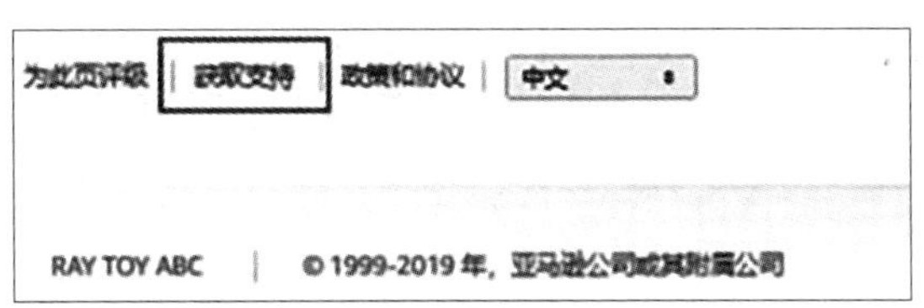

图 2-5　“获取按钮”位置示意

（3）注册过程不可逆，应仔细填写，具体步骤如下。

①填写姓名、邮箱地址、密码，创建新用户。系统将验证码发送到注册邮箱，请查询后填入“输入验证码”，如图 2-6 所示。

②选择公司地址、业务类型，并填写公司名称（英文）和企业名称（中文），如图 2-7 所示。

③填写公司信息，含公司地址和电话号码等详细信息，如图 2-8 所示。

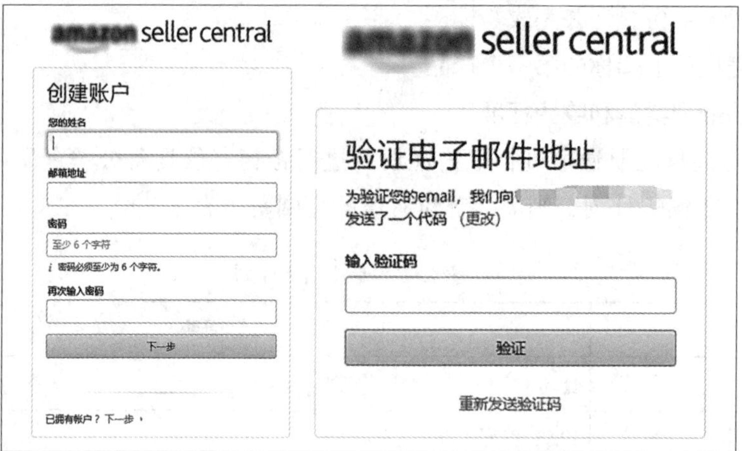

图 2-6 “验证电子邮箱地址”环节示意

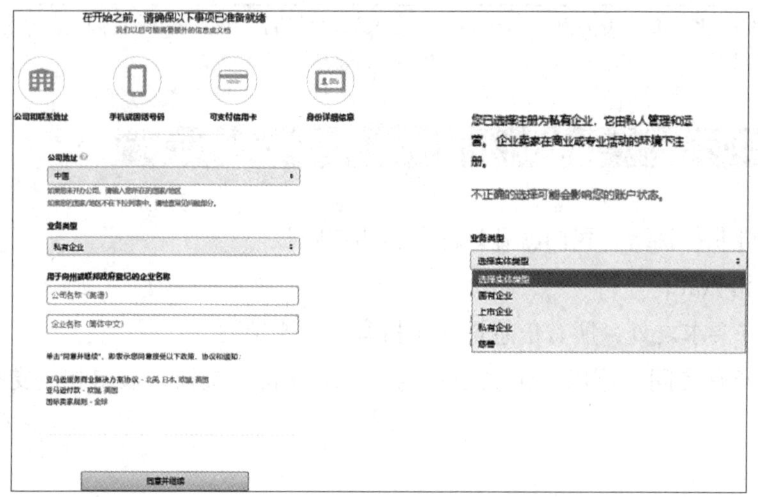

图 2-7 选择公司主体相关选项

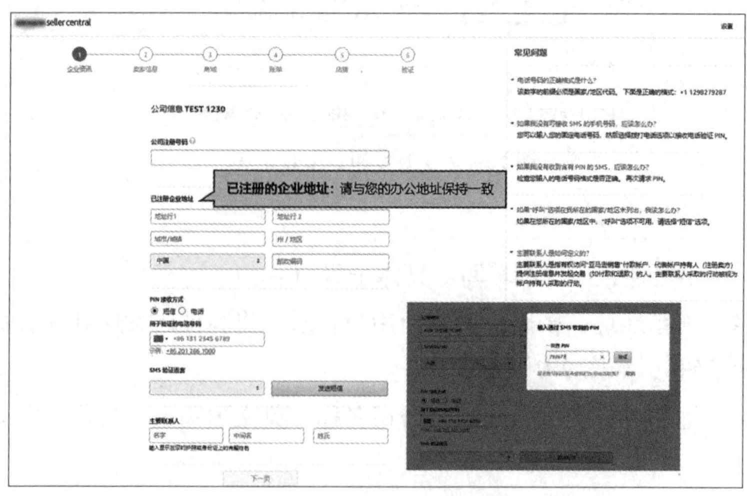

图 2-8 填写公司相关信息

电话验证：你会接到系统打来的电话，请接起电话，把电脑中显示的数字输入手机进行验证，若验证码一致，即认证成功。当系统验证出错时，请尝试用其他语言进行验证或短信验证，3 次不成功，则需等候 1 小时后才可重新验证。

短信验证：请输入收到的短信验证码。

注意：验证完成后，你将无法退回至本步骤修改信息，请在验证前仔细检查本页内容。

④填写卖家个人信息，含国籍、出生国家或地区、出生日期、身份证明和编号、身份证明的有效期、身份证明上显示的姓和名、居住地址等，如图 2-9 所示。

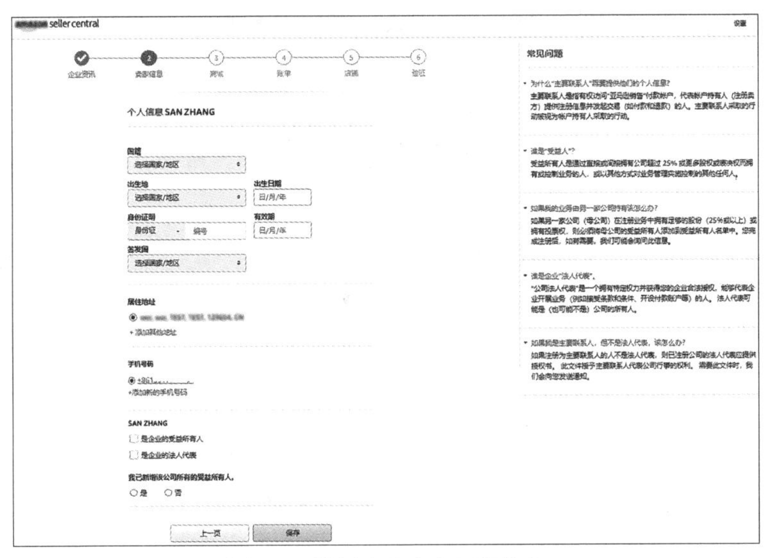

图 2-9　填写卖家个人相关信息

⑤选择“商城”后填写“接收付款的银行账户信息”，填写接收付款的银行账户信息有以下三种，请对照实际情况填写，如图 2-10 所示。

图 2-10　填写“接收付款的银行账户信息”

方法 1：使用亚马逊全球收款，可以使用人民币接收全球付款并直接存入你的国内银行账户。选择银行地址为“中国”，并按照提示填写银行账号或借记卡号信息，如图 2-11 所示。如果是企业银行账户，请选择“是”。如果是个人银行账户，请选择“否”，如图 2-12 所示。

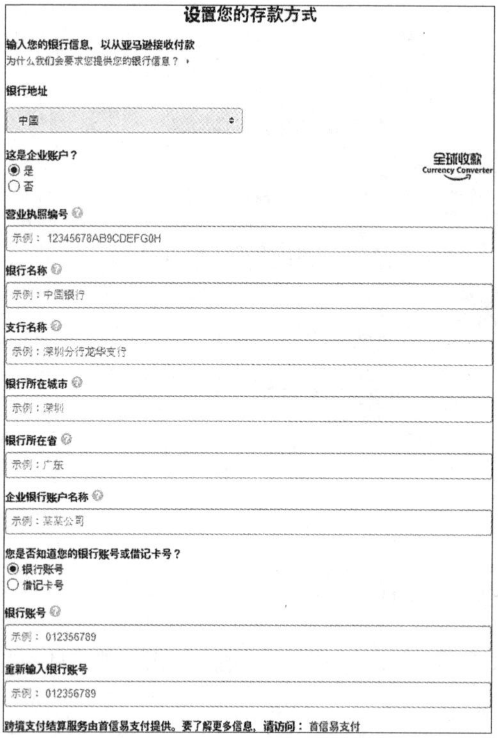

设置您的存款方式

输入您的银行信息，以从亚马逊接收付款

为什么我们会要求您提供您的银行信息？

银行地址

中国

这是企业账户？

是

否

全球收款 Currency Converter

营业执照编号

示例：12345678AB9CDEFG0H

银行名称

示例：中国银行

支行名称

示例：深圳分行龙华支行

银行所在城市

示例：深圳

银行所在省

示例：广东

企业银行账户名称

示例：某某公司

您是否知道您的银行账号或借记卡号？

银行账号

借记卡号

银行账号

示例：012356789

重新输入银行账号

示例：012356789

跨境支付结算服务由首信易支付提供。要了解更多信息，请访问：首信易支付

图 2-11 设置“存款方式”

这是企业账户？

是

否

全球收款 Currency Converter

身份证号码

示例：123456789011123456

银行名称

示例：中国银行

支行名称

示例：深圳分行龙华支行

银行所在城市

示例：深圳

银行所在省

示例：广东

名

示例：三

姓

示例：张

您是否知道您的银行账号或借记卡号？

银行账号

借记卡号

银行账号

示例：012356789

重新输入银行账号

示例：012356789

跨境支付结算服务由首信易支付提供。要了解更多信息，请访问：首信易支付

图 2-12 注意企业银行账号和个人银行账号的选择

方法 2：使用美国 / 中国香港的有效银行账户，用美元 / 港元接收亚马逊付款，选择银行地址为“美国”/“香港”并填写银行账号信息。

方法 3：使用亚马逊接受的第三方存款账户，此种情形下请选择银行地址为“美国”，并填入第三方机构提供的银行账户信息，如图 2-13 所示。

注意：务必保证存款方式信息的正确性，如果银行账户有问题，亚马逊就无法对账户进行结算。

⑥填写账单信息，含信用卡号、到期日、持卡人姓名及地址，如图 2-14 所示。

如信用卡账单地址和上一步填写的公司地址不一致，需要单击“添加新地址”按钮，不同的账单地址须和信用卡实际账单地址保持一致。

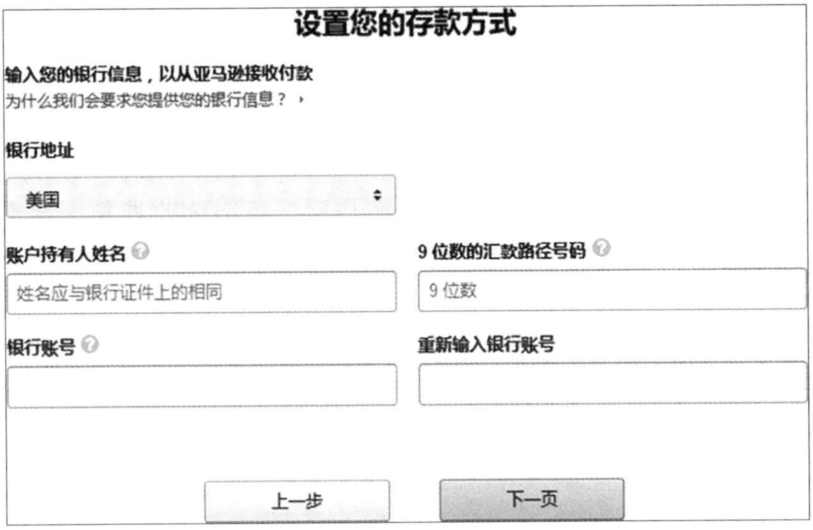

设置您的存款方式

输入您的银行信息，以从亚马逊接收付款
为什么我们会要求您提供您的银行信息？ ›

银行地址
美国

账户持有人姓名
姓名应与银行证件上的相同

9 位数的汇款路径号码
9 位数

银行账号

重新输入银行账号

上一步　下一页

图 2-13　填写“存款方式”

图 2-14　填写“账单信息”

请使用可以支付美元的中国境内银行双币信用卡（Visa、MasterCard 卡均可）。

确认默认地址信息是否与信用卡账单地址相同。如不同，请使用英文或者拼音填写地址。

信用卡持卡人与账户注册人无须为同一人；公司账户可使用个人信用卡。

若填写信息正确，系统会尝试对该信用卡进行预授权以验证该信用卡尚有信用额度，持卡人可能会收到发卡行的预授权提醒。

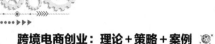

在注册完成和账户运营过程中，可随时更换信用卡信息，但频繁更改可能会触发账户审核，建议更换前咨询卖家支持。

在账户结算时，如果你的卖家账户结余不足以抵扣相关款项，系统会从你的信用卡中扣除每月月费或其他销售费用，如 FBA 费用。

如果你选择的是专业销售计划，创建账户时，将向你收取第一笔月度订阅费（$39.99）。亚马逊将执行付款验证。

如果你收到通知，告知你在卖家账户中注册的信用卡信息无效，请检查账单地址，该地址必须与信用卡对账单中的账单地址完全相同。与开户银行核实，确认你的信用卡尚未过期，具有充足的信用额度，且对被拒金额的网扣款无任何限制。

⑦填写店铺信息，含店铺名称及确认商品信息，如图 2-15 所示。

图 2-15　填写店铺相关信息

⑧完成上述步骤后，直接进入卖家身份验证环节，如图 2-16 所示。

法定代理人：经有关当局许可且得到法律认可并显示于营业执照上的公司或企业法定代表人。

董事或代表人：营业执照上所显示的企业董事或代表人。

下面介绍亚马逊全球开店入驻北美站点的卖家资质审核（也称“卖家身份验证”）流程。

身份验证是卖家在亚马逊开店时必须进行的一个步骤。目前，亚马逊北美站点将卖家“身份验证”从账户注册完成后，提前到账户注册流程中。

公司卖家（company seller）资质审核所需材料：

图 2-16　卖家身份验证环节

（1）身份证。身份证上的姓名必须与营业执照上法定代表人的姓名一致；提供正反两面的彩色照片 / 扫描件，不接受黑白复印件；图片必须完整、清晰、可读；身份证应在有效期内。

（2）营业执照。提供彩色照片 / 扫描件，不接受黑白复印件，图片必须完整、清晰、可读；营业执照距离过期日期应大于 60 天；

个人卖家（non-company seller）资质审核所需材料：

（1）身份证。提供正反两面的彩色照片 / 扫描件，不接受黑白复印件；图片必须完整、清晰、可读；身份证应在有效期内；身份证件上的姓名应与注册的亚马逊账户上的姓名完全匹配。

（2）信用卡对账单、银行对账单或费用账单。账单上的姓名必须和身份证上的姓名一致；信用卡对账单或银行对账单必须为银行出具，账单必须是在过去 90 天内发出的；费用账单必须是公共事业单位出具的水费、电费或燃气账单，账单必须是在过去 90 天内发出的；图片必须清晰、可读；可以隐藏货币金额，但文档必须保持完整并且其他信息清晰可见；不接受屏幕截图；如果有多个副本，请合并到一个文件中进行上传。

其他注意事项如下。

（1）中国香港卖家请在公司所在国家 / 地区选择“香港”（此信息提交后便无法更改，选择错误可能导致验证失败）。

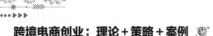

（2）公司卖家（拥有营业执照的卖家）务必选择“我是公司卖家”（此信息提交后便无法更改，选择错误可能导致验证失败）。

（3）卖家输入的信息（如法人姓名、身份证号）务必与提交的文件中的信息相符。

（4）多页文件（如身份证正反两面）请合并到一个文件中进行上传。

（5）扫描或照片必须保持所有信息清晰、可读。

（6）不接受截屏。

（7）不接受黑白复印件。

（8）可参考如下流程图。

第 1 步：选择公司所在国家（地区）及卖家类型（注意，提交后无法更改，请务必慎选），如图 2-17 所示。

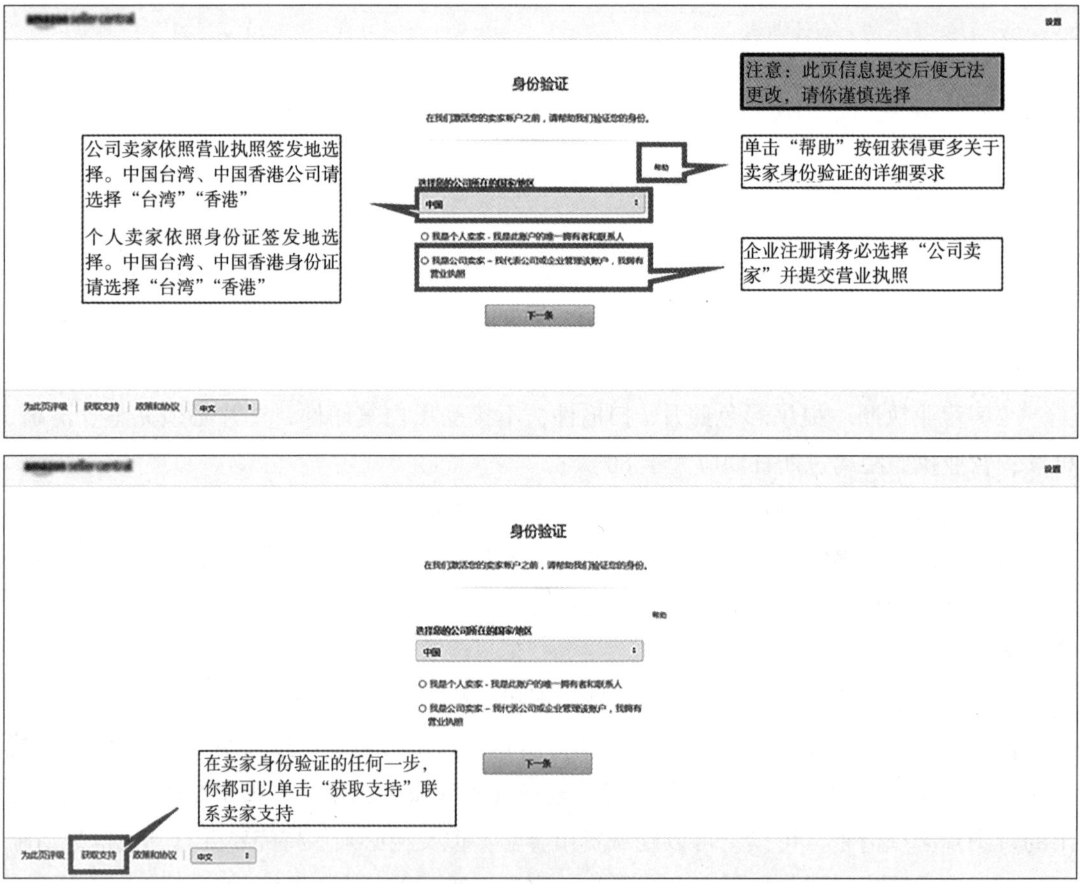

身份验证

注意：此页信息提交后便无法更改，请你谨慎选择

公司卖家依照营业执照签发地选择。中国台湾、中国香港公司请选择“台湾”“香港”

个人卖家依照身份证签发地选择。中国台湾、中国香港身份证请选择“台湾”“香港”

单击“帮助”按钮获得更多关于卖家身份验证的详细要求

企业注册请务必选择“公司卖家”并提交营业执照

身份验证

在卖家身份验证的任何一步，你都可以单击“获取支持”联系卖家支持

图 2-17 选择公司主体所在国家（地区）及卖家类型

第 2 步：填写法人及公司信息，如图 2-18 所示。

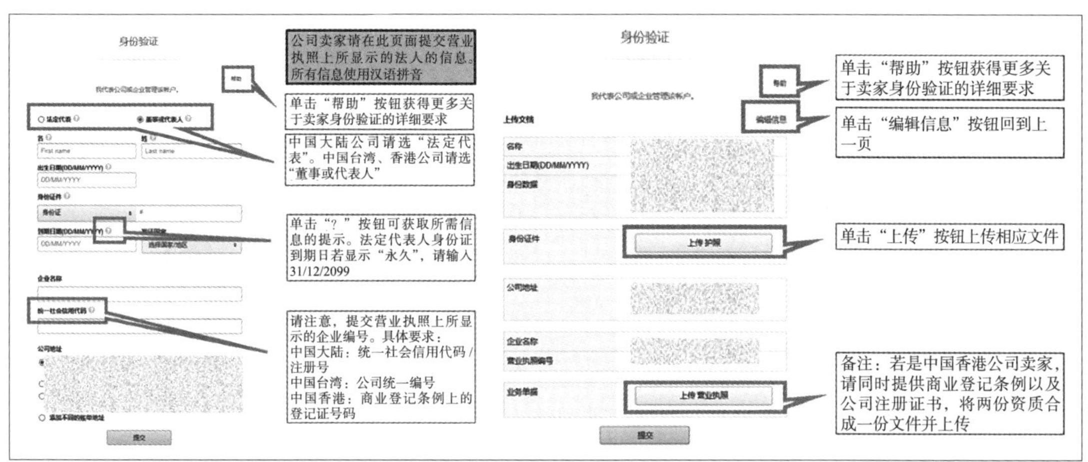

图 2-18　填写法人及公司信息

第 3 步：上传相关文档，如图 2-19 所示。

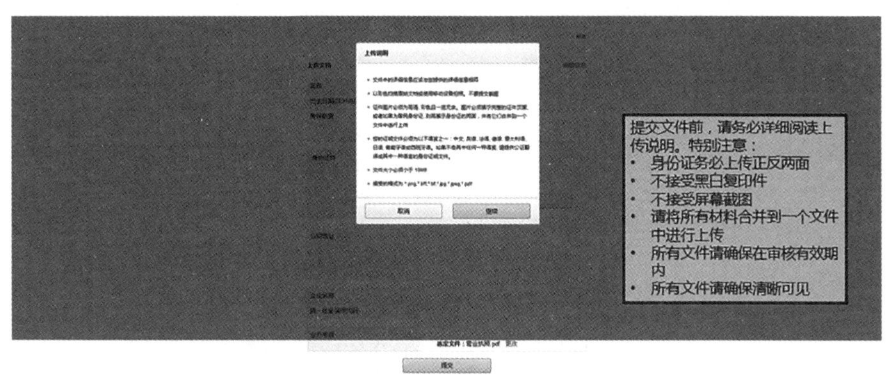

图 2-19　上传相关文档

提交页面，如图 2-20 所示。信息更正提醒页面如图 2-21 所示。

注意：如果从个人销售计划升级为专业销售计划，同样需要完成卖家资质审核。

为给卖家及买家营造更宽松的贸易环境，亚马逊将会对销售计划升级的申请进行审核，包括收集并审核更多的信息。当亚马逊收到销售计划升级申请后，卖家将在 72 小时内收到邮件指导提交相应文件进行审核（卖家资质审核）。审核流程将在提交资质文件后开始，并持续 3 个工作日。特别提示：审核期间，卖家现有的商品信息（listing）将会被冻结。

注册店铺时需注意以下事项。

（1）多页文件（如公司注册证明书、商业登记条例）合并到一个文件中进行上传。

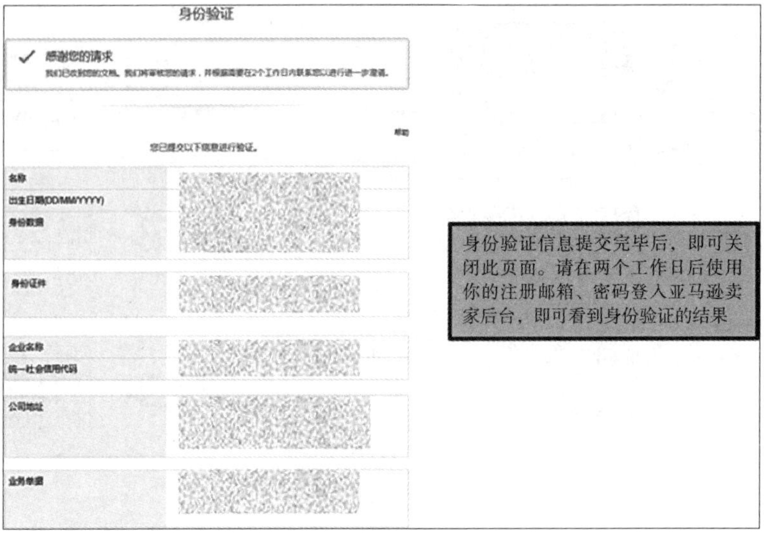

身份验证

感谢您的请求

您已提交以下信息进行验证。

名称
出生日期(DD/MM/YYYY)
身份数据
身份证件
企业名称
统一社会信用代码
公司地址
业务单据

身份验证信息提交完毕后，即可关闭此页面。请在两个工作日后使用你的注册邮箱、密码登入亚马逊卖家后台，即可看到身份验证的结果

图 2-20　提交页面

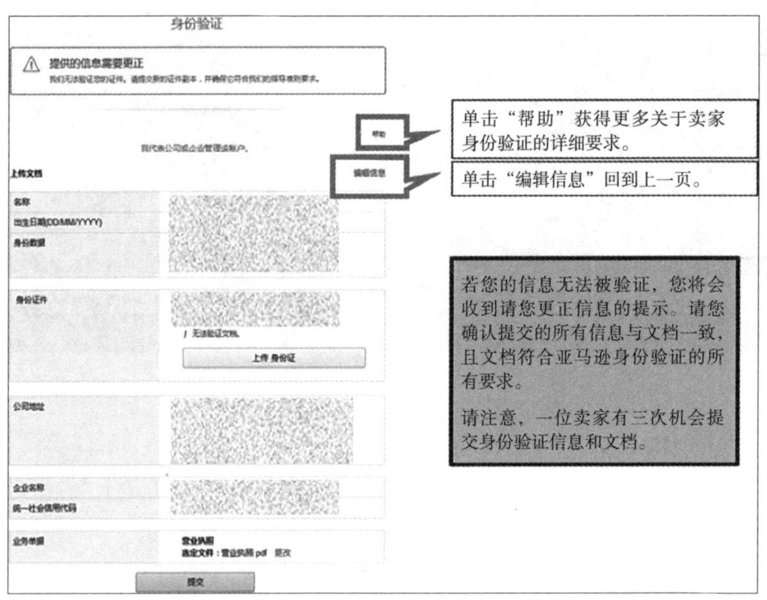

图 2-21　信息更正提醒页面

（2）卖家输入的信息（如法定代表人姓名、身份证号）务必与提交的文件中的信息相符。

（3）营业执照上的公司名称若是中文，请输入中文字符，请勿自行翻译。

（4）扫描或照片必须保持有信息清晰可读，不接受黑白复印件，不接受截屏，不接受软件合成图。

成功登录卖家后台后，将会被亚马逊要求提供纳税身份信息进行税务审核。税务审核信息页面如图 2-22 所示。

选择获得收入的类型是个人还是业务；并确认是否为美国人，一般中国卖家都选“否”

选择受益人性质是公司还是个人，并填写名称、地址信息。注意组织所在国家请选择“中国”

图 2-22　税务审核信息页面

步骤 1：同意提供电子签名，如图 2-23 所示。

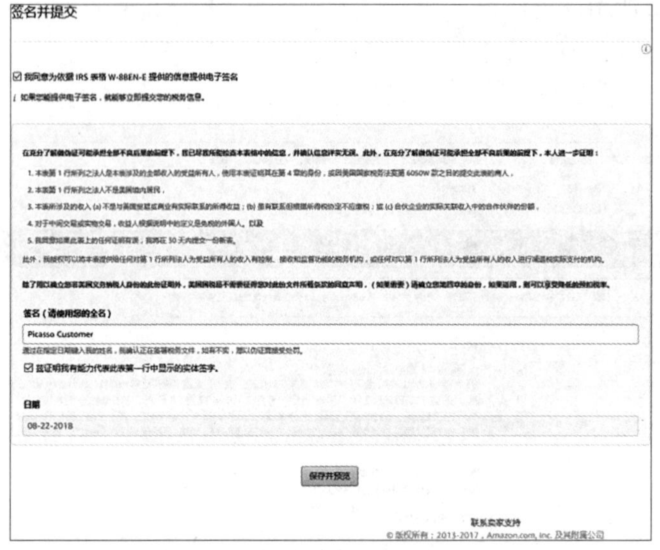

图 2-23　提供电子签名

步骤 2：请确认 Part Ⅰ 部分有关账户受益人的信息是否准确，如需修改，返回上一页并更新您的信息。如信息经检查无误，请单击“提交表格”按钮，如图 2-24 所示。

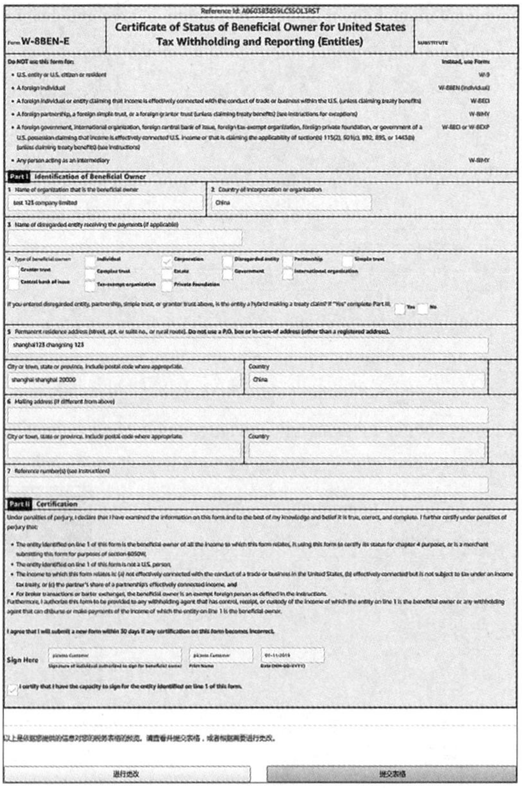

Form W-8BEN-E　Certificate of Status of Beneficial Owner for United States Tax Withholding and Reporting (Entities)

Part I　Identification of Beneficial Owner

Part II　Certification

图 2-24　提交表格

步骤 3：此处直接单击“退出调查”按钮结束审核，如图 2-25 所示。

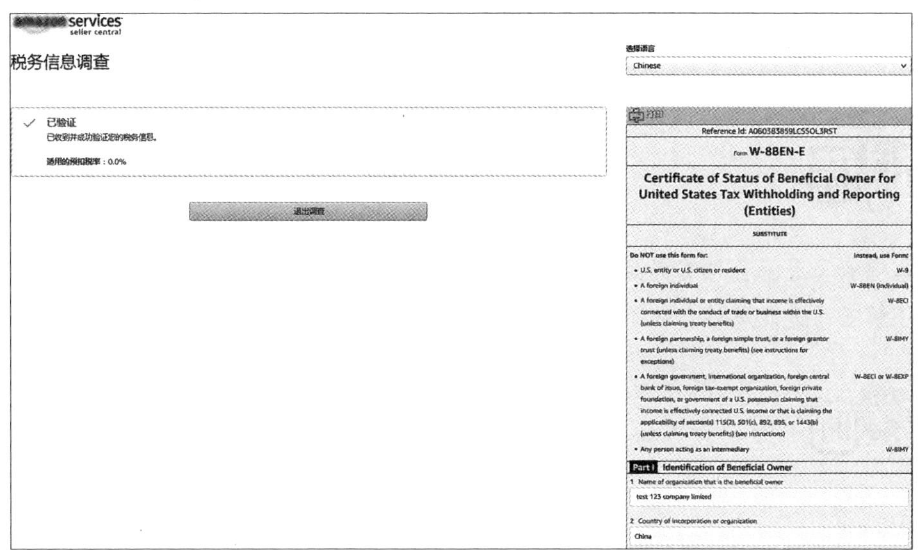

图 2-25　退出调查结束审核

1. 训练题

（1）进行亚马逊卖家账号注册之前需要做哪些准备？

（2）通过自注册通道进行卖家账号注册的主体资质应该是什么？

2. 实训题

以小组形式注册亚马逊北美站点卖家账号。

学习任务考核评价表

序号	评价内容	得分 / 分			综合得分 / 分
		自评	组评	师评	
1	对亚马逊卖家账号注册所需材料的了解				
2	对亚马逊平台卖家账号注册流程的了解				
3	对亚马逊卖家账户类别的了解				
合计					

注 综合得分 = 自评 ×30%+ 组评 ×30%+ 师评 ×40%。

学习任务5　亚马逊平台主要站点的可销售品类概览

1. 掌握亚马逊平台可售商品的一般性原则。
2. 了解亚马逊北美站点的不同品类销售资质要求。

2学时。

林经理告诉小莉：当你准备进入亚马逊店铺的实操之前，必须仔细阅读亚马逊相关站点的可售目录和禁售目录。否则，在选品时花费了精力，到最后却发现这些产品属于该站点的禁售商品或自己并不具备该品类的销售资质，浪费了宝贵的时间。

知识点：亚马逊北美站主要品类的销售和上传 listing 要求

一、北美站可销售品类概览

（一）开放品类

亚马逊对卖家开放的品类达20多种，销售这些品类的商品无须获得亚马逊的事先审批。某些品类只允许发布新商品，某些品类对商品质量有附加指南，需要卖家遵守。

（二）需要审批的品类

销售某些品类的商品需要得到亚马逊的事先审批。只有注册专业销售计划的卖家才可以出售这些品类的商品。亚马逊限制这些品类商品的销售，以确保卖家的商品满足质量要求、上线标准以及品类的其他特殊要求。

提示：北美站的商品可以在 Amazon.com、Amazon.ca 和 Amazon.com.mx 三个站点出售。三个站点的销售费用、支持的商品品类和销售要求可能会有所不同。

一些品类的商品无须审核可直接销售，一些品类的商品则需要满足相应要求方可销售。某些类别的商品个人销售计划和专业销售计划的卖家均可销售，除非另有说明，见表 2-3。

表 2–3　亚马逊北美站各品类卖家销售权限一览表

商品分类	商品类型	允许条件	需要审批
亚马逊设备配件	亚马逊设备配件	新品、翻新、二手	要求
亚马逊 Kindle	Kindle 设备配件	仅二手	否
汽车和户外动力设备	零件、工具及设备、配件	新品、翻新、二手、珍藏品	需要审批。仅开放给专业销售计划的卖家
婴儿产品（不含服装）	育儿、喂养用品、工具等	仅新品	否，但假日销售可能需要
美妆	香水、护肤品、彩妆、护发、沐浴。另请参阅健康及个人护理	仅新品	否
图书	乐谱、期刊、其他	新品、二手、收藏品	可以发布新书和二手图书，收藏图书需获得批准但所有媒体商品必须在向您提交确认订单后两个工作日内发货
相机和摄影	照相机、摄像机、望远镜	新品、翻新、二手	否
Amazon Business 项目商品	支持多种面向亚马逊企业及机构买家的商品品类	新品、翻新、二手	仅开放给专业销售计划的卖家
手机设备	手机	全新品、二手、翻新、解锁	否，但是必须满足一定要求（需要登录卖家平台）
服装和配饰	外套、运动服、内搭、皮带、皮夹	仅新品	否，品类要求
硬币收藏品	政府铸造的分级收藏钱币、美国造币厂包装产品、金币、银币、铂币、钯币	珍藏品	目前不接受新的卖家。当此类别开始接受新的卖家时，联系我们告知
电子产品（配件）	音频、视频、相机、照片、手机、汽车电子、计算机和办公产品	新品、翻新、二手	否，但特定产品需要
电子产品（消费类）	电视机、CD（激光唱片）播放器、汽车音响、GPS（全球定位系统）	新品、翻新、二手	否，但特定产品需要

续表

商品分类	商品类型	允许条件	需要审批
艺术品	油画、素描、混合媒体(二维）、限量版印刷品和照片	珍藏品	目前不接受新的卖家。当此类别开始接受新的卖家时，联系我们告知
食品杂货	饮料、早餐、罐头食品、日用杂货、点心、肉类、海鲜、巧克力、甜点、礼品篮	仅新品	需要审批。仅开放给专业销售计划的卖家
手工制品	手工制品、手工涂改制品	仅新品	有关详细信息，请参阅手工制品页面
个护健康	急救、营养品。另请参阅美妆	仅新品	否
历史和广告收藏品	与历史人物、地点或事件相关的古董收藏，以及与消费品牌相关的宣传材料	珍藏品	目前不接受新的卖家。联系我们获得相应通知（当此类别开始接受新的卖家）
家居与园艺	厨房、餐厅、宠物用品、家具、装饰、床上用品、浴室、工艺品、业余爱好、家用电器、存储、天井、草坪、花园、游泳池用品、园林绿化、除雪、发电机	新品、翻新、二手、珍藏	否
工业与科学	实验室设备及用品、工业材料、电力传输、电子元器件、卫生、保洁用品	仅新品	卖方必须进行适当的研究，以确保工业和科学产品符合适用的地方、州、联邦和国际法律法规
珠宝首饰	耳环、项链、戒指、手镯	仅新品	否，品类要求
箱包和旅行用品	行李箱、包、背包、公文包、雨伞、旅行用品	仅新品	品类要求详见说明 否
音乐	光盘、磁带、黑胶和其他录制品	全新、二手、珍藏品	目前不接受新的卖家
乐器	吉他、乐队、录音设备	新品、翻新、二手、珍藏	否
办公用品	用品、家具、打印机、计算器	新品、翻新、二手、珍藏	否
户外休闲	户外装备、户外运动服装、自行车和极限运动用品	新品、翻新、二手	否

续表

商品分类	商品类型	允许条件	需要审批
个人电脑	台式机、笔记本电脑、驱动器、存储	新品、翻新、二手	否
鞋履、手提包和太阳镜	鞋、靴子、凉鞋、拖鞋、手袋、太阳镜、眼镜架	仅新品	品类要求详见说明 否
软件和电脑游戏	商务、传媒教育、实用、安全、儿童软件和电脑游戏	新品、二手	否，但特定产品需要
运动品	运动与健身、狩猎用品、团队运动、持牌 / 球迷商店、运动服装、划船和钓鱼、游戏室	新品、翻新、二手、珍藏	否
体育收藏品	交易卡、游戏 - 二手和亲笔签名物品	珍藏品	目前不接受新的卖家。当此类别开始接受新的卖家时，联系我们告知
工具和家居装修	手动及电动工具、水暖、电气、建材、电器配件	全新品、翻新、二手	否
玩具和游戏	婴幼儿及幼教、学习和探索玩具、骑乘项、动画人物、玩偶、棋类游戏、艺术、工艺、爱好、家具	全新品、珍藏	否，但节假日销售需要
视频、DVD 和蓝光光碟	电影、电视	全新品、二手、珍藏	需要审批，仅开放给专业销售计划的卖家。要申请此类别销售，请联系我们。所有媒体项目必须在确定订单后，两个工作日内发货
视频游戏机和视频游戏控制台	游戏机、配件	全新品、二手、珍藏	否，但特定商品需要
手表	所有手表	仅新品	需要审批。仅开放给专业销售计划的卖家
红酒	美国和国外生产的葡萄酒	全新品、珍藏	需要审批。仅开放给专业销售计划的卖家。有关详细信息和许可要求，请参见表单

注意：

（1）在冬季节日期间销售玩具及游戏类商品可能需要获得审批。

（2）消费电子、电子配件、音乐、软件和计算机游戏、视频游戏和视频游戏机类商品一般开放给所有卖家，特定商品可能需要提前审批。

（3）所有上传的内容和图片必须适用所有年龄阶段用户并且适合公共社区使用。所传

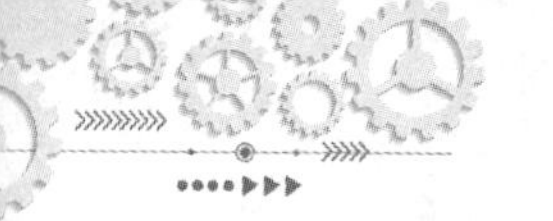

内容和图片不得刻画或包含裸露或色情、淫亵或使人反感的物品。

（4）图片必须是白色的背景，不能包含嵌入图片、水印或未经授权的内容。

以下是不同品类的资质要求。

（1）汽车和户外动力设备品类。

卖家必须拥有一个可进行审核的独立网站或是拥有良好信誉账户的现有专业销售计划。

制造商对汽车和户外动力设备商品使用 UPC 码（通用产品代码）时，上传商品必须使用该制造商使用的 UPC 码。

卖家必须进行适当的研究，以确保上传的汽车和户外动力设备商品目录符合美国当地、州、联邦和国际法律与法规要求。

所有翻新汽车及机动车商品，必须要求制造商或再制造商提供保修。卖家必须说明他们列出的所有翻新商品的保修类型，指明商品是否由制造商保修或者自己保修。

（2）服装和配饰品类。

所有服装和配饰商品必须是新品。不允许销售任何二手商品。

所有商品必须是真品，不允许任何假冒、复制或仿制的商品。

商品图片必须符合以下上传标准。

①如有不同颜色，每个颜色必须包括一个显示该颜色的“子 SKU 主图片”。上传的图片大小单边至少为 1 001 像素，以支持缩放功能。

②所有图片都应进行相应裁剪，以优化顾客评估商品的能力。

③图片不应该有可见的水印、色彩或文本。

④图片背景必须是白色的，且是高品质的，真正代表所出售的商品。

⑤主图片必须是单一的商品，无堆叠或包含多件商品。

⑥主图和子图片必须是标准或平坦的。

⑦备用图片可以使用不同的角度或视角、色板等，但必须使用相同的图片质量和尺寸。

商品图片禁止以下内容。

①图片上有品牌标签或包装。

②二手或较新二手商品的图片。

③边框、水印、文字或其他装饰。

④草图或数字描绘的商品图片；仅使用真实图片。

⑤人体模特图片。

⑥彩色背景或生活图片。

⑦不属于商品列表的其他商品、物品或配件；仅包含顾客要购买的商品。

⑧商品评级的图片。

⑨宣传文字，如“热销”或“免邮”（可用管理营销工具代替）。

⑩尺寸图表，送货区域范围地图或任何与商品不相关的图形。

（3）食品杂货品类。

卖家必须是专业销售计划卖家。

卖家必须提供有关计划销售商品的有效文件，以及要求的其他信息。

所有食品杂货商品必须是新品。不允许销售任何二手商品。

（4）珠宝首饰品类。

所有商品必须是新品，禁止销售二手商品。所有商品必须是真品，并且提供保修单。

所有非品牌珠宝商品需要使用单独创建的商品详细页面，卖家不得上传珠宝首饰类中的现有非品牌商品，除非该商品提供了制造商 UPC 码。

各大品牌珠宝商品必须使用制造商的 UPC 码。珠宝首饰类中的所有新商品，必须按照金属类与时尚珠宝首饰类别进行分类，而且必须符合亚马逊珠宝质量、保证标准及所有适用的法规，包括美国联邦贸易委员会珠宝指南。

所有商品图片必须符合亚马逊站点范围的图片标准，以及具体的珠宝首饰标准。卖家必须审查并遵循卖家平台发布的图片指南，所有图片必须符合指南要求。有关图片要求和上传的详细信息，请下载《珠宝分类样式指南》。

亚马逊会定期审查卖家上传的珠宝商品的质量，包括检查商品和内容是否满足所有适用的要求。亚马逊可能会取消不符合相关要求的珠宝首饰商品的销售权限。

（5）箱包和旅行用品品类。

所有箱包和旅行用品商品必须是新品。不允许销售任何二手商品。

所有商品必须是真实的。不允许销售任何假冒、复制或仿制的商品。

商品图片必须符合服装店形象标准。

（6）鞋履、手提包和太阳镜品类。

所有鞋履、手提包和太阳镜商品必须是新品。不允许销售二手商品。

所有商品必须是真品，不允许销售任何假冒、复制或仿制的商品。

商品图片必须符合鞋类、手袋及太阳镜标准。

①图片必须仅显示鞋子，而不是显示在鞋盒中或旁边。

②一张图片仅显示一只鞋子。

③纯白色背景。

④主要图片从上面看来必须是 3/4 侧视，鞋头指向右或左。

⑤上传的图片大小单边至少为 1 001 像素，以支持缩放功能。

⑥图片必须是彩色，非黑白色

⑦图片必须可以显示出整只鞋子，进行相应裁剪，并且鞋子占图片区域 80% 的面积。

⑧如有不同颜色，每个颜色必须包括一个显示该颜色的“子 SKU 主图片”。

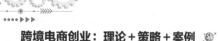

⑨图片不应该有明显的水印、色彩或文本。

⑩备用图片可以使用不同的角度或视角、色板等，但必须符合相同的图片质量和尺寸要求。

商品图片禁止以下内容。

①图片上有品牌标签或包装。

②二手或较新二手商品的图片。

③边框、水印、文字或其他装饰。

④草图或数字描绘的商品图片，仅使用真实图片。

⑤彩色背景或生活图片。

⑥人体模特图片。

⑦不属于商品列表的其他商品、物品或配件，仅包含客户要购买的商品包含多件商品的图像。

⑧图片预留位置（如“临时图像”或“无可用的图片”）。

⑨商品评级的图片。

（7）钟表类品类。

卖家必须提供一个网站或图片存储网站，以便审查商品图片，对在亚马逊上销售的商品进行审批。

各大品牌的钟表商品，必须使用制造商的 UPC 码。

所有商品必须是新的，不允许销售二手商品。

所有商品必须是真品，不允许销售任何假冒、复制或仿制的商品。

卖家必须说明自己的钟表是否提供制造商保修。

学习任务 6　亚马逊平台各类术语名称

1. 掌握亚马逊平台各类术语名称。
2. 理解亚马逊平台各类术语名称的实际使用环境。

2 学时。

林经理告诉小莉：当你开始进入亚马逊店铺的实操阶段，可能会常常看到或听到 SKU、FBA 等各种英文缩略词，这些事实上都是亚马逊平台运营时经常要用到的术语名称，用这些词，可以精准、简练地表达出自己的意图，在和团队成员的沟通中可以起到事半功倍之效哦。

知识点：亚马逊平台主要术语名称

一、SKU，库存量单位

SKU（stock keeping unit）是库存进出计量的单位，可以是以件、盒、托盘等为单位。

就电商而言：① SKU 是指一款商品，每款都出现一个 SKU，便于电商品牌识别商品。②一款商品多色，则是有多个 SKU，如一件衣服，有红色、白色、蓝色，则 SKU 编码也不相同，如相同，则会出现混淆，发错货。

二、ASIN，亚马逊标准标识号

ASIN（Amazon standard identification number）是亚马逊商品一个特殊的编码标识，每个商品都不同，是亚马逊随机生成的字母及数字组合。

三、KYC，KYC 政策

KYC（know your customer）指亚马逊对账户持有人的审查。KYC 政策不仅要求金融机构实行账户实名制，了解账户的实际控制人和交易的实际受益人，还要求对客户的身份、常住地址或企业所从事的业务进行充分的了解，并采取相应的措施，了解资金来源合法性。

四、FBA，亚马逊物流

FBA（fulfillment by Amazon）是指由亚马逊提供高标准的，包括仓储、拣货、包装、配送、客服和退货在内的所有物流服务。

五、FBA 头程

货物从境内至境外亚马逊仓库这一段运输，中间包括清关预付关税等服务。

六、UPC，通用产品编号（代码）

UPC（universal production code）是最早大规模应用的条码，其特性是一种长度固定、连续性的条码，目前主要在美国和加拿大使用，由于其应用广泛，故又称万用条码。UPC码仅可用来表示数字，故其字码集为数字 0 ～ 9。

七、GCID，亚马逊内部生成的品牌标识符

当你的品牌在亚马逊成功备案后，提供一个关键属性（key attribute），亚马逊会自动分配独一无二的 GCID（global catalog identifier），十六位字符，包括字母和数字。这个 GCID 码等同于 listing 里面的 UPC 码。

八、Hot New Releases：亚马逊提供的“热点最新产品”

它出现在一个类别的页面的右上方，单击它不仅可以了解到正在热卖的商品，还可以根据畅销品清单预测到下一批热销的产品。

九、New Releases：此标识是奖励那些某一个类目下、新版本中销售最好的 ASIN

简单来说，其就是亚马逊给上架时间不太久、在此相同类目下销售最好的 ASIN 的一个奖励标识。

十、Add-on 商品

美国亚马逊推出的 Add-on 程序允许顾客单件购买以前仅批量出售的商品。一般来说，这样的商品都是一些低价小件商品，如指甲剪、卫生纸、灯泡、香皂等。Add-on 商品可以和其他商品同时购买，或者全部只购买 Add-on 商品，只要总金额（包括 Add-on 商品）超过 25 美元即可。但同时需要注意，此类订单由亚马逊发货，所以购物车内所有商品必须是“sold by Amazon”（亚马逊自营）或者“fulfilled by Amazon”。

十一、Amazon's Choice，“亚马逊的选择”标签

这个标签带着石墨色的背景及白色和橙色的字体，可以帮助产品吸引消费者的眼球。Amazon's Choice 标签旨在帮助客户快速缩小选择范围，简化购买流程。被标记为“Amazon's Choice”的产品是销量靠前而且广受好评的。把光标悬停在该标签上会出现“Amazon's Choice recommends highly rated，well-priced products available to ship immediately.”的字样。

十二、A-Z Guarantee Claim：A-Z 保障索赔

买家可早于预计最迟送达日期 3 个日历日或在订单日期后 30 天内提出索赔。从预计最迟送达日期算起，买家有 90 天时间提出索赔。

十三、Product Review

该评论仅针对产品本身，不涉及物流、客服质量。任何在亚马逊上购买过一次商品的买家都可以评价，它影响客户对产品的判断，不影响卖家绩效。

十四、Customer Feedback

这是针对订单的评价，涉及产品、物流、客服等订单相关因素，只有下了该商品订单的买家才能评论，一个订单只能评价一次，将影响卖家 ODR（订单缺陷率）。

十五、Sessions 访问量

这是指独立 IP（网际协议）访问量。在 24 小时之内，一个 IP 访问某个页面不管点击几次都只计算一次。

十六、Session Percentage：访问量百分比

这是指某个特定的 SKU/ASIN 至少一个页面的访问量相比所有产品的访问总量的百分比。

十七、Buy Box：黄金购物车（购买按钮）

该按钮是买家最方便的购物位置。亚马逊根据众多因素评估卖家绩效，合格卖家的商品有资格竞争及获得黄金购物车。

十八、全球开店

亚马逊全球开店是国内的亚马逊针对国内卓越亚马逊商家推出的辅助在全球亚马逊开店的帮助计划，前提需要国内是公司性质。亚马逊全球开店使你能够在以下任何一个商城中添加和销售商品，包括 Amazon.com、Amazon.ca、Amazon.co.uk、Amazon.de、Amazon.fr、Amazon.it、Amazon.es 和 Amazon.jp 等。

十九、品牌备案

这是指在亚马逊上申请品牌保护。在亚马逊品牌备案后可获得 GCID 码来取代 UPC 以及 EAN（欧洲商品编码），GCID 申请品牌备案是最好的防跟卖的方式。

二十、Amazon Prime

亚马逊会员服务（99 美元年费），任何亚马逊自营或者 FBA 的商品，无论价格多少，均享受免费两日送达服务。

二十一、ODR，订单缺陷率

ODR（order defect rate）指收到负面反馈、亚马逊商城交易保障索赔或服务信用卡拒付的订单的百分比。

二十二、分类审核

为了确保买家在亚马逊购物有高质量的体验，特定商品和品类必须经过亚马逊的批准，即为分类审核。分类审核通过之后，再发布此类的商品和品类就无须再经审核，可直接发布。

二十三、SP

SP（sponsored Products）这是亚马逊的产品广告，和淘宝直通车、百度竞价等类似，设定关键词、价格，当关键词被搜索时，有机会展现产品，被点击时付费。

二十四、Best Seller Rank Amazon Bestsellers Rank

这个数字是相对于其他类别产品，根据每小时链接到产品近期的销量（同时考虑账户历史销售数据）计算的。当然，一个产品的排名在不同的亚马逊站点会有所不同，每个站点本身就代表了不同的地理区域。排名第 1，就意味着在同一个产品类目中，这个产品近期的销量比其他任何产品都要多。

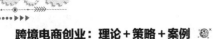

二十五、变体

变体用于关联那些基本相同，但在一个或多个关键属性（如尺寸或颜色）方面存在差异的商品。

二十六、CPC 点击付费

严格来说，它并不是亚马逊的专有词汇。CPC 为英文 cost-per-click 的缩写，即根据点击数付费。

二十七、和亚马逊广告有关的术语

Customer Search Term：客户搜索时使用的词，主要指亚马逊广告中的搜索触发词。

Match Type：匹配类型。

Broad Match：广泛匹配。买家搜寻的关键词中只有少部分匹配或是有关联性。

Phrase Match：词组匹配。买家搜索词组会与关键词的部分一致。

Exact Match：精确匹配。买家搜索词与你填写的关键词完全一致。

Impression：展现曝光次数。

Clicks：点击次数。

CTR：点击率。点击率 = 点击次数 / 展现次数。

Total Spend：总花费。

Average CPC：点击平均花费。

Acos：投入产出比 = 总花费 / 广告带来的总销售额。

以上为基础部分，以下是作为一名亚马逊专业卖家也应掌握的术语。

（1）Attributed Buy Box Percentage：ASIN 码产品黄金购物车百分比，如果这个比率一直处在变化的状态，这将是总页面浏览量。

（2）Attributed Page Views Page Views for the ASIN：如果两者维持在动态变化的关系，则这次访问会被作为 ASIN 产品的一个页面视图。

（3）Average Offer Count：平均在售商品数量。所选取的时间范围内平均每天能正常供货的 listing 数目。

（4）Average Sales per Order Item：平均单一产品销售额。所选取的时间范围内平均一个品项的销售额，也就是一种产品平均可以创造多少销售金额。

（5）Average Selling Price：平均单一数商品销售价。所选取时间范围内平均一个商品所售的价格，也就是平均一个商品以多少的价格售出。

（6）Average Units per Order Item：平均单一产品销售数。所选取的时间范围内平均一个商品的销售个数，假设售出 100 个商品总共是 10 个品类，则平均一种卖出 10 个。

（7）Buy Box Percentage：黄金购物车百分比。Buy Box 页面浏览量百分比，“Add to shopping cart”页面上出现了客户将产品添加到他们购物车的百分比，如果这个页面出现以下情况，百分比将小于 100%。

①该产品没有库存。

② Buy Box 被抢占，顾客从其他卖家处购买。

③产品没有 Buy Box。

（8）FeedType：需提交库存、价格、产品的关系等。

（9）Gross Product Sales：产品的销售金额。所选时间段内，生产的产品数量乘以价格以及相应的运费和礼品包装费。

（10）Order Session Percentage：订单销售百分比。所选取的时间范围内会话数除以订单数。

（11）Ordered Product Sales：订单销售总额。依照订单锁定商品的销量总和，计算方式为订单上的销售数乘以销售价格之总和。

（12）Orders：所选取的时间范围内的订单总量。但这并不能反映订单被取消或者更改。

（13）Page View Percentage：页面流量百分比。所选取的时间范围内某个特定的 SKU/ASIN 相对于所有产品页面访问总量的占比。

（14）Page Views：页面流量。所选取的时间范围内销售页面被点击的总浏览流量，用户可以在一段时间内查看页面多次，造成了较多的页面浏览量。

（15）Product Description：产品描述。

（16）Product Features：产品特点。

1. 训练题

（1）什么是 Buy Box？如何才能获得？

（2）Product Review 和 Customer Feedback 有何区别？

2. 实训题

在亚马逊平台上找到本知识点所涉及的术语名称并记录下来。

学习任务考核评价表

序号	评价内容	得分 / 分			综合得分 / 分
		自评	组评	师评	
1	对亚马逊平台主要术语的掌握情况				
2	理解亚马逊平台主要术语的参数含义				
合计					

注 综合得分 = 自评 ×30%+ 组评 ×30%+ 师评 ×40%。

学习项目总结与评价

建议学时

2 学时。(用来总结本学习项目各任务的学习等情况。)

总结与评价过程

一、汇报总结

序号	汇报人	值得学习的地方	有待改进的地方
1			
2			
3			
4			
5			
6			

二、综合评价

1. 专业能力评价

序号	项目名称	得分
1	认识亚马逊平台	
2	选择合适的亚马逊站点	
3	了解亚马逊全球开店计划	
4	掌握亚马逊店铺开店技巧	
5	亚马逊平台主要站点的可销售品类概览	
6	学会亚马逊平台各类术语名称	
综合得分		

注 综合得分为本学习项目中各学习任务得分的平均值。

2. 职业素养能力评价

序号	评价内容	评价标准	得分 / 分			综合得分 / 分
			自评	组评	师评	
1	平台的熟悉度	①能否掌握亚马逊平台不同站点的情况				
		②能否熟练掌握亚马逊平台主要术语名称				

续表

序号	评价内容	评价标准	得分 / 分			综合得分 / 分
			自评	组评	师评	
2	平台实操能力	①能否熟练掌握亚马逊买家前台的各个板块及对于卖家运营时的意义				
		②能否掌握注册亚马逊卖家账号的方法				
3	学习态度	①上课是否认真听讲，勤于思考，独立钻研				
		②课后是否认真完成老师布置的各项任务				
4	团队合作能力	①是否积极配合团队的成员				
		②是否对团队作出积极的贡献				
5	能力拓展	能否依据真实情况，综合利用各种方法，分析自己或所在团队的站点选择策略				
综合得分						

3. 综合得分

学习项目 1 综合得分 = 专业能力评价得分 ×60%+ 职业素养能力评价得分 ×40%+ 创新素养能力评价得分。

注：创新素养能力指学生在学习过程中提出具有创新性、可行性的建议的能力；创新素养能力评价得分，满分 10 分（根据表现由老师评定），为加分项。

第3章 学习跨境电商平台运营策略

学习目标

1. 了解跨境电商运营的基本策略。
2. 掌握多种不同维度的选品方法。
3. 选择合适的国际物流方式。
4. 学会进行跨境电商产品定价。

能力目标

1. 针对不同运营模式，拟定初步的跨境电商运营路线图。
2. 掌握三种以上不同维度的选品方法，并提供数据佐证支持。
3. 根据不同销售区域选择合适的国际物流方式。
4. 掌握不同运营模式下的跨境电商产品定价技巧。

思政目标

1. 通过跨境电商相关平台的开店操作介绍，使学生了解相关规范，同时借助数据理解中国卖家在国际主流跨境电商平台中的比重和优秀表现，说明中国已经成为“买全球、卖全球”的重要国家。

2. 通过选品等相关实践环节，培养学生严谨细致的工作作风，初步培养学生跨境电商职业操守，在过程考核中凸显思政目标。

学习任务 1　了解跨境电商平台运营的基本策略

任务目标

1. 了解跨境电商平台运营中的铺货模式。
2. 了解跨境电商平台运营中的精品模式。
3. 了解跨境电商平台运营中的泛精品模式。

6 学时。

林经理告诉小莉：要开始运营跨境电商店铺，就应该了解运营店铺的几种主要模式，因为选择的模式不同，各个环节的做法也是大相径庭的。无论是亚马逊平台，还是其他的主流跨境电商平台，从运营的顶层思维来看，目前大体分为三种类型：铺货模式、精品模式、泛精品模式。

知识点 1：什么是铺货模式

一、铺货销售的逻辑

铺货，顾名思义就是通过亚马逊平台大批量上传产品 Listing。亚马逊铺货是卖家们常用的店铺运营方式之一，尤其对于定位不清晰、不善选品的新手卖家来说，铺货往往是他们的首选。通过大批量的产品 Listing 上传，经过一段时间的数据追踪与分析，较为容易锁定曝光度高、转化率高的产品，同时也可以及时剔除低浏览量、低成交的产品。可以说，铺货模式在某种意义上也是选品的一大手段。

二、铺货模式的类型

（1）海量无差别铺货。这种方式没有任何规划或是目标，大量上传 Listing，通过市场测款，达到个别产品快速出单，从而使销售额短期内快速增长。这种方式在平台供需不平衡、买家需求商品数量远超卖家提供的商品数量时，有一定效果。随着近年亚马逊平台上大量卖家涌入，Listing 数量以指数级上升，这种铺货方式的出单效率已大打折扣。

（2）热门商品铺货。这种方式相对于"海量无差别铺货"，卖家上传产品时选择有潜力、有卖点的产品，从而培养符合市场需求的爆款产品。但也存在一定的局限性，往往只适用于卖家、商品数量非常多、在平台有一定竞争力的产品。这种方式须拿捏好"铺"和"精"的平衡关系。

知识点 2：什么是精品模式

精品模式要求卖家专注于某个大类目下的细分领域，拥有自己的核心技术或核心供应链。所谓精品店，意味着一个店铺只需要运营少而精的若干款产品。这种模式适用于面大量大，且产品生命周期较长的产品。

精品模式和铺货模式在运营逻辑上是相反的。不铺货，就意味着必须精选产品，做精细化运营（图 3-1）。例如，亚马逊是重产品、轻店铺的平台，运营亚马逊精品店铺就是动态做减法的过程。要学会删繁就简，轻装上阵，少做产品，做精产品。跨境电商平台卖家用心做好品牌和运营，就有可能放大成交量，并树立品牌的良好口碑，从而降低推广成本、提升复购率。

当观察亚马逊优秀卖家的店铺案例，通常会发现许多店铺的产品不过百款，甚至只有十几款产品，但是每个月的好评率居然高达上百。这是因为亚马逊的自然留评率是非常

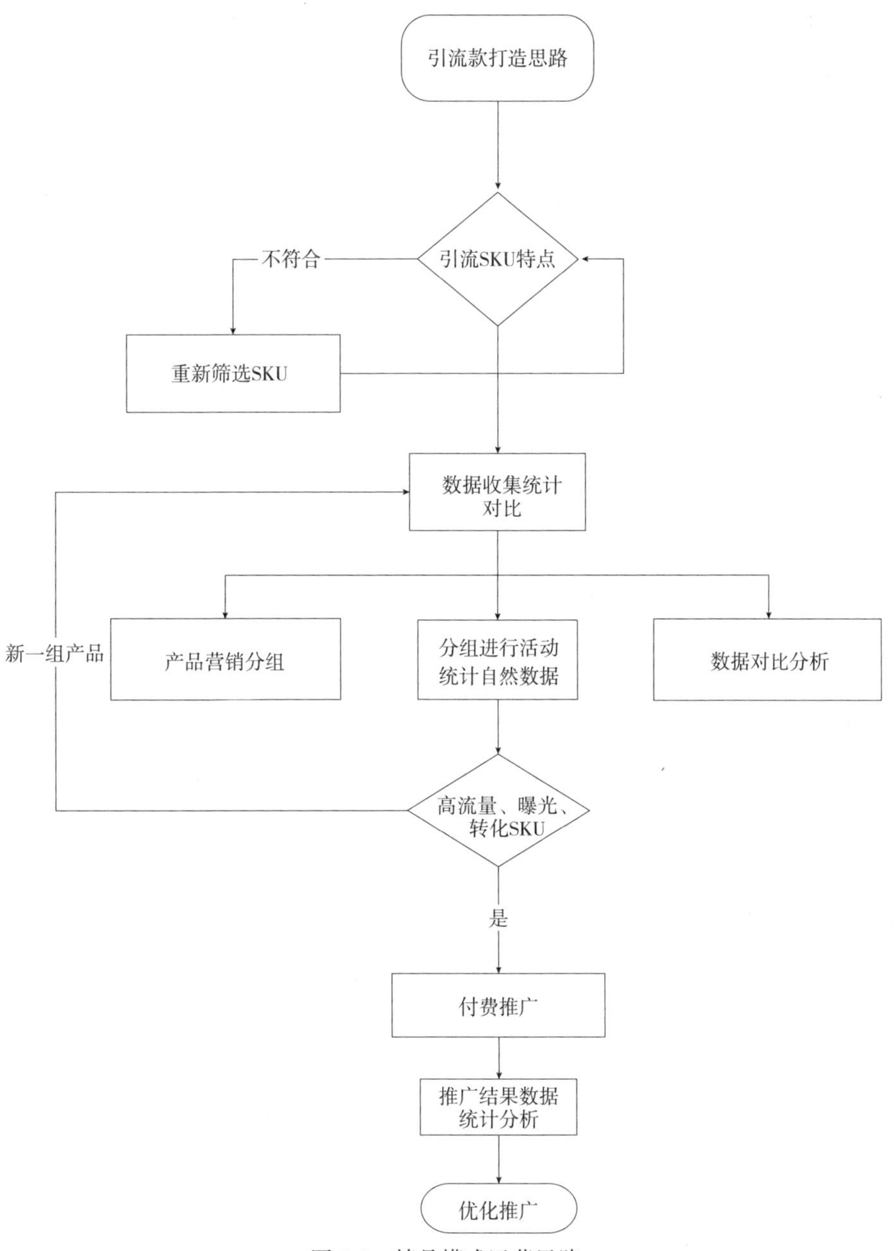

图 3-1　精品模式运营思路

低的，据此可推断每个月的店铺业绩相当可观。这也验证了做精产品是亚马逊平台制胜的重要法宝。小卖家没有精力在海量产品上面面俱到，就必须控制单品数量。另外，做精产品，订单处理的速度和质量也将有很大提升。从客服和售后来说，如果运营的产品太多，运营和客服人员基本上对于产品很难有深入了解，有的甚至对于自己店铺的产品都闻所未闻、见所未见。如果是精品模式，可以做到公司人人懂产品，客户如果发站内信询问产品使用或者兼容性等问题，销售和客服都能够给出专业的解答。

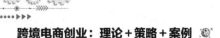

在精品店铺运营的基础上，如果卖家想要打造爆款，可调研亚马逊 Top Seller 排行榜上排名较好的产品，并甄选其中生命周期较长的产品进行打磨。值得一提的是，选热销品，一定要有品牌和商标意识。当一段时间后，产品的销量慢慢抬升，由于亚马逊的“跟卖”机制，别的卖家也必然会关注到这个产品热销，只要对方有一模一样的产品，就可以在这条 Listing 上跟卖，共享这个 Listing 的流量。需要注意的是，“一模一样”指的是品牌和产品完全相同。跟卖功能的推出是亚马逊旨在让平台更加简洁、客户能更加清晰地找到自己想要的产品而设定的。新卖家尝试跟卖出单可能较快，但也会因为跟卖导致商品利润下跌，该 Listing 将陷入恶性竞争。因此，从防止跟卖的运营规划出发，卖家在斥重金打造爆款前需要做好品牌注册规划和顶层设计，防止产品有一定热度后引来大批跟卖而错失产品生命周期中的高利润率时期。

知识点 3：什么是泛精品模式

以上两种运营思路和模式都有其优势，但也存在一定的局限性。通过铺货方式上传产品的确提高了产品上架的效率，可在短时间内提高销售额，但也带来一系列问题，诸如店铺陈列产品杂乱，定位风格混乱，沦为“杂货铺”，无法形成稳定的客户群体；而跟卖热销品导致容易受到投诉或警告，账号常出问题等。这些都是由于没有评估好市场、没有做好店铺定位而导致的。与此相对，精品模式在起步初期，需要耗费大量的财力、人力，且短时间内很难得到回报。因此许多小微跨境电商公司在起步之初一般不会选择精品模式，或者说没有能力做精品模式，只能采用铺货模式。

铺货路线和精品路线分别适合对自己店铺定位不同的卖家，卖家自身的各方面资源都是选择这两个模式时的考量因素。应该说，主流跨境电商平台这两种模式运营成功的卖家都大有人在。在很长一段时间内，铺货模式仍然可行，精品模式也必将受到越来越多卖家的青睐，关键要看卖家对店铺的定位和对自身资源的综合考虑来进行选择。不过，就发展路向来看，在当下的跨境电商运营中，注册商标和品牌，进行精细化运营的精品模式是主流趋势，而打造精品则需要实力作为后盾。

那么有没有一种折中的运营方式呢？通过众多卖家的长期运营实践，泛精品模式应运而生，且在一线细分类目如定制类产品中取得了较为丰厚的回报。卖家根据自身的选品定位，在实际运营中将两种模式灵活组合，可以发挥“1+1>2”的功效。前期铺货的卖家，后期采用精品模式，是比较理想的运营模式。由于精细化模式工作量比较小，卖家可以将重点放在产品运营与数据分析上。卖家可结合第三方 ERP 软件，掌握店铺每天的运营情况，通过准确、多维度的数据分析，为运营决策提供数据依据，从亚马逊广告、FBA 补货、采购、仓库、财务等多方面管理，实现精细化运营。一言以蔽之，泛精品模式是铺货模式与精品模式的中和。

1. 训练题

（1）什么是铺货模式？哪些平台或品类适合铺货模式？

（2）泛精品模式和精品模式在选品上的逻辑有何区别？

2. 实训题

选取一个品类进行泛精品模式的选品实操训练，需要将过程完整记录。

学习任务考核评价表

序号	评价内容	得分 / 分			综合得分 / 分
		自评	组评	师评	
1	铺货模式				
2	精品模式				
3	泛精品模式（精铺模式）				
合计					

注 综合得分 = 自评 ×30%+ 组评 ×30%+ 师评 ×40%。

学习任务 2　学会基于不同平台的选品方法和策略

1. 亚马逊平台的选品方法和策略。
2. 全球速卖通平台的选品方法和策略。
3. Wish 平台的选品方法和策略。
4. 区域性跨境电商平台的选品方法和策略。

6 学时。

林经理告诉小莉：跨境选品很重要，选品策略是关键。策略是“道”，具体方法是“术”，而运用的各种选品工具就是“器”。只有选了正确的“道”、用上合适的“器”，再辅以各种“术”，才能获得高质量的选品，在接下来的运营中少走弯路。

视频 3-1

跨境出口电商的选品策略

知识点 1　跨境电商平台选品的一般策略

一、跨境电商选品的基本思维

“从哪里选品？选什么产品能够快速实现交易？选什么产品能够实现高额利润？”这经常是新手卖家拷问灵魂的“三连问”。有问题就会有答案，但正确答案往往不是唯一，而是多元、因人而异的。跨境电商选品策略是选品思维的融通与演绎归纳，选品的具体方法是求新、求变的，但选品策略则需在一段时间内保持相对稳定。只有锚定选品策略，才能最大限度地节省反复试错带来的高昂的人效成本。

（一）判断市场容量

市场容量即市场的需求量，根据需求量制定产量。以亚马逊平台为例，市场容量可以通过以下几种方法进行判断。

（1）看该商品的排名。商品在大类目排名是否比较靠前。理论上来说，亚马逊大类目排名在 5 000 名以内的，都是销售相对不错的产品。

（2）查该商品的关键词搜索量。商品的前三个关键字一个月搜索量是否超过 10 万。

（3）追踪该产品的库存情况。通常情况下，FBA 产品若显示 In Stock，表明产品库存数量至少 20 个，如果添加购物车库存数量，可以去到很大，如 500 件还是有货的，加上客单价比较高，则反映该商品的销量处于一个比较稳定的状态，说明该产品卖家对 listing 信心较大。

（4）分析该商品的评论数量和内容。评论的数量十分重要，但更重要的是评论的等级（星级）。

（5）综合参考其他平台。类似的商品在 eBay、全球速卖通等其他跨境电商平台上的销售情况。

（二）行业品类分析

跨境电商选品，如果我们能先行一步，找到潜在的爆款品类，下一个大卖可能就是你。我们先简单分析近几年的热门品类。

（1）3C 类产品。近几年亚马逊平台（特别是美国站）3C 类产品的体量逐年增长，消费类电子产品是出单非常快的一个品类，尤其是质量有保障、外观有吸引力、价格亲民的产品非常受欢迎。除了消费类电子产品及其相关配件之外，电子玩具、智能 3C 产品的市场需求量也与日俱增。

（2）运动户外类。运动户外产品是亚马逊美国站四大类目之一，因为美国人热衷于活动，包括登山、健身、高尔夫及室内娱乐等。另外，运动健身在亚马逊北美、欧洲、日本站点都是运动品类下的最热门类目之一，运动健身没有明显的季节性，每年第四季度随着亚马逊平台整体流量增加会有一定增幅，产品销量表现稳健。

（3）户外家居类。亚马逊每年旺季，户外家具和烧烤用具等相关产品也十分畅销，并且利润率高，其中销售最好的是价格区间在 10 美元至 50 美元的产品，包括可折叠桌椅、野营帐篷、野营椅、烧烤洗涤器具、户外炊具和配件等。

（4）厨房用品类。厨房用品是每个家庭都会用到的，市场容量很大。要特别注意海外市场消费者的不同消费习惯。例如：在美国，刀叉是成套、成系销售，因此卖家在销售此产品的时候，搭配细节尤为重要。除此之外，在碗盘上，美国消费者主要有两种需求：一种是日常用的纯色碗盘；另一种则是季节性用的碗盘，如在秋季，大部分消费者使用的是金黄色碗盘，卖家就要根据不同的节日，更新不同风格的碗盘。除了以上两种产品之外，厨房整理收纳、清洁用品也是很好的选择。

（5）汽车配件类。汽配类目的市场容量庞大，机会与挑战并存，这类产品的进入门槛较高，需要有货源优势，了解消费者的核心诉求。在汽车零件这个类别，需要注意三点：①产品专利；②产品质量；③专业知识。

（6）LED（发光二极管）灯具类。圣诞节是最重要的节日，大部分家庭都会购买圣诞树以及装饰用的各种灯饰。灯饰类产品需要认证，亚马逊每年在圣诞节前夕都严查灯饰类产品，清理那些不符合要求的灯饰产品，亚马逊平台所要求的灯具 UL（美国保险商试验所）认证因细分类目不同，同一产品的不同型号的认证也需要缴纳额外费用。灯具类产品如果运营得当，销量将非常可观，但前期投入成本较高，适合资金充裕、有资源的卖家。

（7）宠物用品类。据国外市场调查，在欧洲，有 7 500 万家庭拥有至少一只宠物；在美国，约 69% 的家庭至少拥有一只宠物；在日本，每年由宠物猫带来的经济效益超过 2.3 万亿日元。如果做猫咪用品，可以多考虑日本、德国这些站点；如果做狗狗用品，则可以考虑美国、法国、意大利、英国等站点。

（8）健康美容类。健康美容产品已成为全球跨境网购的一大热门品类。从热销产品分析：该品类主要包括睫毛膏、眼线膏、美甲饰品、甲油胶、文身及身体艺术、脱毛器、剃须刀片、美容仪等用品。在物流方面需注意：液体和膏状物品在清关的时候，遇到麻烦的概率较大；但美甲饰品、美容仪等这些美妆小工具，无论是自发货还是FBA都很方便。

（三）类目节点的选择

卖家在选品的时候，可以先通过类目节点去分析产品。例如：圣诞节期间某款LED蜡烛灯，在一个类目中只有一个Best Seller。卖家可以运用关键词搜索排名前五的销售量，哪些类别的产品做到最好销量。如果有的产品日售10单，在当前最准的这个类目，排在1 000名以外或者是在小类目100名开外，若卖家有相似的类目可以日出10单做到最好销量的，那就去争取获得该类目的最好销量。

二、选品维度之产品分析

（一）搜索热度

产品的需求量通过搜索热度可以看出。通过关键词搜索，可以看到买家的月度搜索量，而这个月度搜索量在某种程度上就代表了需求量。充分了解买家大致的市场需求量之后，选择一款市场上供不应求的产品，也就是自带流量的产品。买家的搜索量大于竞争对手的数量数倍，这就是自带流量的产品。

（二）产品趋势

首先举个例子：某位同学表示已经把老师所说的运营技巧基本都用上了，但产品一直没有出单。他做的是什么产品呢？ 12月份卖的是户外不锈钢水壶。事实上，只要以该产品的核心关键词搜索，就会发现这几个词的流量在这一时间段是跌到低谷的。道理很简单，冬季会有多少人需要户外水壶？违背了季节特性，也就是违背了产品的趋势。因此进行产品的趋势分析研判非常重要，它一方面能让卖家了解产品的火爆期，卖家需提前多久规划做备货及运营铺垫才能够抓住流量风口；另一方面提醒卖家过滤掉当前季节不适合的产品，不要在错误的季节做无用功。

作为亚马逊卖家，可以使用多种方式得到历史数据去预判某个产品或品类未来的发展趋势，比如：

（1）用Keepa插件分析品类里几个代表性产品的走势以及价格变动情况。

（2）用谷歌趋势分析品类几个核心关键词在线上的搜索热度。

（3）用不同的关键词工具综合分析品类几个核心关键词在亚马逊上的搜索热度。

（4）查看国内线上批发平台的历史成交记录及增长情况。

（5）了解供应端历史成交记录及增长情况。

（6）询问当地朋友或通过社交媒体，了解的销售目的国（地区）的风土人情，以及此品类线下销售的发展情况。

（三）利润率计算

每个跨境电商卖家都应明白，要取得理想的业绩，必须有足够的利润空间。所以卖家在选品时，一定要综合考虑各方面的成本，计算好产品的利润率，综合决定是否要选择这款产品。首先要清楚运营亚马逊之后可能会面临的各种费用都有哪些，抛开最基础的公司运营费用（如采购、人工、水电等），单从跨境电商平台方面，就将面临店租、佣金、各类结算杂费等费用。

做精品模式的卖家选择客单价高、有利润的产品，建议利润率在 30% ~ 50%。毕竟跨境电商平台的竞争日益激烈，其运营已经不再是依靠单一维度的优势就可以轻松成功的。要想在运营中取得成绩，就必须充分运用各种运营技巧，而很多的技巧和方法都需要资金投入，可以想象，一个利润率高、利润绝对值低的产品，是不足以支撑起如站内广告等主动型运营手法的。

（四）定价分析

首先需明确，价格不是卖家定的，而是由市场决定。卖家应根据市场上普遍的价格区间来定，而不能只根据自己的成本高低定价，否则很可能会遭受销售滑铁卢。那么要如何定价呢？当你手上还没有产品，你也不知道产品的销售价格、成本价、物流费情况时，可以从一些渠道去对比。关于产品的销售价格，可以通过一些购物平台进行综合对比。

单品毛利 = 销售单价 – 采购单价 – 单品运费成本 – 平台费用

此外还有一些附加费用，如引流成本、运营成本、退款率等。综合考虑后，确定有合适的毛利空间，再根据自己需要的产品结构进行选品。

以泳装类目为例，许多境内品牌的高品质泳衣，售价在 25 美元。而亚马逊平台上泳装类目当前市场价位在 10 ~ 20 美元。平台的价格区间代表着买家的喜好度，若超出以上价格区间，销量就很难有突破。通常欧美人在冬天、夏天都会买泳装，但基本都用于度假，属于常买常扔的易耗品。按照欧美市场这样的购物习惯，若卖家想做高售价、高品质的泳装产品，就很难成功，总之，定价一定要贴近目标市场的消费能力和消费习惯。

（五）退货率评估

虽然跨境电商的退货率较低，但快捷、流畅的退货政策依然是消费者期望的。跨境消费者普遍认为，简单、可靠的退货流程很重要。

发达国家（地区）电商平台的消费者倾向于购买本地（本地仓发货）商品，新兴市场的消费者则对运费和货品安全性考量较多。

三、选品维度之竞品分析

（一）竞品的 Listing 分析

（1）卖家可以查看竞品的上架时间。一般上架两年以上的竞品，若星级和销量都还很高，这种产品对于新手卖家来说是很难超越的，因为若产品的质量没有大问题、进货价不

高、体积不大，那么说明该产品在排名前5的类目已具备一定的成熟度。排名、评论、星级评分等都是它的强力护城河，新手再贸然进入必定没有优势。作为新卖家，除非在价格上有特别优势，或者在性能上有革命性的创新，否则就该避开此类产品。

（2）卖家在进行选品调研时，要重视分析竞品的Listing，尤其是标题、五点描述等文案。知己知彼，才能百战不殆，卖家在选择做产品前，应该评估竞争对手的实力。他们是不是属于有经验、有技巧的运营团队？这些从Listing中都可找到蛛丝马迹。比如一款办公产品，在平台上类似产品的卖家只有两家，而这两家的产品图片非常粗糙，文案写得也不尽如人意，基本就可以判定这是没有太多运营经验的卖家。当我们分析完对方的实力之后，就可以与其一较高下。

（二）对竞品进行销售监测

为什么竞争对手的销售量好？一个重要的原因就是产品符合目前的市场需求。当然，某个时段内一个产品的销售数据很好，还需注意这个产品是否属于季节性或节日性产品，这些产品是否在一定时间内持续具有市场潜力。同时，还需要评估自己供应链的生产能力是否充足，从生产到上架再到入仓需要多长的时间周期，经过这一周期后，产品是否还具有销售潜力。此外，观察竞争对手的产品哪个型号或颜色的销量较好，这可以帮助自己更有效率地选品和上新。如果遇到某个产品或小类目只有前5名Listing有销量，6 ~ 20名都没有销量的话，也要慎重选择这样的产品，因为我们不能保证挤进前5名，即便推到前20也不会有销量，那选择这样的产品就没有太大意义。

（三）竞品的Reviews调研

卖家可以调研自己产品所在的品类中，竞争对手产品的评价数是多少。在亚马逊平台，评价是影响转化率的重要因素，也是产品能否获得更好排名的影响因素。如果看到竞争对手的产品Reviews都在几百以上了，卖家就要慎重考虑是否要销售同样的产品。当然，那些销量好，但Reviews不是很多的产品，就可以成为重点考察对象。

在调研某个产品时，Reviews是很好的反馈信息，是重要的选品参考维度。通过Reviews，可以了解消费者对这个产品是否满意。我们需要做的是，找到拥有较多Reviews的Listing，把Reviews中正面评价和负面评价全部罗列出来，据此总结出此类产品客户的痛点、堵点以及喜好点。可以从好评里获取这类产品受买家欢迎的原因。相应地，针对买家的不满，可以看看我们是否有能力将产品改良优化，把痛点和堵点转化为卖点吸引顾客。

（四）产品的差异化分析

在选品时要考虑选择可以进行差异化改造的产品。这里的差异化改造，是指在现有产品的基础上可以简便、快速地进行小范围的变更，让产品差异化，或者有新升级。这些差异化改造可以是更换部件颜色、独立定制包装等方面。在差异化分析的基础上可以进行产品的微创新，这可使产品在众多竞品中脱颖而出，且达到较高的利润率。关于微创新，早在 2011 年 6 月初的亚马逊股东大会上，亚马逊创始人兼 CEO（首席执行官）贝索斯就有过如下论述：作为我们的两大项目，AWS 和 Kindle 都表现优异。亚马逊 90% 以上的创新都是微创新，但都至关重要，而且风险很小。从以上言论来看，亚马逊平台自身都在追求微创新，作为跨境电商卖家也应该从中获得一些启示。

案例分析

在跨境电商平台上，率先将茶叶罐当宠物骨灰盒卖的卖家获得了高额利润。陶瓷茶叶罐，是中国人日常生活中普普通通的低价产品，经过跨境电商人的“易名”改造和使用场景的革新与颠覆，却能带来丰厚的回报，如图 3-2 所示。可以说，这是基于产品使用场景的嫁接式“微创新”。沿着这个思路，我们可以把微创新运用到产品的细小升级中，并注意专利权的申请保护，为自己赢得先机。

图 3-2 从茶叶罐到宠物骨灰盒

资料来源：图虫创意。

四、选品维度之供应链分析

（一）知识产权风险管控

作为各大跨境电商平台卖家，想要店铺的运营保持稳健，就要远离各类侵权行为。因为侵权对店铺运营影响太大，轻则商品详情页被平台官方删除，重则可能导致账号受限，甚至可能出现被权利人追缴索赔的情况，所以，卖家一定要在选品的第一刻就尽可能杜绝任何可能的侵权。

（二）精挑细选供应商

选择供应商，要对供应商提供的产品价格、产品生产时间、产品交货周期、产品的质量等环节做重点考察。卖家要尽量综合对比后选择供应链优质的产品，优质的供应链有三个好处：①可以保证产品的质量问题；②当产品成为爆款时，有稳定充足的货源；③可为产品转型提供后援和动力。

（三）物流成本核算

很多中小卖家在运营之初可能会优先考虑体积小、重量轻的产品，理由是这类产品物流便捷、运输成本低，但也正因为此，这类产品进入门槛低，有了更多的竞争者，运营这类产品需要面对更加激烈的竞争。与之对应的是，如果你的资金量够充裕，不妨选择体积大、重量小，需要特定发货渠道的产品。原因无他，资金本身就是门槛，可以把相当部分实力不足的卖家阻挡在门外了。

五、选品维度之选品误区分析

对很多跨境电商卖家来说，选品是一件非常纠结而痛苦的事情，这直接决定店铺后期的运营效果，大家都知道选品的时候需要进行市场调研、竞品分析，考虑利润空间，但是有时候这些都考虑进去后，选出来的产品还是不好卖，到底选品在哪个地方出了问题？以下是常见的几个选品误区。

（一）竞争对手太多，放弃产品

卖家常常纠结到底是选择红海产品还是选择蓝海产品，一部分卖家看到一些产品销量很好，同时竞争对手很多，然后就放弃了。这种想法是不对的。在分析竞争对手的时候，数量多不可怕，主要看竞争对手的运营情况和实力。

（二）产品同质化严重

一些卖家看到竞争对手某款产品销量不错，估算产品的毛利润在30%以上，就认为自己肯定能做得更好，想着将产品定价控制在20%左右的利润空间，这样价格就有很强的竞争力。这种想法其实是有问题的：①竞争对手销量已经很好了，如果拼成本价格，对方肯定更有优势，如果竞争对手降价，你销售的产品还有没有利润？②对于用户而言，竞争对手的产品的好评积累了那么多，凭什么让用户选择全新的你？在产品价格区别不是特别大的情况下，大部分用户宁愿多花一点钱，选择有产品消费者反馈更多或者星级评分更高的产品。

（三）分析买家评价的方法不对

卖家在进行选品分析的时候，一般都会分析买家评价，可是很多人更关注产品的差评，而不是好评，这是极端的做法。其实查看好评有两个作用：①看到用户的使用场景，让你对产品的定位更加清晰，对产品的定义更加精准；②用户之所以留下好评，一定是这个产品给他带来了一定价值，解决了问题，这就是产品的核心卖点。

（四）用户痛点不精准

每个用户对产品的期待值都不同，并且对产品的评价还会被场景、心情所左右，那怎么才能真实地了解到大部分用户的痛点呢？卖家可以从这几个方面着手。

（1）统计用户对同一问题抱怨的比例，解决问题一定要从最普遍的问题开始。

（2）预估解决问题的成本。很多问题是可以解决的，但成本太高，若造成产品价格的提升，则会让用户望而止步。

（3）基于用户行为进行体验和模拟，站在用户的角度使用、感受产品。

（五）市场容量不清晰

前文已有涉及，市场容量对于跨境电商选品来讲极其重要，但很多卖家并不清楚其具体含义。我们知道，通过某个关键词前台搜索得到的结果数，这个就是竞争热度。但是市场容量又是怎么判断的？有人说是关键词下某款产品的搜索量，有人说是这种产品的评价数量，还有人说是这类型产品的销量。往往很多时候我们并不能轻易获取关键词的搜索量，即使是第三方软件的销量预估，也无法做到 100% 精确，所以理解“市场容量”的概念和怎么调研市场容量成为选品的关键。销量排名是一个很重要的参考指标，它反映了一个产品销售的情况，但这个数据数小时就更新一次，所以如果要研究某个产品（详情页），更科学、有效的方法是持续几天同个时间段记录数据，并进行比较。

以亚马逊平台为例，一般来讲，大类目排名在 5 000 名以内的，都是销售情况比较不错的产品。有些产品可以看到大类目排名和所在小类目排名，但从销量角度研究，大类目排名更有参考价值。这个销量排名并非实时将此数据反映到亚马逊平台的算法以及 BSR（亚马逊热销排行榜）数据，而是总会有几个小时甚至一天的，不同类目会有不同情况，它反映的是产品近期在某个大类目的受欢迎程度，数字并非只反映历史累积的销量数据总和，所以具有很强的参考性。

我们还可以将市场容量定义为解决某需求的产品的阶段销量。同样的需求所导向的未必是同类产品，如针对按摩这个诉求，有些人选择购买按摩器，有些人则选择购买按摩膏，这会导致他们使用的搜索关键词不同。我们对市场容量的定义往往伴随着另外一个问题，即我们可以从这个容量里拿到多少份额。比如我卖的是哑铃，那么我的竞争对手是其他同类哑铃。值得注意的是，亚马逊是一个流量综合体，它会在全网购买流量进行站外引流。因此假设今天哑铃的亚马逊平台的市场容量是 100，但由于亚马逊在不断地将全网的购物需求引向自己平台，所以下个月就可能会上升到 120，这是动态的变化。

选品很重要，产品本身的市场容量、季节性都是需要考虑的，有些产品市场容量有限，多上类似款也不一定能增加销量。而日常普通的产品，市场容量一般都较大，只要用心打造，未来可期。

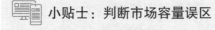

 **小贴士：判断市场容量误区**

很多卖家在选品时常有一个误区——只以 BSR 作为参考来判断一个产品的市场容

量。BSR 是亚马逊内部的数据，一些亚马逊平台强势的类目可以根据 BSR 预估相对准确的容量。如果类目不属于亚马逊的主力类目，而你的产品力很好，亚马逊会通过 A9 算法去全网获取流量，这时候 BSR 的参考价值就不大。

（六）跟风选品

跟风就是市场正在热销什么就卖什么，不具备连续或者长期性需求的产品，跟得快还可以有点利润；如果跟得慢，就会形成压货，给资金周转带来困难。比如前些年大热的指尖陀螺，流行风一旦过去，卖不出去长期放在仓库要交高额仓储费，想要销毁处理甚至还需要给跨境电商平台支付一笔不低的清理费。

（七）涉及品类过多

很多跨境电商卖家不直接掌握供应链资源，所以在售产品未必都有充足库存。当销售的品类过多时，会大大提高产品缺货的概率，增加采购的难度和成本，间接造成客户投诉率和退单率提高的风险，让客服疲于应付。此外，运营产品如果太多，则无法全面深入了解竞品，容易凭感觉定价，缺乏价格竞争力。当非畅销产品滞销，库存压力增加，促销打折被迫成为营业部的核心工作。在平素运营中也会因为产品线过长，设计部和页面编辑部人力不足，产品描述流于粗糙，对消费者缺乏吸引力。

在跨境电商平台上如果产品卖不动，往往不是运营没做好，而是前期选品有问题，所谓“磨刀不误砍柴工”，在选品的时候一定要尽量避开上述误区，多花时间和心思去选择合适的产品。选品思路基本路径有以下几点。

（1）检视所在区域是否有相关产业链，方便资源整合及物流配送，如义乌小商品市场、华强北 3C 产品、苏州婚纱市场等。

（2）选品定位决定销售策略，是做冷门产品，还是有一定门槛的产品，又或是做热卖的大众产品，定位要清晰。

（3）多和境外的买家或朋友交流，掌握潮流趋势，保持敏锐的思维，是开发产品必备的条件。如果条件允许，建议多去目标市场做实地调研。

（4）代理境内品牌，或者选择与做境外贴牌的工厂合作。这个思路从长远来看具有可持续性。如拿到一些大品牌的代理权，或者与正在发展的中小品牌合作。

（5）与工厂深度合作，自主研发产品并创立品牌。由于亚马逊平台越来越支持卖家创立自己的品牌，因此这条路更具未来性。

小贴士：

网店定位 > 行业动态分析 > 目标销售区域需求分析 > 竞品参考调研 > 产品开发与信息加工

知识点 2：亚马逊平台的选品方法和策略

一、利用亚马逊官方各类榜单进行选品初步筛选

亚马逊坐拥上百万买家，当你在这个平台上开展业务时，需要吸引大量潜在买家。选择正确的产品会带来惊人的利润增长。对于想在亚马逊上销售的人来说，亚马逊本身就是最好的研究来源。对于自有品牌卖家来说，了解这家巨头的运作方式是值得的。

（一）亚马逊 BSR 榜单

BSR 即卖家的产品在该类目下的销售排名，每一款产品在不同类目与不同站点中的 BSR 排名是不同的。一个高的 BSR 排名，不仅说明了自身产品的实力，同时还可能提升销量。因此，这样一个具备含金量的 BSR 排名也成了许多卖家追求的目标。亚马逊的热销产品列表，包括销售情况、产品细节和排名。根据类别或排名，卖家可以实时搜索吸引买家的热门产品。当你试图缩小利基范围时，这是一个理想的选择。亚马逊 BSR 榜单展示示意图如图 3-3 所示。

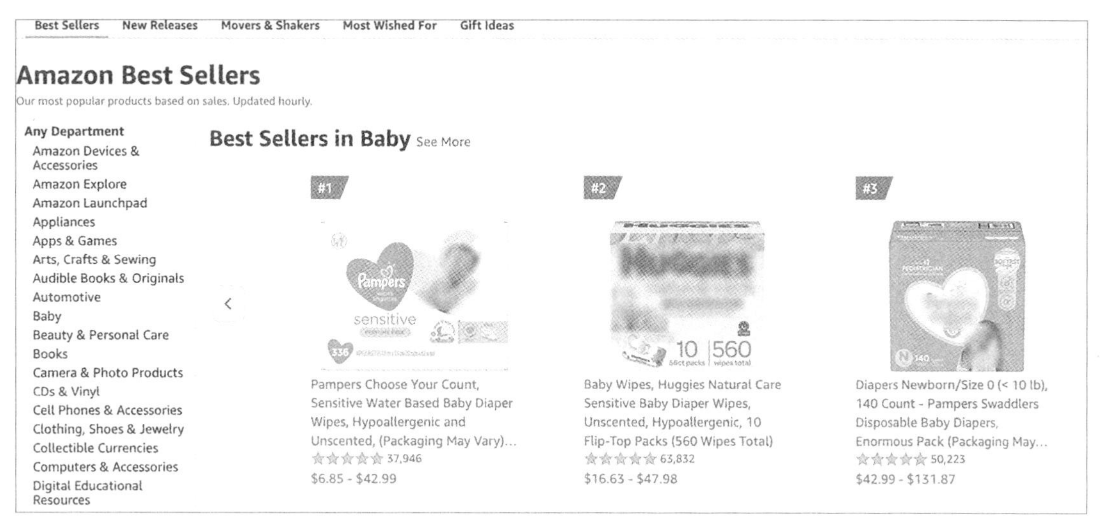

图 3-3　亚马逊 BSR 榜单展示示意图

（二）亚马逊 New Releases 榜单

New Releases，根据亚马逊官方的解释为：Our best-selling new and future releases. 如此，New Release 榜单也是我们发掘潜力新品的要地。New Releases 榜单也是很好的工具，可以帮助查找产品并监视其整个生命周期，这有助于最大化销售，如图 3-4 所示。

（三）亚马逊 Movers and Shakers 榜单

该榜单为在过去的 24 小时内，亚马逊的产品在销售排行榜上获得最高排名的品牌，

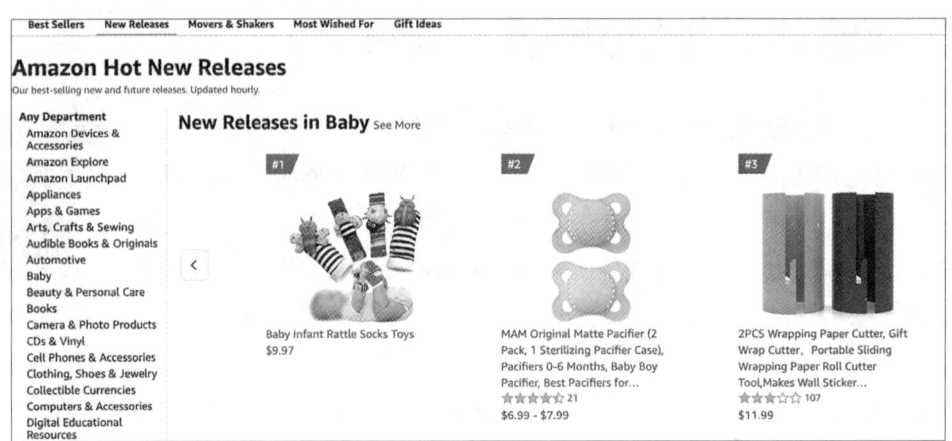

图 3-4　亚马逊 New Releases 榜单示意图

每小时更新一次，是了解最新趋势的理想指南。在“热销品”榜单上都会有一个绿色或红色的箭头，绿色箭头表示产品的人气在上升，红色箭头表示产品的人气丧失。红色和绿色之间可以相互转换。但 Movers and Shakers 则和 Best Seller 不一样，它会显示出人气指数，并且数据是 24 小时更新的。根据这些箭头的指示，卖家们可以选择一些潜力大的产品。在该榜单的基础上，通过一些第三方工具，你可以利用关键词搜索量和竞争对手的定价来发现最有利可图的产品创意。这将帮助你了解产品的季节性和趋势。此外，你可以根据排名、平均价格和评论来确定最热销的产品，并对每月销售额、收入和评论进行评估，这是验证产品研究的最简单方法之一，如图 3-5 所示。

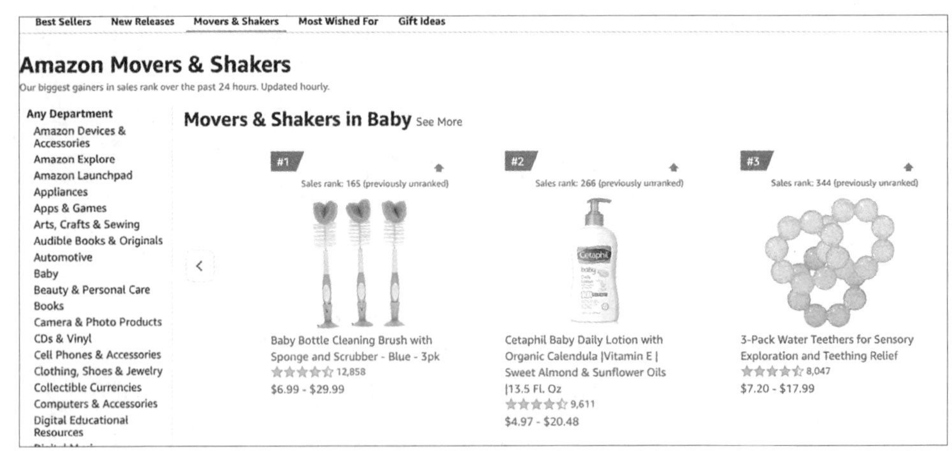

图 3-5　亚马逊 Movers and Shakers 榜单

二、以同一时期亚马逊多个站点的销售数据作为选品依据

（一）美国站

2021 年 11 月美国站，家居厨房、女士服装和美妆类产品销量最好。由于临近圣诞节，

大部分热销品的 Listing 都含有“圣诞节”，当然圣诞节装饰物、礼物、礼品盒无疑也有较高的销量。

家居厨房用品中，储物收纳用品比较受欢迎；冬季室内加热器也有较大的需求量。比较受欢迎的还有儿童解压玩具、儿童益智玩具。女士服装销售量较高的是瑜伽裤、运动内衣，运动短裤也很受欢迎。美妆产品类、美甲类的产品很受欢迎，化妆收纳盒也有一定的市场。此外，能够调节生活情趣的玻璃绿植也颇有关注度。

（二）英国站

临近圣诞节，英国站圣诞相关的产品也颇受欢迎。整体来看，英国站最受欢迎的品类依然是家居厨房用品，其次是美妆产品类和家居修缮类产品。

在家居用品的喜好方面，英国人的喜好相对分散，最受欢迎的是各类炊具和灯带，如柜灯、小夜灯等。

在美妆方面，英国人似乎对抗老防皱情有独钟，各种防皱贴、抗皱膜很受欢迎；卸妆油、去角质、卸妆棉等清洁套装也很有市场。此外，比较受欢迎的还有睫毛膏、睫毛夹等眼部用品。

家居修缮类产品，各种各样的打孔钻机颇受欢迎；直播套装、墙纸也有市场。此外，排插也有一定的市场空间。

（三）德国站

在德国站比较受欢迎的是家居厨房、女士服饰以及家居修缮类产品。和英国人一样，德国人似乎也爱上了打孔钻机，对此有较大的需求量。

家具厨房类用品中，各种灯具颇有人气，如灯带、灯帘等，此外受欢迎的还有储物、收纳用品。电子产品类，专门用来连接 USB（通用串行总线）的充电插头，HDMI（高清多媒体接口）电缆，也是德国买家长期以来的爱用品，有资源优势的卖家可以尝试。

女士服饰方面，带有复古关键词的衣服更受欢迎；冬天到了，保暖睡衣需求量急剧上涨，一般来说，德国的冬季会延续到次年 3 月，因此该产品到次年的一季度还有较大的市场空间。此外，比较受欢迎的还有各种女士包包。

（四）意大利站

意大利市场上，受欢迎的仍然是家居厨房类、玩具类以及家居修缮类。在家居厨房类方面，带有圣诞元素的产品更受欢迎，如圣诞主题的灯带、抱枕等。此外有比较大市场的是床上用品。玩具类方面，智能机器人、遥控车、硅胶解压盘等比较受欢迎。

（五）加拿大

加拿大消费者非常注重生活品质，热衷于家居布置、装潢，能够提升生活舒适度的家具和居家类商品在当地非常受欢迎，除此之外，比较受欢迎的还有运动 / 户外产品。

家居厨房用品方面，收纳、储物用品比较受欢迎，其次是炊具类产品；另外带有圣诞节元素的家居用品也颇受欢迎，当然圣诞礼物和装饰品也很有关注度，但竞争程度同样很大。电子产品方面，比较能够提升生活品质的投影仪、扫地机器人、耳机等产品比较受欢迎。运动/户外产品方面，雪地鞋、暖手宝、加热手套等保暖用品很受欢迎，此外，呼啦圈也很受欢迎。

（六）小结及潜在爆款预测

整体来看，11月的热销品说明了节日对于消费市场的影响力，卖家在选品时，如果对参与纯粹的节日用品竞争没有信心，可以在原有产品的基础上添加节日元素来促进销量，比如有圣诞元素的地毯。

因各类因素共同作用，家居修缮类产品的销量在急剧上升，电钻、电锯等电动工具已经成为欧美人士的共同爱好，无论是在美国站、德国站还是在加拿大站，都有不俗的表现。疫情因素对运动类产品的影响同样不容小觑，户外运动产品的需求在上升，产品也具有很高的重合性，美国、欧洲和日本三大站点均有较大的潜力。此外，室内的瑜伽服等运动产品也有较大的市场潜力。此外受欢迎的还有简易的运动道具，如呼啦圈。

灯具类产品近年来也受到热捧，无论是为了增强氛围的装饰灯，如落日灯、灯帘、霓虹串灯，还是为了方便家居使用的各类灯带，都有较大销量增幅。此外，消费者在购买时很关心产品是否绿色环保，绿色环保的产品更能够得到消费者青睐。智能家居类产品的应用也越来越广泛，由于疫情的持续，人们居家的时间持续上升，也引发了智能家居产品销量的增长，如扫地机器人、自动洗碗机、家庭娱乐的设备等。另外，家居厨房用品，如炊具等也呈现出上涨趋势。宠物用品的销量也保持上升趋势，这同样与疫情有关。目前门槛较低的有宠物梳、宠物窝、宠物护理液等。此外利润较高的宠物粮也有很大的市场空间。

当然以上数据仅供参考，买家需要根据自身的资源条件，结合市场竞争程度，谨慎决策。

三、了解亚马逊平台的算法

A9算法（A9 algorithm）如何影响整个亚马逊运营？亚马逊排名机制如何运作？

（一）A9算法的原理

A9算法其实是一种排序算法，简单地说，即从亚马逊琳琅满目的产品类目中里挑选出客户搜索最相关的产品，并且根据相关性排序展示给客户。A9算法专注于产品搜索及搜索结果排序。

（二）影响A9算法的排名因素

（1）相关性（relevancy）——符合客户搜索需要。

（2）转化率（conversions）——激发顾客的购买行为。

（3）满意度 & 复购率——带来极致客户体验。

（三）亚马逊排名机制的运作

相关性＋转化率＝高排名

A9 算法的作用就是帮助亚马逊计算和推荐商品排名，打造亚马逊排名取决于两个关键因素。

（1）相关性。要求排名能被亚马逊认为是相关的。例如，你正在亚马逊上销售慢炖锅（slow cookers），亚马逊首先需要确认你的产品是一件和关键词 slow cookers 相关的商品。如果两者没有相关性，那么亚马逊则不会为产品排名。

（2）转化率。让产品排名更好的关键在于创建一个高转化率的 Listing。在其他因素都相同的情况下，转化率更高的 Listing 常常比那些低转化率的 Listing 排名更高。

（四）如何运用 A9 算法提升销量

1. 好产品

好的产品有两个核心特点：第一是质量优质，第二是用户需求大且竞争相对没那么白热化。七分靠选品，三分靠运营。

2. Listing 页面优化

页面优化主要需要从以下方面着手：图片、标题、五点、描述、评论、Q&A（客户问答板块）、A+ 页面等。

页面优化的核心是：关键词的研究，将与产品相关的主关键词、属性词、拓展词等合理布局在以上优化项目中，让亚马逊认识你的产品，让客户搜索得到你的产品，并被你的产品吸引，进而产生购买行为。

3. 售后

周到的售后服务可以提升客户的体验，需要从处理订单速度、把控订单缺陷率及完美订单率、及时回复客户问题等方面进行优化、加强。

4. 广告

亚马逊广告相对来说是一种便捷地提升排名的方法，它是一种比较快地增加曝光度的方式。只有让更多的人看到你的产品，才会有转化率，才会有销量，才会有排名的提升。以下为亚马逊广告的简要实操介绍，如图 3-6 所示。

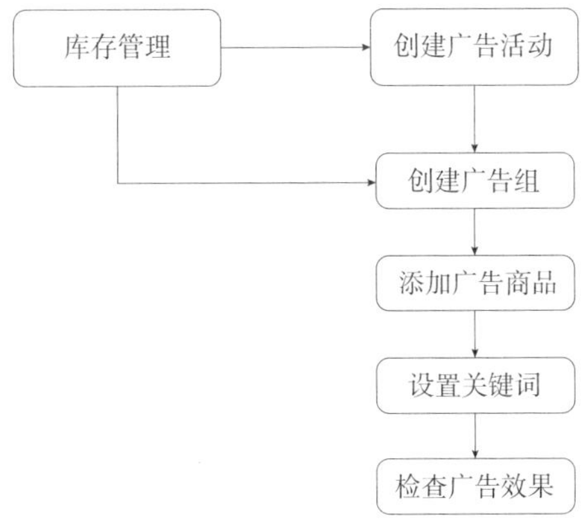

图 3-6　亚马逊广告创建路径

步骤 1：单击广告——创建广告活动

广告活动：广告活动的名称（255 个字符以内）。

预算：设置该活动每日的预算，精确至小数点后 2 位，按月计算。

活动日期：为活动设定日期，到结束日期后自动终止，确保针对性。如果不设置结束日期广告就会一直有效运行。

步骤 2：创建广告组

广告组：设置广告组的名称。

缺省竞价：为广告组中的广告设置点击竞价，该竞价为愿意为单次点击支付的最高价格，根据实际的竞争情况，实际发生的点击费用可能低于该出价。

步骤 3：向广告组添加广告商品

步骤 4：为广告组设置关键词

系统通过数据分析，为广告组推荐合适的关键字。

卖家亦可自己输入关键字。

为了提高广告的有效度，建议尽量设置和广告商有关的关键字。

步骤 5：单击“保存”完成广告活动和广告的设置

竞价：可以根据产品的利润率以及品类中的平均中标价格来决定 CPC。

关键词的选择不仅与商品名称相关，亦可与季节、节日、事件、用途、特性相关，如 Storm、Winter、College、Best Golf Bag，如图 3-7 所示。

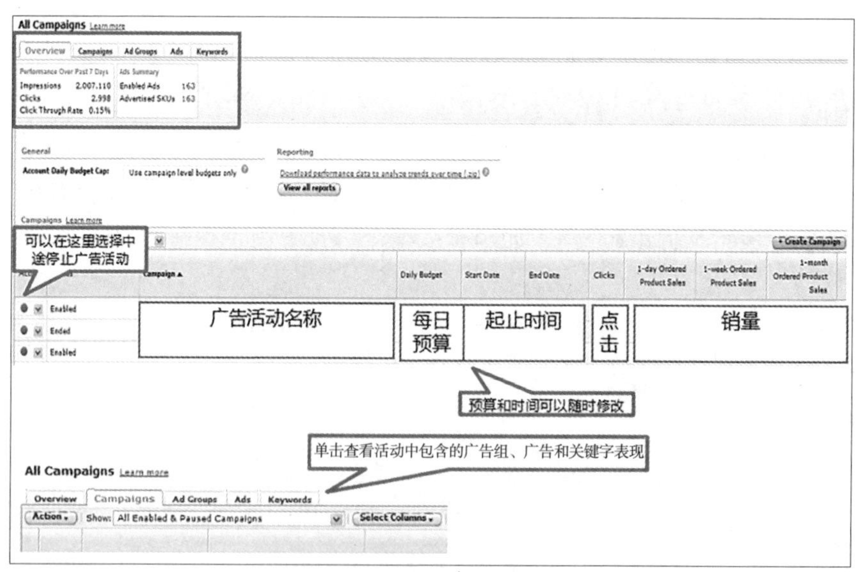

图 3-7　广告活动设置页面示意图

5. 促销

不管是站内促销还是站外促销，促销的实质未必是让你赚多少钱，其最核心的目标是提升你的销量，获得更多的 Reviews，进而达到提升排名的效果。而有了排名，就会带来更多的自然流量。

四、提升产品排名的方式

（一）创建一条高相关性的 Listing

选择正确的商品类目是成功的基础。过去，许多卖家可能会故意选择竞争较少的错误类目来提升他们的类目销售排名。但如今，这一策略已经失效，而且可能会降低亚马逊 SEO 权重。

以前亚马逊商品可以拥有许多类目 / 节点。然而，现在商品类目 / 节点完全基于商品类型关键词（item_type_keyword），并且每种商品只能拥有一种商品类型关键词。

（二）创建一条高转化率的 Listing

1. 展示信息感十足的主图和视频

主图和视频既是打造高转化率 Listing 的最佳工具之一，又是大部分卖家不善拿捏的环节之一。

在 Listing 中，至少需要四种类型的产品主图：白底产品图、产品信息图、生活场景图、产品规格图。

大部分卖家通常会犯的一个错误是：在五行卖点（五点描述）和产品详情部分通过文本信息来描述产品关键功能，但是在最重要的产品图片部分反而没有文本信息。

视频也是一个相当强大的转化率工具。现在亚马逊已经将视频功能开放给所有经过品牌备案的卖家，通过视频讲述一个与产品有关的故事，营销效果将大大提升。

2. 利用 A+ 页面

亚马逊内部数据显示，使用 A+ 页面能够提升 Listing 的转化率 10% 左右。因此，从表面看，在我们的 Listing 中通过 A+ 页面添加一些创意设计元素似乎能极大促进转化。但是有卖家在 A+ 页面 A/B 测试中，则没有注意到明显的差异。买家看起来似乎不会经常查看五行卖点以下的内容。当然，这并不是说我们不需要 A+ 页面。要尽可能利用 A+ 页面，因为它是免费的展示。

3. 创作可读性强和高点击的产品标题

当我们进入任意一个充满竞争的亚马逊商品类目，总会发现一些关键词堆砌的商品标题。尽管亚马逊关键词优化存在争议，但产品标题的撰写不应该仅用于亚马逊 SEO，而应该从消费者出发，秉持更适合阅读和更吸引点击的创作宗旨。

当然我们也可以选择在产品标题中嵌入关键词，以便让买家找到我们的产品，从而使他们尽可能地点击 / 购买我们的产品。

4. 加快销售速度

销售速度在理论上有点像黑洞：我们知道它确实存在并且知道它影响 Listing 排名，但是却不清楚它的运作机制。但有一种共识是：如果我们的销售速度一直持续加快，那么排

名就会更高，爬升速度就会更快。这也能解释为什么我们的库存售罄时，我们需要很长一段时间来恢复销量，因为我们的销售基础速度是从 0 开始。同时，需要注意的是，30 天的持续销售比 1 ~ 2 天的快速销售更为有效。

5. 进行站外引流

带来站外销量的 Listing 将会获得权重奖励和流量倾斜。站外引流从销售速度的角度来看是非常必要的，如果说亚马逊仅允许你跑 0 ~ 60 码，当我们从站外引流时，你可以远大于 60 码。

以下是一些被证明有效的亚马逊引流渠道。

（1）站内顾客邮件。

（2）Facebook 广告——着陆页。

（3）独立站页面（折扣和免费产品）。

站外引流最有效的途径之一就是折扣和赠送，而亚马逊允许我们在卖家后台创建这些折扣和促销选项。只要我们不公开以消费者评价作为交换条件，提供免费 / 折扣产品仍然是一种行之有效的运营策略。它将产生以下积极效果：帮助提高销量（也意味着更快的销售速度）和增加受评机会。

但是使用免费 / 折扣产品法进行促销也存在缺陷：通过站外提供免费 / 折扣产品产生的销售不会获得关键词转化加权，因为在亚马逊上没有这些销售的数据。

6. 争取上首页的机会

上首页是一种非常积极的 Listing 排名结果。什么样的商品可以出现在亚马逊首页取决于多个因素，包括类目、关键词、设备等，如图 3-8 所示。

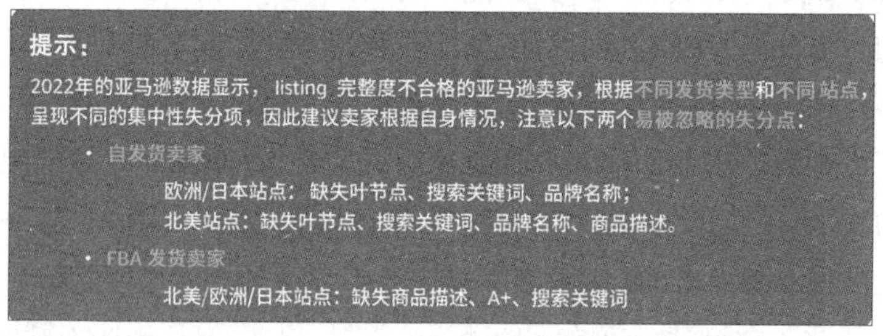

图 3-8　亚马逊关于 listing 完整度的提示

一般来说，亚马逊首页的商品展示数量为 24 ~ 54 条，这意味着一个关键词排名在 #25 的时候就有可能出现在首页，但有时候可能就会去到下一页，所以我们要尽力保持 #24 或更前，这样才可以吸引更多买家的关注。

五、亚马逊流量来源解析

你需要了解亚马逊的流量来自哪里，也就是一个客户究竟是通过何种路径进入你的 Listing 并最终下单购买你的产品的。因此需多渠道提升产品曝光量、搜索流量、类目流量、排行榜流量、关联流量等。

（一）关键词带来的自然搜索流量

一般来说，绝大部分欧美消费者在亚马逊购物时，都会首选在搜索框中输入自己意向产品的关键词，如图 3-9 所示。

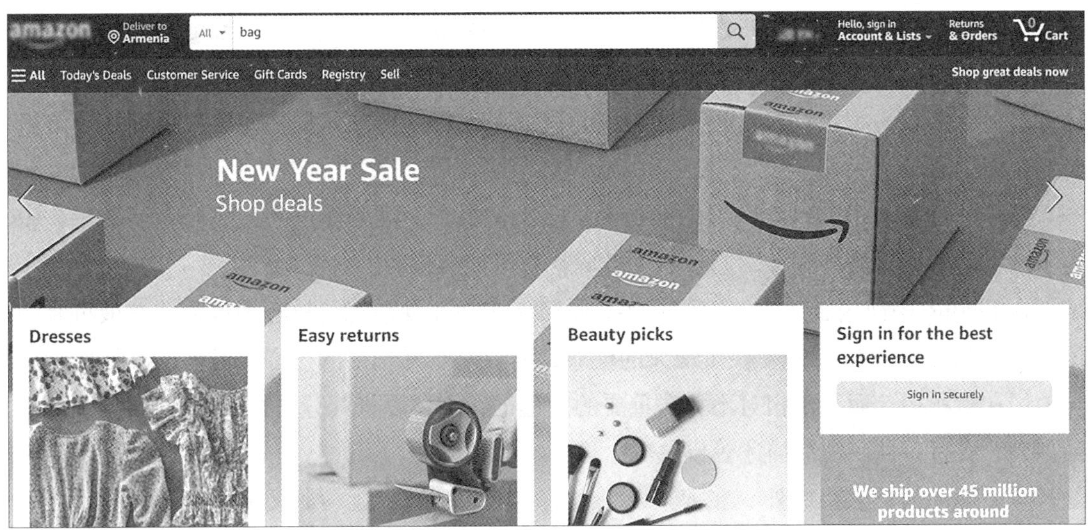

图 3-9　亚马逊购物首页关键词位置示意图

通过亚马逊搜索框来进行意向产品的搜索和选择，关键词的搜索流量占据了亚马逊绝大部分的流量来源。

据亚马逊相关官方统计数字，搜索流量占据了亚马逊流量来源的 80% 以上。而在关键词搜索结果中，自然排名的位置数量要远远多于广告位置的数量，所以关键词自然搜索流量也就占据搜索流量更大的份额。

自然排名靠前还有一个好处，就是可以减少庞大的广告开支，自然排名位置的点击不会产生任何的 CPC 广告费。影响自然排名的因素很多，有转化率、点击率、销量、价格、Review 数量、产品评分、Best Seller 标志等。提升自然排名位置最有效的办法，还是想方设法提升销量和转化。如果在 A 关键词项下某个 Listing 的转化和销量有了提升，那么在 A 关键词的搜索结果中这个 Listing 的自然排名也会有很大提升。

搜索流量入口是消费者根据自己的购买需求，在亚马逊的前台搜索框里，输入自己拟购买商品的关键词，亚马逊系统就会根据买家输入的关键词对平台的所有产品进行匹配和展示。简单地说，关键词搜索流量是亚马逊所有流量最根本的来源，整个 A9 算法的底层逻辑都是围绕着自然搜索形成的，这也是买家最直接寻找产品的首选方式。其匹配的条件就包括关键词是否一致，以及产品的一些相关要素，然后亚马逊 A9 算法会根据这些产品的相关性，还有产品本身的销量情况以及 Listing 综合表现得分、转化率等因素，算出排列

次序，并展示给买家。这个关键词匹配的程度就在于 Listing 里面是否有买家输入的这个关键词，如果你的 Listing、标题、五点描述、产品描述都大量包含这个搜索关键词，而且匹配程度很高，那么这个产品就会有更大的可能被展示，从而获得更多的搜索流量。

要想抓住关键词所带来的流量，卖家必须找准并且用好关键词，这也是 Listing 优化的核心和基础。要想尽可能多地获取关键词流量，必须找到合适的关键词，所谓“合适的关键词”就是消费者可能用来搜索你销售的这款产品的那些词语。关于 Listing 的关键词并不是填入一两个核心关键词就够了，而是需要去挖掘多个长尾关键词，因为长尾词推起来的话，会比一些核心关键词容易很多。可以尝试通过广告的精准匹配去测出相关度高、流量大的长尾词。

抓住关键词流量入口的底层思维是要学会换位思考，既要懂产品，还要懂消费者，脱离了站在消费者立场的思考，选择的关键词就有可能会偏颇。

在 Listing 中使用合适的关键词其实只是第一步，还要注意将核心关键词放在最重要的位置。标题是整个 Listing 中权重最大的模块，所以对于筛选出的核心关键词，要尽可能恰当地用在标题中，而对于相对不那么重要的关键词，则可以将其分布在 ST（搜索词）关键词列表、五行特性、产品描述等模块。

除关键词流量入口之外，在搜索结果页的右上角区域，亚马逊又为消费者提供了多种条件的过滤器，包括系统默认的综合排名、价格从低到高、价格从高到低、客户评分、上架时间五项，这都会成为消费者在购买时选择并改变关键词排名的要素。

在亚马逊搜索结果页面，还增加了更多的特别栏目，包括媒体推荐的 Editorial Recommendations，以及以价格区间区分的高评优价区 Highly Rated、Well-priced Products Available to Ship Immediately，这也同样是基于关键词搜索自然流量而延伸出来的流量入口，如果卖家针对性地去应对，可以获得更多的自然流量。

此外，影响搜索流量的因素还有商品的物流方式，简单来说就是 FBA 的搜索流量比自发货高出很多，所以做精品模式的卖家建议使用 FBA。

（二）排行榜流量入口

亚马逊站内的排行榜有销量排行榜，就是 Best Sellers；有新品排行榜，就是 New Releases；还有销量上升榜、收藏榜和礼物榜。这些排行榜的流量相对来说没有搜索流量那么大，但其实也是不能忽视的一部分流量。这里的收藏榜是可以由第三方的服务商来操作的，通过将产品加入心愿单来实现，收藏榜页面每个类目只展示前 3 名。

Listing 卖得越好，获得的排名越高，就越有机会进入 Top 100 的排名甚至成为 Best Seller。这时候自然会获得更多的自然流量。所以，BSR 排名榜单必然是值得卖家关注的流量入口。

此外，成为 Best Seller 后可以获得 Best Seller 徽章，卖得好的 Listing 也同样可以获得 Amazon’s Choice 徽章。当 Listing 进入类目前 100，则可以进入 Top 100 排名榜单。亚马逊销量榜单被分为热卖榜、新品榜、飙升榜、收藏榜、礼品榜 5 个，虽然每个榜单的权重和可能带来的流量有区别，但对于卖家来说，一旦进入这些榜单，可以获得更多的流量是板上钉钉的。同时，BSR 排名榜单又和关键词自然搜索页的排位相互作用，当一条 Listing 成为 Best Seller，一般也会出现在自然搜索的首页，权重相互加持，流量形成叠加。

需要注意，亚马逊对于新品有 3 个月的流量扶持期。在推新品的时候，一定要抓住这个流量扶持期，通过一些活动促销，努力让新品进入新品榜（New Releases）前几名，而且可以适当错开上新品的时间，保证每隔一段时间都有新品推到新品榜里面，这样对于整个店铺的权重和排名都会有很大的帮助。

（三）类目流量入口

在搜索结果中，亚马逊同时会在左边栏推出类目导航，而消费者为了获得更精准的结果，也会单击左边的类目导航去过滤出更接近于自己实际期望的结果。这种方式其实也是普通消费者找产品的一个常用方式。消费者在亚马逊首页通过类目的选择，再加上一些附加条件，缩小产品的范围。比如通过类目选择的手机配件，又缩小至“手机壳”，再借助价格区间，最后再以翻页的方式来找自己想购买的产品。所以，类目节点流量也应该是卖家关注的流量入口之一。

当然不同类目的流量是不同的，相对来说受欢迎的主流类目流量也是比较大的。为此，我们需要关注产品放在什么类目、哪个细分的节点下比较合适。精准的节点决定了锁定潜在消费者的精准程度（精准与否将直接决定转化率）以及所要面对的竞争对手数量。同时，研究好左边筛选框的条件，再折射到自己产品上对应的某个字段属性，也有助于产品的曝光和转化。

通常上新品的时候应尽量选择竞争小、流量大并且和产品相符的类目，因为即使是同一款产品，放在不同的类目里推广，效果也可能大相径庭。有的类目竞争相对小一点，就可以比较容易拿到 Best Seller；而一些大类目要想拿 Best Seller 是很难的。所以新品推广的前期最好选择在小类目里冲 Best Seller，拿到 Best Seller 标志，对 Listing 整体的转化率是很有帮助的。

亚马逊左侧的类目分类导航往往是按照最佳匹配原则排序的，如果一味地追求小类目，极有可能该类目下沉在分类导航的最下面，而消费者更多地会单击上面的类目节点，如此一来，自己可能就白白错过了分类导航可能带来的流量。所以，关于类目节点流量，卖家在发布产品时，应该尽可能地选择精准的类目，而不应该过度追求小类目；同时还可以找客服或者通过第三方服务商去加类目节点，一个产品最多可以有三个类目节点，一定要选择合适的类目加入。

（四）广告流量入口

亚马逊平台的站内广告有三种，最常见的 CPC 广告又称 SP 广告以及 AMS 广告系统里面的 HS（headline sponsored）广告和 PD（product display）广告。产品的广告排名也决定了一部分流量，且占比不小。广告排名影响一部分流量，广告流量的形式主要也是关键词的广告排名。如图 3-10 所示。

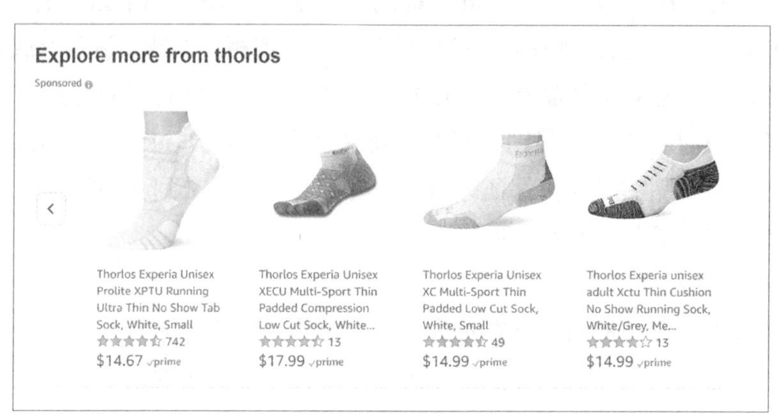

图 3-10　亚马逊商品广告位示意图

按照广告设置形式，SP 广告分为自动广告和手动广告两种。而按照产品展示位置来看，有些 SP 广告的 Listing 会出现在搜索结果页面，一般位于页面的顶部、中部或底部，还有一些 SP 广告会展示在产品详情页面的中间和底部位置。

相对于自然流量需要凭借 Listing 的相关性、转化率、订单数量等要素的影响，投放站内广告的 Listing 则可以在上述要素之外通过竞价高低来影响 Listing 的位置。当你为一条 Listing 投放站内广告，这条 Listing 就获得了自然流量之外的另一个（或多个）流量入口，流量入口多往往意味着流量增加，就可能带来更多的订单。

从订单的角度来看，为 Listing 投放站内广告，在一定程度上可以形成运营上的良性循环。当然，要想让这个逻辑推理中的良性循环成为运营上真正的良性循环，需要重点关注广告的一系列数据指标，包括曝光率、点击率、转化率、单次点击花费等。广告投放后要定期从卖家后台下载广告报表，定期做数据分析，根据广告表现情况及时做相应的调整，通过所投放广告的产品选择、广告优化等手段来确保广告的投入产出比在最合理的区间。

（五）活动流量入口

在亚马逊的搜索框下面有“Deals”按钮，单击该按钮，亚马逊会集中为当下正在进行秒杀促销的 Listing 做分门别类的展示。亚马逊站内的 Deasl 种类有很多，比如 6 个小时的 LD（lighting deal）秒杀，两周免费的 BD（best deal）秒杀，还有被业内称为“秒杀之王”的 DOTD（deal of the day），以及各种节假日促销优惠券等，这些都是需要获得推荐或者卖家自主申报才可以获得。选择一些销量不错、受众面大、有竞争力的产品去参与上述活动，往往会有令人惊喜的效果。这些秒杀活动都有不同的流量页面入口，在产品推广时尽可能将能用的活动工具都用上，整合一切资源让流量最大化。

基于亚马逊上众多高频消费者（Prime 会员）的存在，高频消费者数量庞大，秒杀入口的流量不容小觑。这个入口对于卖家来说，是独立于其他流量入口之外的流量入口。如果要抢得秒杀流量入口，既需要凭借自己产品的出色表现，获得秒杀资格，又需要按照平台的收费标准支付秒杀费用，所以，在秒杀流量入口的把握上，卖家需要对自己的产品和销量进行评估，不能盲目上秒杀。

（六）关联流量入口

通过站内产品的交叉关联把精准的产品和更多的产品呈现给消费者，进而牢牢地锁住用户是亚马逊平台的一大特征。将这个特征转化到销售层面，关联流量也同样是值得卖家重点关注的流量入口。

简单来说，亚马逊的关联流量包括同时购买（frequently bought together，FBT）、看了又看（customers who viewed this item also viewed）、买了又买（customers who bought this item also bought）等栏目，相比较来说，FBT 的效果差，但“看了又看”和“买了又买”的效果则几乎和站内广告无异。重点是，这些流量是免费的。

产品的关联流量是亚马逊站内流量来源难度最大的一块。一个产品的关联网可以无限扩展，不断关联同类竞品或者互补产品，理论上会无限增加自己的曝光，再利用自身的转化率优势形成订单转化。

关联流量效果好，是很多卖家都想获得的流量入口。要想让自己的产品在关联流量入口处获得更多的坑位和展示，需具备两方面要素：①和自己关联。自己店铺的产品需要交叉和相关，即只有纵深专注于一个类目的店铺才更容易形成自己店铺内产品彼此之间的关联。②卖得好。一条 Listing 销量越高，排名越靠前，越容易被亚马逊系统抓取并匹配到其他类似产品的页面上。

六、亚马逊流量入口总结

（一）搜索流量

影响搜索流量的主要因素有四个：①产品销量。②关键词匹配。③用户行为，也就是好评和点击量等。④配送速度。其中关键词匹配尤为重要，商品标题中的中文及英文品牌名会被默认为关键字，品牌名称一定要规范，这对站内及站外的搜索都很重要，不规范的话，买家在搜索时就会搜不出来，还要定期更新对关键词的设置。

（二）排行榜流量

在亚马逊中，影响排行榜流量的主要因素分别是以下几方面。

（1）销售排行榜。这个排行榜与销售和好评挂钩，不仅要销量好，好评也要多，所以要尽量让买家留下好的评价，这对排名的提升帮助很大。

（2）新品排行榜。顾名思义，出现在这个排行榜中的都是新品，因此卖家有新品且多时，尽量错开时间上传，这样新品排行榜中就会一直有自己的商品。

（3）折扣排行榜。这个排行榜中都是有折扣的商品，卖家可以根据自家商品的价格进

行设置，比如设置价格底线，这样每天都可以有折扣商品。

（4）价格排行榜。价格排行榜有两种：从高到低和从低到高。

（5）搜索相关度排行榜。需要进行关键词设置。想要提升商品流量，应尽量保证每个排行榜都有自己的商品。

（三）关联流量

这是系统根据消费者的购物习惯主动匹配推荐商品，它是亚马逊转换率最高的推广位置。当一个客户搜索某一产品时，在产品详情页面，系统会自动推荐一些和详情页面产品高度相关或者互补的产品，此时的推荐，很大程度上依赖于产品之间的相关性和价格区间的接近。为了抓住此部分的流量，我们就需要在产品属性项目尽可能地填写完整、准确，同时，要考虑价格设置的合理性和价格区间跨度。

知识点 3：其他区域性跨境电商平台的选品方法和策略

除亚马逊这个跨境电商巨头在全世界主要国家和地区都设有站点外，其他跨境电商平台大多主要专注于某一地区或几个地区的跨境销售。例如，全球速卖通平台的主力销售市场为俄罗斯、巴西、西班牙、法国、乌克兰、白俄罗斯等；而 Shopee 平台则主攻泛东南亚市场；Wish 平台是专注于移动端 App 的跨境电商平台，销售市场主要在北美。

因此，对区域性跨境电商平台而言，在选品中最重要的一环是需要认真对销售目的区域和客户画像进行深入、细致的调研。在做好相关调研的基础上，再解码各个平台不同的数据流量逻辑，就有可能获得比较满意的销售业绩。下面以 Wish 平台为例说明。

一、根据兴趣爱好选择产品

Wish 通过移动客户端进行购物，这样就最大化地利用客户的碎片时间进行推广，通过客户端选购产品很容易就造成冲动消费。这就要依据大量的数据给客户精准化推送，而 Wish 平台采用的模式是按照每个人的购物习惯、兴趣爱好进行数据统计。

通过 Wish 平台的工具，对这些数据进行数据化分析，结合这些数据的分析，可以将市场上类似的产品作为备选品。

二、根据各细分类目进行选品

Wish 平台有 5 个细分类的移动端，其中，Wish 是综合性产品平台，Home 是家具类产品平台，Geek 是科技类 3C 产品平台，Cute 是主推化妆品的平台，Mama 是母婴类产品的平台。这些细分类目是很好的选品方向，通过这些类目将产品锁定，进行定向选品。

三、根据用户性别进行选品

性别不同，产品的选择肯定会有差异。男性偏向选择高品质、实用性的产品，而且是目的性极强的主动消费，按需搜索，搜到即买，速战速决。而女性会通过产品的形象、美感等方面进行对比，然后选择性价比高的产品。

四、根据年龄阶层按需选品

什么年龄做什么事，每个年龄阶层，因为阅历、需求、习惯不同会选择不同的产品。同时各年龄阶层的人，因为事业成就不同，消费能力也是迥异的，所以对产品的价格敏感度也会大不一样。

五、根据节假日的习惯进行选品

每个国家和民族都有自己固有的特色，都有自己独特的节日。每个节日都是推广产品和销售产品的良好契机，节日会营造氛围，会让消费者冲动消费、即时消费。

1. 训练题

（1）列出亚马逊的三大榜单，并以同一时刻的三大榜单截图数据进行横向对比。

（2）亚马逊平台的主要站内流量来源由哪几个部分组成？

2. 实训题

结合 Google 搜索趋势热词，制作某一热销产品在过去 6 个月中的走势图。

学习任务考核评价表

序号	评价内容	得分 / 分			综合得分 / 分
		自评	组评	师评	
1	通过亚马逊各类榜单进行选品初步筛选				
2	同一时期亚马逊多个站点的销售数据作为选品依据				
3	亚马逊平台的算法和流量来源解析				
4	区域性跨境电商平台的选品方法和策略				
合计					

注 综合得分 = 自评 ×30%+ 组评 ×30%+ 师评 ×40%。

学习任务 3　选择合适的国际物流方式

1. 掌握跨境物流的运输方式。
2. 了解基本的进出口关务。
3. 熟悉亚马逊平台提供的物流解决方案。

建议学时

4 学时。

这几天小莉一直在苦恼该怎么选择跨境物流，感觉脑子一片空白，无从下手。经理发现后耐心开导小莉，告诉她不要着急，要先从跨境物流的基本知识入手，按流程操作，当操作熟练后就会得心应手了。

知识点：跨境物流的运输方式

一、跨境物流的定义

跨境物流又可以理解为国际物流，是指把商品从一个国家或地区通过海运、陆运或者空运等方式运送至另外一个国家或地区（头程物流），并通过目的地国或地区当地配送来完成国际商品交易（目的地当地物流）的物流过程。跨境电商交易从下单购买到货物送达所需时间如图 3-11 所示。

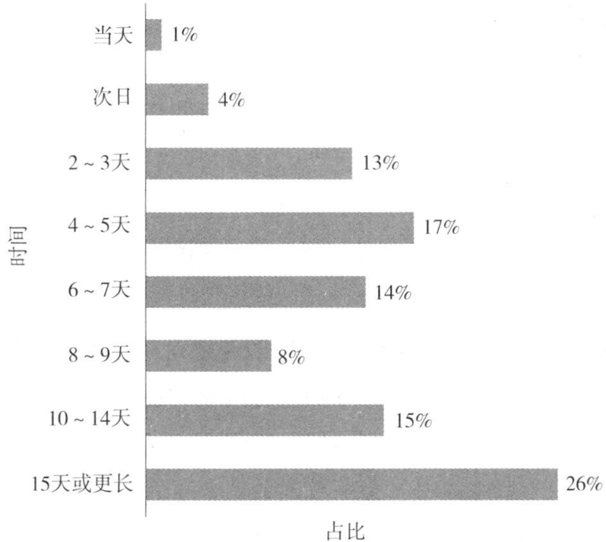

图 3-11　跨境电商交易从下单购买到货物送达所需时间

资料来源：IPC 跨境网购消费者调查。

二、跨境物流的运输方式

常见的跨境物流运输方式有国际商业快递、海运和空运。卖家可以结合自己的商品属性和业务需求，选择适合自己的运输方式。

（一）国际商业快递

国际商业快递是指在两个或两个以上的国家或地区之间所进行的快递、物流业务。当国际快件到达目的国（地区）之后，需要在目的国（地区）进行配送才能将快件送达最终目的地。国际快递包裹运送速度快、服务优，但价格也相对较高，常见的物流承运商有 UPS（美国联合包裹运送服务公司）、DHL（敦豪）、FedEx 等。

（二）海运

海运是指使用船舶通过海上航道在不同国家和地区港口之间运送货物的一种方式，包括海运整箱和海运拼箱，也称海派。

1. 海运整箱

海运整箱（full container load，FCL）指整箱货物仅有一个发货人，并由发货人来负责装箱、计数、积载并加以铅封的货运。

2. 海运拼箱

海运拼箱（less container load，LCL）指发货人托运的货物为不足整箱的小票货，通过代理人（或承运人）分类整理货物，把发往同一目的地的货物集中到一定数量拼装入箱的货运。

＊选择整箱还是拼箱？

这根据需要托运货物的体积而定。海运标准集装箱的最小柜形为20英尺（1英尺＝0.3048米），若托运的货物体积小于20立方米，建议使用拼箱运输；若大于20立方米，则使用整箱运输。

（三）空运

空运是指使用飞机作为运输工具进行货物跨境运输的一种运输方式，时效性高但费用较高，也称空派。

以上三种不同的运输方式，是不是让你有些眼花缭乱呢？作为跨境电商卖家，究竟如何选择适合的运输方式呢？不同的方式又分别适合哪些类型的货物呢？

注意：

（1）建议基于对售卖产品的体积、金额及属性的了解，来选择运输方式。

（2）没有绝对单一的运输方式，在产品生命周期的不同阶段，如新品上市、紧急缺货、补货等，运输方式可以灵活选择、互相切换。

（3）使用亚马逊物流的卖家需要注意，空运和海运入仓亚马逊运营中心都需要进行入仓预约，建议卖家尽量选择熟悉入仓流程的物流承运商。此外，用快递的方式入仓（如UPS、DHL等），不需要预约，可以确保卖家的包裹快速、及时入仓。很多卖家也会选择“海＋派”或者“空＋派”这种结合形式，即海运或者空运到目的国（地区），然后用快递的方式运送入仓。

（4）除产品属性外，生产交货周期、备货资金、利润空间等也是重要的需要考虑的因素。

三、跨境物流的重要环节——进出口关务

当使用跨境物流运输货物时，必不可少的就是启运国（地区）出口报关及目的国（地区）进口清关两个环节。为了防止货物被海关查扣或退回而延长运输时间，卖家在发货之前应对进出口关务中需要注意的事项做好准备工作。

（一）出口报关准备

报关是履行海关出口手续的必要环节之一。作为卖家，在发货前做好准备工作会使报关过程事半功倍。在出口报关时，如需报关公司来帮助办理相关事宜，应确保委托的是专业、正规的报关公司。

小贴士

（1）报关所需资料可能会由于运输方式、商品、报关代理等不同而有所不同，建议联系报关代理确认详情。

（2）涉及FDA1的产品、木制品及危险品等特殊产品，可能需要提供额外的信息，如空运保函、电池信、KC FORM3、FDA REG#5、Device list等，具体情况建议咨询报关代理。

（二）进口清关准备

在将货物出口至目的国（地区）之前，首先要确保在目的国（地区）拥有自己的 IOR。IOR 全称 importer of record，即登记进口商（注意：登记进口商不能填写亚马逊），它负责保证货物在进口时遵守当地法律和条例，并支付进口税费，以便货物成功出口至目的国（地区）。

除 IOR 外，各个国家（地区）根据相应的海关规定，对清关还有其他不同的要求，要注意确认。接下来，以美国、欧洲及日本为例，介绍进口清关流程，仅供参考。

1. 美国清关流程及注意事项

当需要进口货物至美国时，必须提前购买 Bond（custom bond，海关保证金），并办理 POA（power of attorney，进口清关委托书）才能完成清关。

1）Bond

进口商因贸易纠纷等原因产生费用时，美国海关可在 Bond 里扣钱，美国海关和政府强制规定美国的进口商购买。Bond 分为 Annual Bond（即年 Bond）和 Single Bond（即单次 Bond）。

（1）年 Bond。

①每年只需买一次，适用于经常进口货物的进口商。

②额度是 50 000 美元，每次按照申报货值的千分之五扣除。

（2）单次 Bond。

①每次按照申报货值的千分之八点五扣除，并且每次有 Single ISF Bond 费用（ISF 即 importer security filing，进口安全申报）。

②卖家可直接在亚马逊卖家平台创建货件时进行在线购买（每次成本为 140 ~ 150 美元）。

2）POA

卖家需向美国海关告知已授权委托的清关行代理清关行为。卖家可通过清关行代理办理 POA 和购买 Bond。如已自行购买 Bond，则不需要再另行购买，只需办理 POA 即可。美国清关流程及注意事项如图 3-12 所示。

2. 欧洲清关注意事项

商品售往欧洲，必须准备两个号码：VAT 号和 EORI 号。

VAT（value added tax）是缴税时的纳税识别号，卖家注册了 VAT 税号，运输后就能申请进口增值税的抵扣。

EORI（economic operators registration and identification）是欧盟内清关必备的欧盟税号，可在全欧盟通用。

以上二者的区别是，VAT 号需要通过具备相关资质的专业税务代理进行注册，如果卖家需要将货物发至欧洲多个国家，则要注册多个国家的 VAT 号；EORI 号通常由税务代理

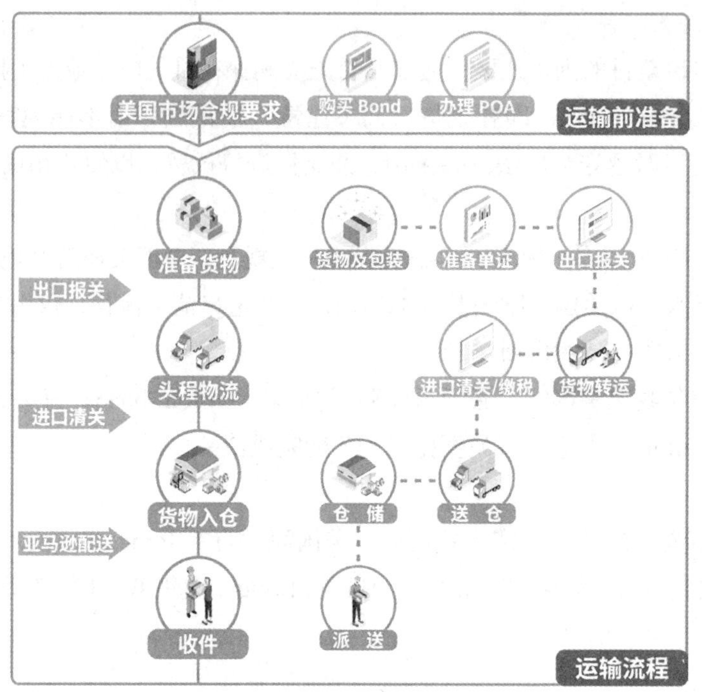

图 3-12　美国清关流程及注意事项

资料来源：亚马逊跨境电商平台 _ 开店流程及费用 [EB/OL]. https://gs.amazon.cn/.

在申请 VAT 税号时一并申请，一个 EORI 号可以用于所有欧盟成员国的海关清关。欧洲清关流程及注意事项如图 3-13 所示。

3. 日本清关注意事项

如果已经拥有 IOR，即登记进口商，在确保遵守日本的法律和条例下，可以将货物从境外发送至日本。但如果没有日本实体，或者在日本没有可以作为登记进口商行事的日本实体，那么需要委任一位服务提供商作为海关手续代理人（attorney for the customs procedures，ACP）。

ACP 指可以代表你支付在进口时产生税费的实体或个人。请注意，ACP 并不完全承担进口商的责任，它仅负责税费。在商品进口前，你必须确保你的商品遵守当地的法律和条例。一般情况下，任何日本居民都可被指定为海关登记进口商或海关手续代理人。

四、国际物流注意事项

在将商品运至目的国的过程中，向海关申报时，请勿低报、瞒报或错报货物价值。

卖家在出口之前咨询海关经纪人或法律顾问，以实际情况为准。

将商品从中国境内发送至境外的亚马逊运营中心时，完税后交货（即 DDP，指作为托运人 / 出口商的你将承担所有运输费用，包括税费）是强制性《国际贸易术语解释通则》（INCOTERMS）条款。发货前，应与货运公司确认接受 DDP 货件。

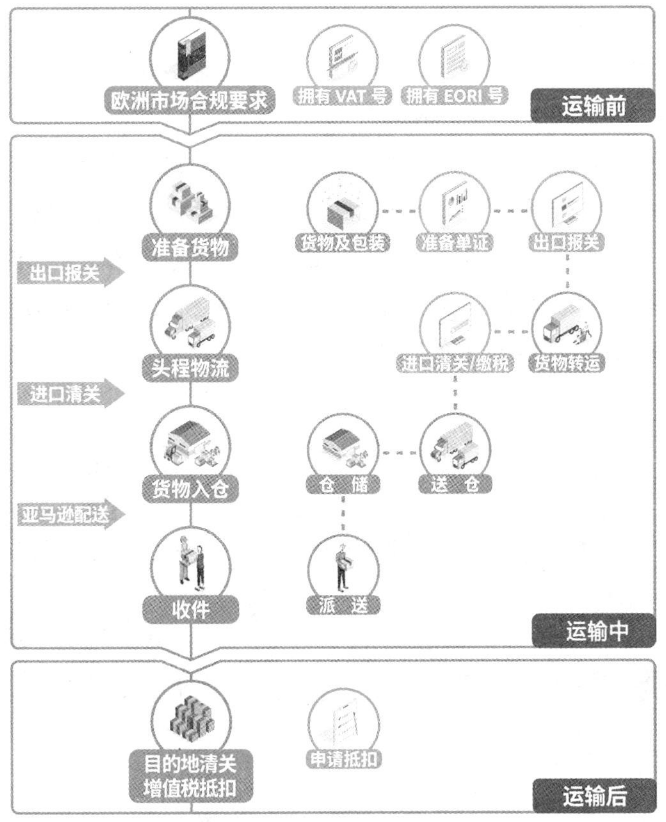

图 3-13　欧洲清关流程及注意事项

资料来源：亚马逊跨境电商平台 _ 开店流程及费用 [EB/OL]. https://gs.amazon.cn/.

五、亚马逊官方提供的物流解决方案

亚马逊官方在物流方面有一系列的解决方案，既有亚马逊自己的物流服务，也有与第三方物流承运商合作打造的解决方案，帮助跨境卖家解决跨境运输难题，减轻跨境物流的运营压力。

当然，在亚马逊销售商品时，如果因为商品体积、重量或品类限制等无法使用 FBA 进行销售及配送，那么卖家需要自行将商品配送给境外的消费者，即自配送。卖家自行负责库存管理、包装、配送及客户服务等一系列流程。

（一）亚马逊物流

当你将商品发送至亚马逊运营中心后，由亚马逊负责帮你存储商品。等到商品售出后，亚马逊会完成订单分拣、包装、配送，以及退换货等服务。同时，亚马逊使用当地语言，为 FBA 卖家提供 7×24 小时的专业客服，帮助减轻运营压力。与 FBA 相对应的物流模式为 FBM（fulfillment by merchant），即卖家自配送模式。

（二）亚马逊跨境物流服务

亚马逊跨境物流服务（Amazon’s global logistics service，AGL）为亚马逊物流卖家提

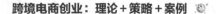

供稳定、高效、便捷的跨境海空运官方头程物流服务，可以帮助你将商品发往目的国（地区）的亚马逊运营中心。截至目前，已开通的站点涵盖美国站点、欧洲站点（英国、德国、法国、意大利、西班牙）以及日本站点。

AGL 与亚马逊卖家平台对接，通过卖家平台提供一站式服务，包括货件操作管理、关务文件线上化操作、全链条货件透明追踪、锁仓服务等。此外，AGL 还推出了有存货抢先起步、直飞美西包机等多项计划，助力 FBA 卖家快速补充库存，同时也协助处理进出口关务，卖家需在补 / 发货前确保已经准备好所需材料，以使运输过程顺畅。AGL 与 FBA 在物流中涵盖的不同服务范围如图 3-14 所示。

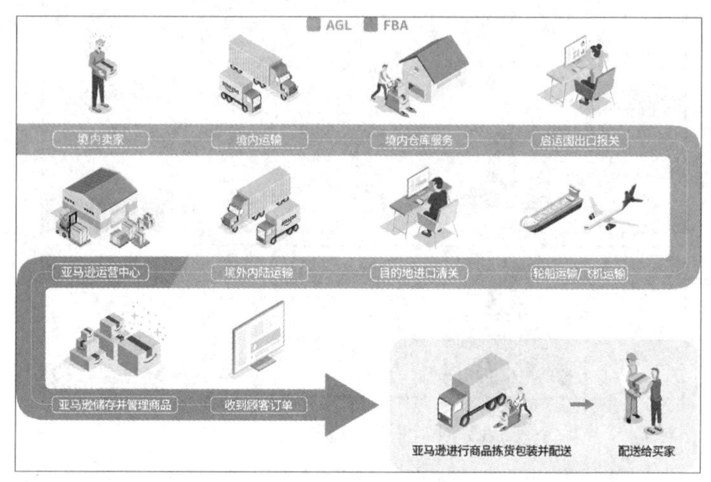

图 3-14　AGL 与 FBA 在物流中涵盖的不同服务范围

资料来源：亚马逊跨境电商平台 _ 开店流程及费用 [EB/OL]. https://gs.amazon.cn/.

（三）亚马逊“购买配送”服务

亚马逊“购买配送”（buying shipping）服务是亚马逊针对卖家自配送订单的线上发货服务。可以通过卖家平台，“购买配送”服务 API，或者 ERP，直接向合作的物流承运商购买物流配送服务，并打印货件标签。从中国发货的“购买配送”服务目前已经上线美国、加拿大和欧洲站点，合作的物流承运商为中国邮政和燕文物流。美、欧站点的自配送卖家可以通过“购买配送”服务，使用上述两家合作的物流承运商进行自发货，有助于提升自配送订单有效追踪率以及维护账户绩效。

亚马逊合作承运人计划（Amazon partnered carrier program，PCP）是指在目的国（地区）当地，通过亚马逊合作的承运人将商品运送至亚马逊运营中心。PCP 一般可分为小包裹快递承运人和汽运零担 / 整车运输配送（LTL/FTL）承运人。

1. 小包裹快递承运人

小包裹快递（small parcel delivery，SPD）通常由 UPS 来进行小包裹快递的派送。如果选择亚马逊合作 SPD 承运人配送小包裹快递，要先使用箱子包装好商品，并在每个箱子上贴好标签。当包裹运抵目的国（地区）并完成上述准备后，可联系 SPD 承运人取件 [仅限目的国（地区）当地]，或是将包裹运到承运人投件网点。

2. 汽运零担 / 整车运输配送承运人

如果货物总重量超过 68 千克（即 150 磅），可以考虑使用亚马逊合作汽运零担 / 整车运输配送承运人计划帮你进行入库运输。

（四）计算国际物流运费的模式

1. 自发货

对于亚马逊的卖家而言，采用合适的配送模式很重要。目前，亚马逊卖家在配送方式上，除了可以选择 FBA 配送外，也可以选择自发货模式。当然，FBA 配送有其不可比拟的优势，但在费用成本等方面也存在一定的问题。那么在自发货模式下，如何在亚马逊后台进行运费配送的设置呢?

在自发货之前，需要设置好运费配送，亚马逊提供三种标准运费模式。

（1）“按订单金额”。“按订单金额”的配送方式需要卖家创建订单价格分段，每个价格分段对应不同的运费设置。

（2）“按商品 / 重量”。这种模式基于每件商品 / 重量的配送方式，即按每件商品收费，或者是按磅（LBS）收费。

（3）图书、音乐及影视类商品的配送设置。如果卖家销售的是“图书、音乐、视频和 DVD”，那运费将由亚马逊设定。

下面以亚马逊北美站为例讲解如何在后台设置配送运费。

（1）登录后台设置（setting）→配送设置（shipping setting），如图 3-15 所示。

图 3-15　亚马逊后台配送设置页面

（2）单击“一般配送设置”标签页，再单击“编辑”选择默认配送地址，如图 3-16 所示。你可以编辑“地址”，买家能在你的商品中看到这个发货地址。如果你是从中国发货的，在“国家 / 地区”一栏选择“中国”。如果不想显示地点或者从多个地点发货，请选择“无”。

图 3-16 “一般配送设置”标签页

（3）编辑“配送模版”来选择运费模型，运费模型分为两种：按商品价格分段式配送和按商品 / 重量（per item/weight-based），如图 3-17 所示。

图 3-17 “配送模板”编辑页面

在这里可以根据自己产品的情况选择一种运费设置。

接下来分别示范“按商品价格分段式配送”“按商品 / 重量”这两种运费模式设置。

2.“按商品价格分段式配送”运费模式

第 1 步：选择标准配送地区和服务级别。

标准配送地区：包括美国大陆街道、阿拉斯加和夏威夷街道、美国保护国等地区，在此页面下方有区域说明，此区域说明详细解释了美国每一个地区所包括的州范围。卖家在进行地区勾选之前，可以先向自己选择的物流公司确认配送地区和配送收费标准。一般来说，中国卖家只要勾选“标准配送地区和服务级别”的前四项就可以了。

服务级别：也就是派送时效，分为“普通配送（17 ~ 28 工作日）”“快递配送（1 ~ 3 工作日）”“隔日达（2 工作日）”“次日达（24 小时）”，中国卖家如果从国内发货，建议选择“普通配送（17 ~ 28 工作日）”。

第 2 步：“按订单金额”设置运费。

运费是以订单总金额（包含配送运费）来决定的。如果你选择分区间来收运费，则单击“添加更多区间”来设置，然后对每个分段进行运费设置。

第 3 步：设置好之后，单击“继续”按钮会跳到下一页，检查后没问题就单击“确认”，设置成功后会跳回运费设置页面。

第 4 步：如果你需要对运费进行修改，可以单击“编辑”按钮。如果你需要更改配送方式，则单击“更改运费计算方法”。

3.“按商品 / 重量”运费模式

第 1 步：选择该运费模式，第一步需选择标准配送地区和服务级别，这里的操作方法和“按订单金额”模式一样，选择标准配送地区和服务级别，单击“继续”。

第 2 步：“按商品 / 重量”运费模式，此模式的计费公式 = 单次配送金额 + 产品件数 / 产品重量金额。

（1）按商品收费。按商品收费也就是按每件商品来收运费。举个例子，如果客户购买 A 商品 1 件，每件 A 商品收 1 美元，单次配送金额设为 4.99 美元，客户需要支付的运费为 4.99+1=5.99 美元，设置如图 3-18 所示。

（2）按重量收费。按重量收费也就是按商品的重量每磅来收取运费。举个例子，如果客户购买的产品包裹总重为 2 磅，每磅收 1 美元，根据计费公式，客户需要支付的运费为 4.99+2 × 1=6.99 美元，设置如图 3-19 所示。

运费设置成功后检查一下，确认没问题后，单击“确认”按钮，保存成功后会跳回运费设置页面。这样就完成了自发货模式下运费的设置。

如果你选择的配送区域全部免运费，也就是包邮，那就把所有的区域运费都设置为“0”。

需提醒的是，以上的运费设置方式是针对店铺所有的商品而设置的。

图 3-18　运费按“商品”收费编辑页面

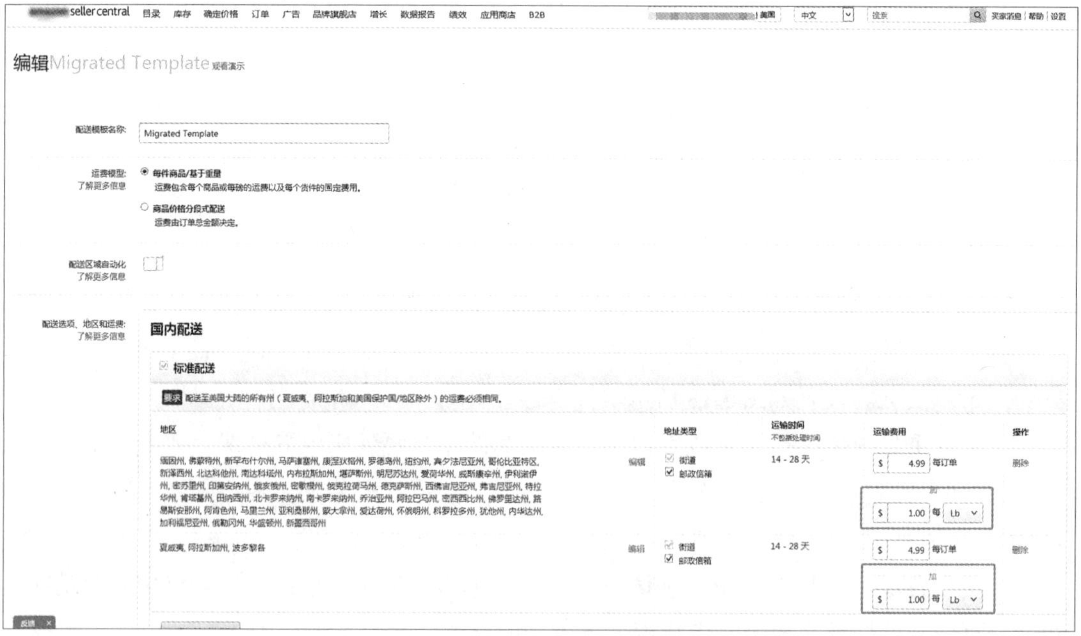

图 3-19　运费按“重量”收费编辑页面

1. 训练题

（1）国际物流有哪些运输方式，其特点分别是什么？

（2）亚马逊自发货和亚马逊物流各有何优缺点？

2. 实训题

估算一件重量为 1 千克、体积为 80 厘米 ×60 厘米的不带电货品，由上海发往美国洛杉矶的国际空运价格。

学习任务考核评价表

序号	评价内容	得分 / 分			综合得分 / 分
		自评	组评	师评	
1	国际物流的定义				
2	国际物流的运输方式				
3	亚马逊平台物流的两种方式				
4	亚马逊 FBA				
合计					

注 综合得分 = 自评 ×30%+ 组评 ×30%+ 师评 ×40%。

学习任务 4　学会进行产品定价

1. 了解跨境电商商品的定价策略。
2. 掌握亚马逊平台的产品定价公式及运用。
3. 熟悉亚马逊 FBA 的费用计算方法。

2 学时。

这几天，小莉一直在苦恼该怎么给产品定价，怕定价过高无人问津，同时又怕定价过低没有利润。经理告诉她不要纠结，首先要掌握几个定价的基本公式，当熟练后就会找到感觉，并懂得动态调整定价。

视频 3-4
产品定价策略

知识点 1：跨境电商商品的定价策略

产品定价是跨境电商运营中非常重要的一环，售价直接作用于销量并最终影响产品的利润率。只有足够的利润率，才能实现持续的运营和盈利。

那么该如何定价才能在获取流量的同时又有较好的利润空间呢？首先为产品定价，必须考虑产品成本、营销成本、税收、平台佣金等费用，以及同类产品的市场定价情况。简单来说：

$$预期利润 = 收入 - 总支出$$

一般来说，在排除场地费用、网络水电等基础硬件设施费用外，支出的费用分为固定费用和可变费用。

固定费用独立于你的销售环节，如建站费用、电商平台的租金、付费插件、付费 ERP 软件等。

可变费用取决于你销售的产品数量，如产品采购成本、建站平台佣金、外汇换汇费用、营销广告成本、物流费用、税收等。

由上可知，定价因素中包含常量与变量，其中变量因子多且有些是处于实时更新中，但我们通常没有精力对价格进行实时监控和调整。这就需要我们掌握一定的定价策略，于“变”中把握“不变”。

当你选好品准备上架时，“产品定价多少合适？”“卖多少钱才能有利润？”这类问题必须综合考量，这时候就涉及定价策略。

影响定价的因素有以下两个。

（1）受众。消费群体是谁？他们的年龄性别是怎样的？勾勒精准的用户画像，评估目标受众消费水平，如果消费能力高，产品的价格可以比平均水平高一点。

（2）价格敏感性。受众对价格变化是否敏感？一件商品的价格发生变化会引起消费不同的心理感受和购买行为。高频刚需的产品，消费者对其价格敏感性偏高；相反，低频非生活必需品，消费者对其价格敏感性偏低。如果一件商品提价 10% 的结果是减少 5% 的销售额，可以说是好策略。

缺少正确的定价策略，可能会犯两个常见的错误：把价格定得太高，导致错过大量的销售；把价格定得太低，导致利润率降低，错过了潜在的利润和收入。例如，你从供应商那里以 10 美元的价格采购产品，定价以 20 美元的价格出售。看起来利润似乎不错，但如果实际需要支出的总成本均摊到销售的产品里，那么定价 20 美元很有可能几乎没有利润。

关于产品的最佳定价，这只是一个理想化概念，是一个动态趋向最佳的过程。如何找到最佳定价，可以借需求和收入曲线图帮助我们理解其中的逻辑基础，如图 3-20 所示。

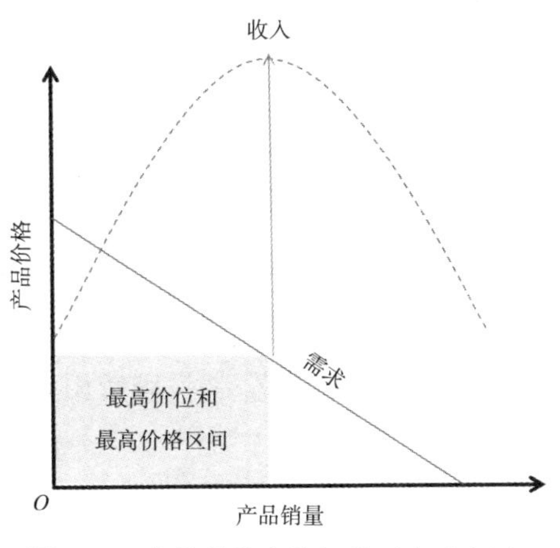

图 3-20　产品最佳定价相关要素示意图

纵轴是产品价格，横轴是预期销售的产品数量。可以看出，价格越高，需求越少，销售的产品也就越少。如果你的目标是使收入最大化，你应该选择一个价格点，这个最大收入的定价点等于最大利润的价格点（见图中的灰色方框），但这不是绝对的。举例说明如下。

某件产品成本费用是 7 美元（假设没有其他费用），最大收入的价格点是 10 美元，卖出了 100 件，那么：

收入：$10 \times 100 = 1\ 000$ 美元

成本：$7 \times 100 = 700$ 美元

利润：$1\ 000 - 700 = 300$ 美元

假设把产品价格提高 10%，价格为 11 美元，卖出的数量相应下降 10%，售出数量为 90 件：

收入：$11 \times 90 = 990$ 美元

成本：$7 \times 90 = 630$ 美元

利润：$990 - 630 = 360$ 美元

如此，虽然营业收入减少了 10 美元，但是利润却增加了 60 美元。

可见我们的目标是设法找到一个最优价格点使之产生最大利润，而非单纯追求最大的销售额。只是因为没有一个确切的公式可以计算出产品的最优价格点，所以普遍采用合理的定价点来代替最优价格点。以上的定价策略仅提供定价的思路，但并不能保证利润最大化。卖家需要不断地销售测试并进行综合研判，从而为产品找到最佳的价格点。定价也不是一成不变的，需要根据销量、市场需求、目标受众的反馈不定时地进行调整。

知识点 2：亚马逊平台的产品定价公式、利润公式及解析

一般说来，亚马逊卖家可以遵循以下的基础定价方式。

一、FBM 卖家定价公式

FBM 卖家产品售价＝产品成本＋国际运费＋平台佣金＋推广营销＋其他＋期望利润

以上所指产品成本包括产品的所有成本，即包含了生产或采购加境内运费、包装等一切费用。

国际运费需要根据不同的国际物流而产生不同费用；平台佣金需根据不同类目的佣金比例对号入座；推广营销就是我们准备为此产品拿出的推广经费；其他就是我们需要承担的人工、税务、运营等杂项成本；期望利润就是我们对此产品希望得到的利润值。

二、FBA 卖家定价公式

FBA 卖家产品售价＝产品成本＋平台佣金＋头程费用 +FBA 费用＋仓储费＋推广营销＋客服成本＋其他＋期望利润

在 FBA 定价里，有几项内容和 FBM 不一样。首先，FBA 头程费用是指一批货从境内发到亚马逊仓库产生的运费。其次，FBA 费用包含了 FBA 邮费和分拣费用。因为每年

甚至每个季度亚马逊的仓储费都会发生变化，所以需关注亚马逊阶段性公布的仓储费及相关政策，特别是在销售旺季，仓储费基本会大幅上升，卖家更应该特别注意。关于客服成本，由于 FBA 的退换货率相对较高并且卖家不可控，所以一定要根据实际情况给客户服务维护留足成本预算。

以上是两种配送方式的基本定价公式，根据基本公式完成定价之后，再结合经营策略进行调整，并注意随时关注调价的效果。

三、单个产品的成本和利润率的计算方法

高利润是所有亚马逊卖家的追求，而高利润的产品对应的是更高的产品质量和更优质的服务。因此可以想见，高利润产品需要做高品质精细化的运营规划。精准计算出单个产品的成本和利润率是成熟运营的标志之一。

假设你的产品的采购价是 40 元人民币，产品重量是 500 克，售价为 30 美元（约 190 元人民币）。境内物流费按 1.5 元 / 千克计算，单个产品的境内物流费是 0.5 千克乘以 1.5 等于 0.75 元（不同物流公司的价格可能有差异）头程物流费以美国的空运费 32 元 / 千克计算，即 0.5 千克乘以 32 等于 16 元（具体价格随时变动）。假设平台佣金是售价的 15%，即 30 乘以 15% 等于 4.5 美元，折合人民币约为 30 元。单个产品 FBA 配送费为 2 ～ 3 美元（体积越大价格越贵），折合人民币约为 15 元。那么单个产品的成本为

40+0.75+16+30+15=101.75（元）

单个产品的毛利润为 190-101.75=88.25（元）

产品的毛利润率接近 50%。

再来看净利润：

净利润 =88.25 元 – 退货损耗 – 广告费用 – 公司运营成本 –1% 的汇损

如果退货和广告费控制在合理水平，产品的净利润率为 40% 左右。选品开发的标尺，只有当产品毛利润率在 40% 以上、净利润率在 30% 以上时，这个产品才有开发的价值。如果产品在上架 3 个月之后，净利润率控制在 45%，说明产品受欢迎，运营也很成熟。

知识点 3：亚马逊 FBA 的费用计算（善用亚马逊 FBA 计算器）

正如前述，通过 FBA 发货是需要向亚马逊平台支付费用的，但是 FBA 费用怎么计算？我们究竟需要支付哪些费用？弄清楚这些问题才好制定产品的价格区间，才能保证自己的利润空间。

FBA 的费用主要包含：仓储费、订单处理费、称重处理费、分拣包装费、入库清点放置服务费、其他费用。

FBA 费用的计算公式为

FBA 总费用 = 执行费 + 仓储费 + 入库清点放置服务费

执行费＝订单处理费＋分拣包装费＋称重处理费

订单处理费属于按件计费。分拣包装费及称重处理费用为按重计费。其他费用为贴标、转运、销毁、特殊包装等费用。仓储费用分为月仓储费和长期仓储费：月仓储费=6个月长期仓储的产品数量 × 单位产品体积 × 对应月份每立方仓储费；长期仓储费＝应收取时间段长期仓储费的商品数量 × 单位商品体积 × 对应时间段长期仓储费的每立方收费。

明白上述逻辑后，还可以利用亚马逊自带的计算工具——FBA 费用计算器。

具体使用操作步骤可参照 https：//www.amz123.com/thread-281482.htm。

1. 训练题

（1）跨境电商产品的售价一般由哪几个部分组成？

（2）在理论上，如何争取跨境电商产品的最佳定价？

2. 实训题

写出 FBA 费用的计算公式，并利用亚马逊后台和公式计算出一款产品的 FBA 费用。

学习任务考核评价表

序号	评价内容	得分 / 分			综合得分 / 分
		自评	组评	师评	
1	对跨境电商平台上产品定价规则的了解				
2	跨境电商产品定价的一般公式				
3	亚马逊 FBA 产品的定价方法				
合计					

注 综合得分＝自评 ×30%+ 组评 ×30%+ 师评 ×40%。

学习项目总结与评价

建议学时

1 学时。（用来总结本学习项目各任务的学习等情况。）

总结与评价过程

一、汇报总结

序号	汇报人	值得学习的地方	有待改进的地方
1			
2			
3			
4			
5			
6			

二、综合评价

1. 专业能力评价

序号	项目名称	得分
1	对亚马逊运营模式的了解	
2	对跨境电商选品策略的了解与运用	
3	对跨境电商国际物流的了解	
4	对产品定价规则的了解	
综合得分		

注 综合得分为本学习项目中各学习任务得分的平均值。

2. 职业素养能力评价

序号	评价内容	评价标准	得分 / 分			综合得分 / 分
			自评	组评	师评	
1	跨境电商选品策略的掌握	①能否掌握跨境电商选品的基本策略				
		②能否运用跨境电商选品的策略进行选品				
2	对跨境电商产品定价的掌握	①能否掌握跨境电商产品的定价策略				
		②能否运用定价策略进行合理定价				

续表

序号	评价内容	评价标准	得分 / 分			综合得分 / 分
			自评	组评	师评	
3	学习态度	①上课是否认真听讲，勤于思考，独立钻研				
		②课后是否认真完成老师布置的各项任务				
4	团队合作能力	①是否积极配合团队的成员				
		②是否对团队作出积极的贡献				
5	能力拓展	能否依据真实情况，综合利用各种方法，分析自己或所在团队的平台选择策略				
综合得分						

3. 综合得分

学习项目 1 综合得分 = 专业能力评价得分 ×60%+ 职业素养能力评价得分 ×40%+ 创新素养能力评价得分。

注：创新素养能力指学生在学习过程中提出具有创新性、可行性的建议的能力；创新素养能力评价得分，满分 10 分（根据表现由老师评定），为加分项。

第 4 章 掌握亚马逊平台的前台与后台设置

1. 了解亚马逊平台的前台板块构成。
2. 知悉亚马逊平台的后台基本设置 。
3. 理解亚马逊平台前台和后台的联动关系。

能力目标

1. 描述亚马逊买家页面各个板块以及不同类目页面的特点。
2. 根据需要在亚马逊后台进行相应操作和设置。
3. 根据实际情况对后台参数进行相应调整。

1. 在具体实操中，要注意和团队和领导的沟通，做到凡事多请教、遇事早汇报。

2. 在真实的跨境电商平台操作环境中，各个模块是一个有机的整体，必须发挥团队协作精神，互相支持，团结一致，才能让店铺运营顺畅。

1. 训练题

（1）在亚马逊卖家后台将某件商品的库存调整为 10，并设置同时购买两件商品提供 8 折优惠。

（2）在亚马逊卖家大学中寻找到官方对“假期模式”设置的讲解，并尝试将店铺设置为 3 天的假期模式。

2. 实训题

完成一款产品的亚马逊后台上架和参数设置。

学习任务考核评价表

序号	评价内容	得分 / 分			综合得分 / 分
		自评	组评	师评	
1	账户设置、库存管理				
2	订单管理				
3	绩效管理				
合计					

注 综合得分 = 自评 ×30%+ 组评 ×30%+ 师评 ×40%。

学习项目总结与评价

建议学时

1 学时。(用来总结本学习项目各任务的学习等情况。)

总结与评价过程

一、汇报总结

序号	汇报人	值得学习的地方	有待改进的地方
1			
2			
3			
4			
5			
6			

二、综合评价

1. 专业能力评价

序号	项目名称	得分
1	亚马逊买家页面（前台）概述	
2	亚马逊买家页面（后台）操作	
3	亚马逊前台与后台的联动关系描述	
综合得分		

注 综合得分为本学习项目中各学习任务得分的平均值。

2. 职业素养能力评价

序号	评价内容	评价标准	得分 / 分			综合得分 / 分
			自评	组评	师评	
1	亚马逊买家页面（前台）的了解	①能否掌握亚马逊买家页面（后台）的基本情况				
		②能否区别亚马逊和其他电商平台买家页面板块结构的区别				
2	亚马逊买家页面（后台）操作	①能否掌握账户设置、库存管理				
		②能否掌握订单管理、绩效管理				
3	学习态度	①上课是否认真听讲，勤于思考，独立钻研				
		②课后是否认真完成老师布置的各项任务				
4	团队合作能力	①是否积极配合团队的成员				
		②是否对团队作出积极的贡献				
5	能力拓展	能否依据真实情况，综合利用各种方法，分析自己或所在团队的平台选择策略				
综合得分						

3. 综合得分

学习项目 1 综合得分 = 专业能力评价得分 ×60%+ 职业素养能力评价得分 ×40%+ 创新素养能力评价得分。

注：创新素养能力指学生在学习过程中提出具有创新性、可行性的建议的能力；创新素养能力评价得分，满分 10 分（根据表现由老师评定），为加分项。

第5章 掌握亚马逊平台产品页面撰写规则与优化技巧

学习目标

1. 了解亚马逊 Listing 页面的主要构成。
2. 了解亚马逊 Listing 产品标题和五点描述的基本撰写规则。
3. 了解亚马逊 Listing 的优化技巧。

能力目标

1. 规范撰写 Listing 的标题和五点描述。
2. 根据商品特性锚定搜索关键词。
3. 根据用户评论进行 Listing 优化。

思政目标

1. 通过 Listing 的编制，坚持对商品做实事求是的描述，商品图片遵守知识产权相关规定，做到图片不侵权、文案不抄袭。

2. 通过持续地对某一商品 Listing 的持续跟踪与记录，锻炼对某一事物的专注力和持久性。

学习任务 亚马逊平台 Listing 和产品标题书写的基本规则

1. 掌握亚马逊 Listing 的基本构成。
2. 理解亚马逊的产品标题优化逻辑。
3. 学会优化亚马逊产品图片。
4. 掌握优化亚马逊产品的关键词和五点描述技巧。
5. 了解亚马逊产品 A+ 页面。
6. 掌握上传 Listing 的两种方法。
7. 知悉亚马逊 Listing 的其他板块。

6 学时。

林经理告诉小莉：掌握亚马逊平台产品页面撰写规则与优化技巧是一名合格的亚马逊店铺运营的基本要求。只有清晰、标准、规范的产品详情页才能让买家在第一时间抓住产品的要点和亮点，同时还要尽可能地凸显出产品所解决的痛点，直击消费者内心诉求，促使完成购买，提升页面转化率。小莉平时也常常听周围的同事说，运营中的核心能力之一，就是因时因势调整优化产品详情页。

视频 5-2
什么是 Listing 和产品标题书写的基本规则

知识点 1：什么是亚马逊 listing

亚马逊 Listing 即商品详情页。每一款商品上传成功后，会生成一个独立的 Listing 页面，是商品最直观的展现方式，也是消费者全面了解商品最有效的途径。Listing 由分类节点、搜索关键词、图片、标题、商品要点、商品描述、A+/ 高级 A+、品牌名称 8 个基本要素及其他要素组成，高质量的 Listing 能提升商品销量，如图 5-1 所示。

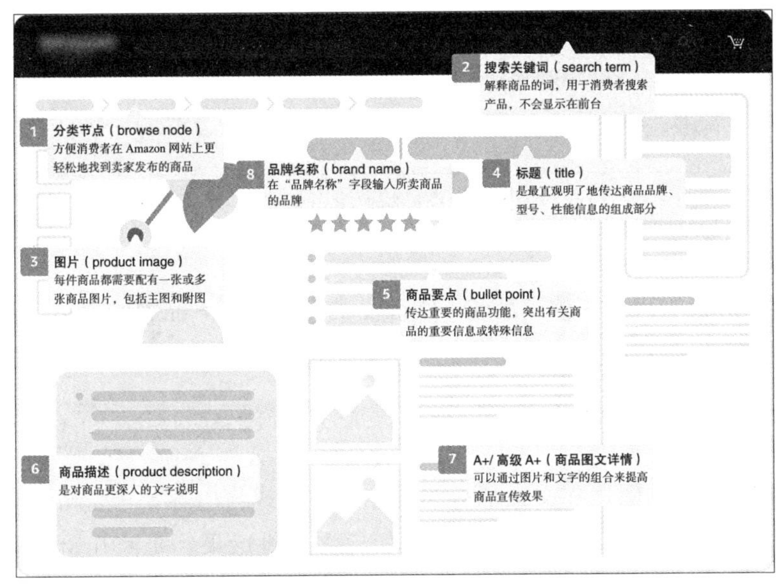

图 5-1　亚马逊 Listing 各大板块概念图

资料来源：亚马逊 listing[EB/OL].https://gs.amazon.cn/listing?ref=as_cn_ags_toos_listing.

创建 Listing，准备工作要先行。在完成开店注册后，前期准备包括四个环节：商品合规准备、商品编码准备、品牌名准备和图片文案准备。准备就绪即可上传 Listing，开启在亚马逊开店的第一阶段。

一、商品合规准备

消费者安全对亚马逊来说至关重要。亚马逊的目标是确保消费者有信心从卖家处购买相关产品，而不必担心产品的安全性、质量或可靠性。作为一个卖家，了解亚马逊关于限制产品，危险品运输仓储及产品安全和合规性的指导方针是很重要的。

二、商品编码准备

大部分分类卖家需要提供一个称为 GTIN（全球贸易项目代码）的唯一商品编码，才

能创建新的商品信息。如果卖家的商品没有商品编码，查询亚马逊目录也没有匹配的现有商品，卖家需要申请全球贸易项目代码豁免才能创建 Listing。商品编码准备概要如图 5-2 所示。

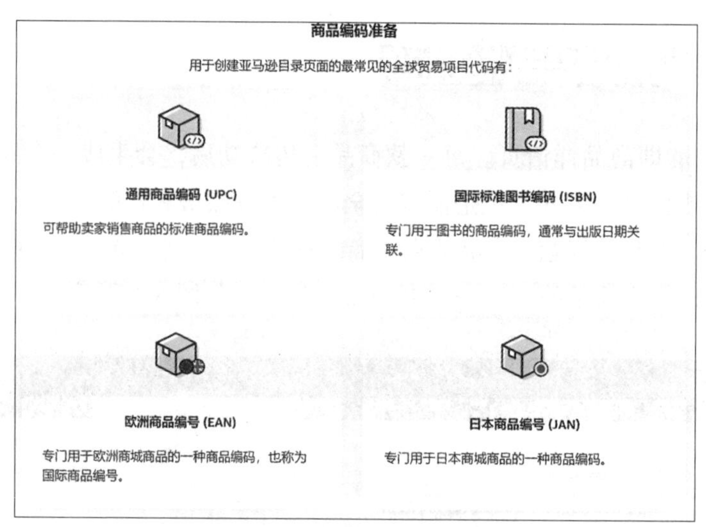

图 5-2　商品编码准备概要

三、品牌名准备

亚马逊将品牌视为代表一款商品或一组商品的名称。同一品牌的商品在其自身或包装上标有统一的名称、徽标或其他识别标记，用来将这些商品与不属于该品牌的相似商品区分开来。

四、图片文案准备

亚马逊对 Listing 的图片和文案都有非常详细的格式与内容要求，格式错误、内容超限，可能导致不能显示、不能被搜索，甚至暂停展示等后果。卖家开始准备图片和文案时，就要对照亚马逊官方要求规范进行。

如图 5-3、图 5-4 所示为亚马逊美国站一个较为完整规范的商品详情页面展现。

图 5-3　亚马逊美国站某商品 Listing 截图

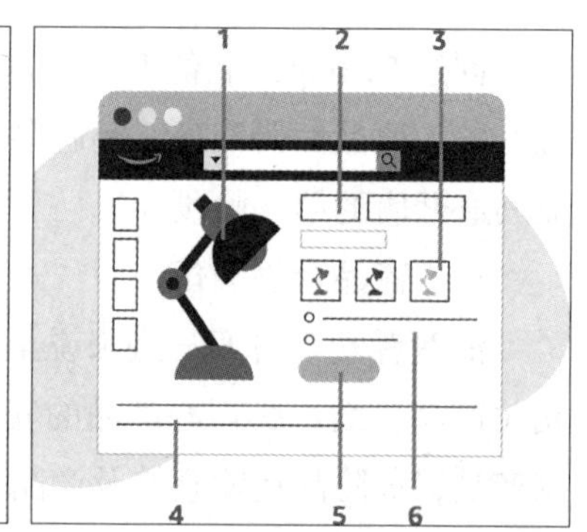

图 5-4　Listing 页面核心板块位置示意图

Listing 是亚马逊流量与转化的枢纽，对产品销量起到关键作用。Listing 页面各部分的信息及功能作用概览如下。

（1）产品图像。确保它们至少为 500 × 500，并确保在光标悬停时可增加到 1 000 × 1 000，以提高图片质量。

（2）产品标题。使用 50 个字符，每个单词的第一个字母大写。

（3）可包括产品的任何变体，可能包括不同的颜色、气味或尺寸等。

（4）描述可针对搜索引擎使用关键字进行优化，以扩大 Listing 的覆盖范围。

（5）特色优惠。这也是 Listing 的一部分，客户可以在其中向其卡片添加商品或单击“立即购买”。如果卖家是同一产品的多个销售商之一，需要研究“赢得购物车”特色优惠的策略，以提高整体销售额。

（6）商品要点应为简短的描述性句子，突出产品的关键特征和区别特征。

Listing 是对商品的具体介绍，也是卖家跨境出海的第一步，由于消费者无法实际接触到商品，所有的商品信息都只能通过 Listing 来展示。一个好的 Listing 是决定消费者是否最终购买商品的关键。如果 Listing 不完整或不正确，消费者可能难以找到商品，从而影响销量。接下来将从消费者的购买决策路径出发，了解高质量的 Listing 如何提高点击率和促进转化率。针对以下 7 个亚马逊商品 Listing 重要因素，对其进行精细打磨，以求得最佳转化率。亚马逊平台消费者购买决策路径如图 5-5 所示。

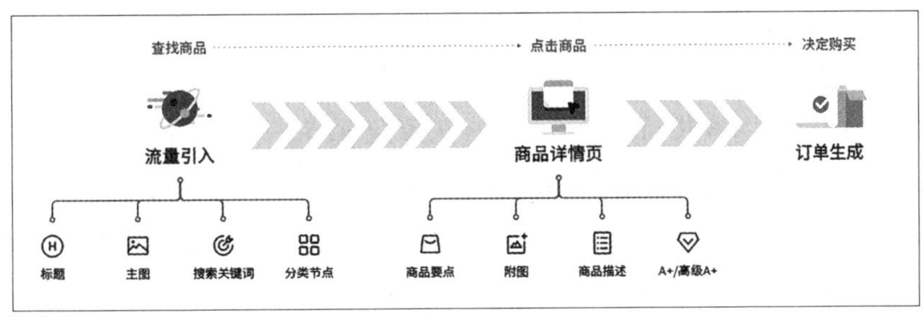

图 5-5 亚马逊平台消费者购买决策路径

（一）标题

标题即商品名称，通过品牌名 + 产品名 + 产品特征 / 型号等格式对商品本身进行描述，便于消费者理解。准确的商品标题有助于让买家做出正确、快速的购买行为。商品标题也会影响商品是否显示在搜索结果中，影响商品曝光率和点击率。标题是亚马逊站内外权重最高的搜索项目。

（二）商品描述

商品描述是对商品更深入的文本说明，提供商品信息详情。详情描述不仅是对商品功能更详细的介绍，更是对商品要点的补充。商品描述比商品要点更加具体和详细，属于商

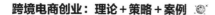

品文案写作。在日益成熟的移动互联网环境下，越来越多的消费者选择在手机端购物。在亚马逊手机端 App 上，详情描述显示在五点描述之前。所以，好的商品描述可以增强客户对产品的信任，从而促进转化。

（三）商品要点（五点描述 / 五行卖点）

商品要点突出有关商品的重要信息或特殊信息。买家可以通过商品要点来了解重要的商品特征。商品要点最多可以填写 5 条，故又被称为五点描述。相关数据表明，精心编写的商品要点可以帮助提升销量。商品要点通过传达商品的主要功能和卖点，和其他同类产品形成差异。简洁、准确的商品要点有助于顾客进一步了解商品特性。

（四）图片

亚马逊商城的每件商品都需要配有一张或多张（共不超过 9 张）商品图片。商品的主要图片（即最先展示的图片）被称为“主图”（main image）。商品的主图显示在搜索结果和浏览页中，也是买家在商品详情页面上看到的第一张图片。

附加图片被称作“辅图”或“副图”（other image/sub image），以便从不同角度来展示商品，以及使用中的商品和在“主图”中没有显示的细节。高质量的商品图片不仅会影响产品转化率，还会影响产品搜索排名。主图在搜索结果页面中占很大的比例。顾客对于商品最直观的印象首先来自主图，因此主图的质量很大程度上影响了点击率。

（五）搜索关键词

关键词可以理解为能概括或体现商品属性、用途、材质等的词语。一般来说，关键词应该是解释商品名称或其特征的词语。买家通过输入关键词进行搜索，而关键词将与卖家为商品提供的信息（如商品、名称、描述等）匹配。文本匹配度、商品价格、供货情况、选择和销售历史纪录等因素共同决定了商品在买家搜索结果中的排名。

卖家亦可以在 ASIN 的 Search Terms 字段添加更多关键词来描述该产品。这些关键词并不会被买家看到。准确、丰富的关键词，有助于提高商品被搜索到的概率，使商品有更多机会被展示，从而提高商品的点击率，引入更多流量。

（六）A+ 页面

商品描述（A+ 页面）通过图片和文字组合提高商品宣传效果。通过组合图片与商品说明，更好地体现商品特征、使用场景等具体的用户需求及所解决的用户痛点，从而起到促进消费者购买决定的效果。

A+ 页面显示在 PC 端 Listing 的最下部，与普通产品描述页面不同的是，A+ 页面可以通过丰富的图文、视频等展现出产品的实际使用场景，营造产品使用氛围，体现产品功能，大大增强产品页的吸引力，提升亚马逊 Listing 转化率，从而大幅提升销量。

（七）分类节点

分类节点泛指叶节点，是用于对于产品进行分类的终端节点，用于添加商品。亚马逊买家可通过搜索和浏览功能来查找商品。买家在浏览时可以通过选择特定的商品分类和子分类来进一步缩小搜索范围。有时候一件商品可以放置在不同的节点下，如水壶，可以放在厨房家居类目节点下，也可以放在户外节点下。但往往同样的产品放在不同的类目下可能给排名和销量甚至定价都会带来很大影响，因此节点的选择也不能随意。

知识点 2：如何优化亚马逊产品的标题

打造一件优秀的亚马逊产品，产品是根本，优质的 Listing 展示是必要条件。没有好的产品，打造爆款只是一句空谈，而没有好的 Listing 展现，也很难让产品突出重围。根据亚马逊体系的 A9 算法，在 Listing 详情的各个要素中，产品标题是权重最大的一项。

视频 5-4

怎样优化
亚马逊的产品标题

粗糙的 Listing 标题带来的直接后果就是转化率低，销量达不到预期，投入产出比不划算。那么，怎样的 Listing 标题才算是一个优秀的标题呢？

一、理解标题组成要素

参考公式：

品牌 + 关键词 + 品牌 + 亮点 + 适用范围 + 产品特性（材质 / 尺寸 / 颜色等）+ 使用场景

按照以上顺序，将各要素细化，让商品名称中的每个词汇都可以被独立搜索，进而提高 listing 出现在搜索结果页内的概率。

二、善用关键字，创造高浏览量

关键词可以灵活搭配宽泛关键词、精准关键词及长尾关键词。标题的关键词选择要精准，为了涵盖更多的搜索，标题中不妨加入相关度较高的宽泛关键词和长尾关键词。

一般来说，好的标题包括两个核心要素。

产品关键词 + 美感修饰词

毋庸置疑，在一条 Listing 中，产品关键词的作用是让产品出现在搜索结果页，展示在潜在消费者（搜索该词语的消费者）面前，如果一条 Listing 的标题中缺少关键词，或者关键词不精准，要么错过了潜在客户，要么因为导入的流量不精准而导致转化率不高，久而久之将影响 Listing 的权重和排名。

在产品关键词的设置方面，不同的卖家会出现不同的问题。一般来说，产品关键词分为三类：宽泛关键词（大词）、精准关键词（核心关键词）和长尾关键词。宽泛关键词覆盖面广，但针对的目标用户群体不精准，有时候会带来一些不太相关的流量。精准关键词指向精准，可以准确地获取到和自己的产品匹配一致的那部分客户群体。长尾关键词是在精准关键词的基础上进一步缩小指向范围，从这个意义上说，长尾词是精准词。其区别是，长尾关键词指向群体更小，是细分后的目标客户群体。

对于卖家来说，在关键词的筛选和设置中，还要学会换位思考，即站在消费者的角度考虑，假设自己是消费者，会用什么词语来搜索这个关键词呢？弄清楚这个逻辑，关键词

设置的功力就会更上一层楼。

在产品标题中，尽量使用核心关键词作为核心支撑，如果正好和场景吻合，在核心关键词的前后加上场景界定词，从而形成“核心关键词+长尾关键词”的结构。当然，对大部分产品来说，核心关键词本身就包含宽泛关键词，这样一个标题就囊括了三类关键词。

除了上述的关键词搭配结构，考虑到很多时候因为消费者习惯的不同，对于同一个产品的称呼也会有所不同，这样一个产品可能会有多个核心关键词。那么，卖家应该在设置产品标题前，对多个核心关键词进行罗列，然后结合标题中的句意和语境，将它们分别放置在不同的位置，从而达到一个标题包含多个核心关键词的目的。

在买家进行产品搜索时，因为标题中关键词的匹配，产品展示在搜索结果页，展示到了用户的面前，这样关键词层面的任务就完成了。此时，标题的作用发生了变化，转换为具有超强说服力的推销员，恰当的修饰词此时就扮演了优秀推销员的角色，需要完成的任务是说服消费者购买。但试着将我们自己置身于真实的购物场景中就知道，消费者的购买决定往往不全是理性的思考，在理性的思考之外，还有感性的直观感受。一个标题如果恰当使用带有美感的修饰词，就可以起到感召消费者的作用。所以，在形成标题的完整句子中，一定要使用一些能够唤起消费者共鸣和感念的美感修饰词。

知识点3　如何优化亚马逊产品图片

视频 5-5

亚马逊产品图片要求

一、产品主图规范

主图是作为产品给客户的第一印象的窗口，首先要让客户一目了然；其次要符合亚马逊的规则，主图必须是白色背景（RGB 值 255，255，255），没有包含在产品里的配件不能出现在主图上，必须做到所见即所得。图片中的产品要占图片整体的 85% 以上，图片的分辨率最好是 1 000×1 000，以方便客户对图片进行缩放等动作。亚马逊对于主图的要求是严于副图的，如果主图不符合亚马逊对于图片的规范，将不会被客户所搜索到，且曝光量会大大减少。

如何自检在售产品有没有因为图片问题，而成为客户检索不到的产品呢？

甄别方法很简单：在卖家后台找到库存报告，然后选择报告的类型为：商品信息和禁止显示商品报告。下载后打开这个表格，就可以知道有没有产品因为图片问题而禁止显示。

亚马逊会不断推出新的图片整改政策，一般来说，如果卖家产品主图中存在以下情况，该 Listing 将会被屏蔽和被要求整改。通知邮件列出的情况包括以下几个。

（1）非白色背景。

（2）像素化图像或图片边缘呈锯齿状的图像。

（3）图片中显示任何文字、图形或水印。

（4）图像中显示多个产品视图、颜色或尺寸。

（5）使用模型模特的商品。

（6）产品占图片框架的 85% 以下。

其具体说明如下。

（1）要求是针对主图的，也就是说，除了主图之外的其他 8 张副图，还是可以使用非白底图、细节图、应用场景图等。

（2）明确主图不能带文字、水印。对于卖家来说，如果在主图上附加“2PCS”“1 Year Warranty”“UL Certified”等文字说明都是不被允许的。

（3）对于服装类目的卖家，如果使用模型模特拍图，那么一定要在最后一步，把模型模特完全抠除，只呈现立体的服装图即可。

（4）图片处理时，既要注意图片周边的留白，又不能留白太多，产品要占整个图片大概 85%。

除上述情况之外，需要特别提醒的是，亚马逊针对图片的管理和整顿的决心非常坚决，卖家一定要在图片环节小心谨慎。有经验的卖家知道，主图带有各种标志的 Listing 在报秒杀活动时是会被拒绝或者被要求更换图片的。如果在 Prime Day 前夕遇到这样的情况就非常遗憾，因为 Prime Day 过后基本上就是一年的旺季了，卖家经过大半年的守望，在最后旺季来临前如果因为一张小小的图片失误而影响了销量，就得不偿失了。

二、产品副图规范

亚马逊对于副图并没有必须是白色的严格要求。作为卖家可以充分利用副图将产品更真实地传递给顾客。

副图的展示主要有以下几个维度（以手机充电器为例）。

（1）使用示意图。简单的图示说明操作。

（2）商品质量说明。用一张图说明产品的质量、耐用性：方便防摔、抗震、极地温度都适用。这么强大的功能，直接触达买家痛点，多个需求只要一个产品即能满足。

（3）产品特点细节。简单明了地列举出买家最关心的商品特点，将发电机缩小成行动充，用数据说明市面上最常见的商品皆适用，并凸显出此商品优势：可以让苹果手机充满电量三次以上。

（4）尺寸标示图。用相对尺寸让买家对商品的大小具有直观的概念，如以信用卡作为参照物。比起直接提供实际尺寸，这种方式让人更容易掌握商品的大小，买家在收到商品后也不会与期待上有太大落差。

（5）情境图。根据产品使用情境的不同，买家想看到的图片也有不同的需求。用一张生活中的情境图，呈现产品最真实的使用样貌，拉近产品和买家的距离。请注意：主图和辅图要有一致性。

（6）视频辅助。如果亚马逊为店铺开通了视频权限功能，那么可以为商品拍摄一段

小视频，借此介绍商品的功能、使用模式等，让买家在购买产品前对商品能有更全面的了解，购买后也会降低因为期待上的落差而产生差评的概率。

线上购物，客户无法亲眼看见或体验商品，高品质照片、简洁商品文字叙述便是他们下定决心购买的依据，在准备时不妨多反向思考下，换成你是买家看到你自己的商品，又会想了解到哪些资讯？什么样的图是你想看到的？什么资讯是不需要的？主图对于 Listing 的权重是有一定影响的，因此不要过度频繁更改主图，也就是说，在上架新产品的时候一定要重视产品的图片。

三、视频展示功能

除传统的图片外，亚马逊也推出了视频展示功能，借助视频功能，卖家可以将视频上传到详情页面的主图片块。上传的视频还将出现在详情页面的“相关频短片”小部件中。

通过亚马逊品牌备案的卖家，可以开通 A+ 页面和视频制作品牌旗舰店页面，并且卖家将有资格将图文版品牌描述（enhanced brand content，EBC）添加到已经品牌备案的 ASIN 中，但不能向不属于其品牌的 ASIN 添加内容。

（一）视频展示功能的优势

1. 提高转化率

如果说一张图片可以传达 100 字，那么一个视频至少可以传达 1 000 字。

2. 更加直观地展示产品

对消费者而言，点开一款产品的页面，如果有视频说明，那么促进成交的概率会更大一些，可以有效提高转化率。

3. 减少售后

如果是功能性很强的产品，在 Listing 中插入视频介绍（对产品的使用方式、注意事项进行详细说明），可以避免冗长的 Listing 描述，并且减少很多售后问题以及退货问题。

（二）展示视频的要求

（1）高品质视频。遵循亚马逊的视频质量要求，对含有不恰当内容、声音或解决方案的视频，亚马逊有权驳回。视频不能包含产品评论、亚马逊以外的网址、不当内容、提及限期特价或价格折扣。视频只能与卖家账户中的相关 ASIN 相关联。

（2）正确的视频格式。可接受的格式包括 3GP、AAC、AVI、FLV、MOV、MP4 和 MPEG-2。

（3）缩略图。屏幕宽高比为 16 ∶ 9，建议最小宽度为 1 920 px。接受的格式为 JPEG 和 PNG。

（4）元数据。视频标题（最多 100 个字符）、视频简介（最多 400 个字符）、视频类型和相关 ASIN。提交的视频必须遵循所有的亚马逊准则才能获得批准。

（三）如何在产品页面添加视频

（1）主副图模块的视频。已品牌备案的 3P 卖家（第三方卖家），通过 EBC 添加视频；VC 账号卖家可以开 Case 添加，也会显示在主副图。

（2）Review 模块的视频。买家评论中的视频。可以将产品最直观、立体地展现给消费者，优质的测评视频对转化率的帮助甚至大于主副图的视频。

（3）高级 A+ 页面中的视频。供应商中心（vendor central，VC）账号可以通过开通高级 A+ 功能在 A+ 中添加视频。

（4）店铺视频。品牌备案的卖家可以直接通过品牌旗舰店添加视频，但是此视频不会显示在产品详情页面中。

（四）视频中禁止出现的内容

（1）任何公司联系信息。

（2）定价或促销信息，如“便宜”“实惠”“促销”等。

（3）配送详细信息，如“免费配送”或“配送时间表”。

（4）夸大的评论，如“最畅销商品”“最热门商品”“销量第一的商品”等。

（5）具有时效性的商品信息，如“现正促销”或“年度最佳新品”。

（6）来自亚马逊或任何其他网站的买家评论、评分或反馈。

（7）源自非知名出版物或公众人物的两个以上的社论或第三方言论。

（8）任何形式的担保或保证，如“保证满意”或“保证退款”。

（9）一个视频视图中的多个品牌徽标。

（10）试图将买家定向至亚马逊内部或外部其他网页（包括可能拥有的其他商品）的网络链接或语言。

（11）提及犯罪活动所用商品的任何描述。

（12）成人用品，或裸露、亵渎或非法活动等攻击性内容。

此外，添加未拥有版权的视频会造成版权侵犯。

（五）Listing 视频的应用场景

1. 开箱视频

该视频适用于科技类产品，展示把产品从一个密封箱子中拿出来的整个过程。

2. 产品对比视频

该视频常用于比较相同类型产品的不同型号，或某个产品与其竞争产品。比较竞争产品时，请务必遵循恰当的规则和合法性。

3. 产品使用方法视频

该视频适用于大多数产品，可以描述如何使用某款产品：如何安装、清洗和穿戴，以及产品存在于哪些生活场景中。

4. 测评型视频

这类型视频经常用于测试产品的极限。

视频 5-6
怎样编辑亚马逊产品的关键词和五点描述

知识点 4：优化亚马逊产品的关键词和五点描述技巧

一、亚马逊产品的关键词

（一）产品关键词的概念

产品关键词指用户在搜索时会来搜索该产品的词语。对于同一产品来说，大部分人会用相同或类似的词语来表述，那么这些被大部分人使用的词语就是卖家要在产品发布前期收集和储备的精准关键词。

同时，有部分买家人群对某个产品并不能准确把握，只是知道该产品的概略叫法，这些概略叫法往往比较宽泛，用户将会在宽泛搜索的基础上，加上一些特定的条件，或者对搜索结果筛选后抓取词语进行二次搜索，从而获得想要的结果，此类宽泛的大词，我们通常叫作宽泛关键词，也是我们在发布产品前应该收集和储备的词语。

还有一部分用户，他们导向明确，准确知道自己所要查找的产品名字、特点、特性等个性化属性，他们在查找一个产品时，一般会精准细化、准确抵达，这个群体相对较小，但选择明确，也是卖家不可忽视的一个群体，这个群体搜索时所使用的词语，我们一般称为长尾关键词。

所以，对于一个亚马逊卖家来说，在产品发布之前，首先需要做的工作就是收集、整理、储备好精准关键词、宽泛关键词和长尾关键词。

（二）关键词的收集

那么，这些关键词从哪里来呢？有不少卖家会说：用工具。确实，市面上有不少工具号称可以实现关键词的智能抓取，但作为卖家，应该比工具更懂自己的产品。所以，卖家不能完全依赖于工具的抓取。当你打算出售某产品时，其实已经掌握了该产品的精准关键词（也包括宽泛关键词），以你所掌握的精准关键词在平台上搜索，搜索出来的众多 Listing，包含着不同卖家的不同思考，但最终目的是达成更多销量。因此，搜索出来的竞品标题中，会包含很多之前未曾意识到却能够精准表述该产品的词语，对这些词语进行整理，就可以形成初步的关键词库。

除了竞品的关键词参考之外，在亚马逊搜索结果左栏的分类节点展示中，同样包含对关键词以及相关类目的展示，未必每个类目词都是产品关键词，但这些分类节点展示中，确实包含相当一部分可供卖家使用的词语，也是卖家过滤收集关键词的一个途径。

当完成上述整理后，再借助工具把上述关键词结合关键词工具逐个搜索测试，通过和工具抓取的结果做比照，将会获得更多的关键词语。更重要的是，在此过程中，一些长尾关键词也开始展现出来。

基于以上过程，就基本拥有一个丰富的产品关键词库。接下来要做的是对词库中的词做分级处理，精准关键词重点标注，在产品发布中恰当用于产品标题中，宽泛关键词和长尾关键词搭配使用，糅合在五行特性、产品描述和 Search Terms 关键词列表中。精准关键词可以让用户在搜索获取后的第一印象中不误解，而宽泛关键词和长尾关键词相互结合，或展现前台，或隐藏后台，以数量优势对产品的更多曝光和流量起到辅助作用。

（三）关键词优化的五大黄金法则

1. 关键词的写法

（1）尽量用短语或单词，少用句子，短语可用逗号隔开。

（2）避免滥用知名品牌名和不相干的关键词。

（3）精准词优先放置在前面，如果由多个词语组成，按最符合逻辑的顺序排列。

（4）关键词使用越多越好，但尽量不重复使用，避免堆砌关键词。

2. 筛选核心关键词

核心关键词的筛选即是通过关键词的搜索结果中的 Best Seller 数量来决定核心关键词应用权重。

3. 汇总评估品牌关键词

如果卖家拥有独一无二的品牌、标志性的关键词，竞争比较小，就可以把关键词推广出去，使更多的用户知道，这对于产品搜索优化非常有利。

优点：

（1）品牌关键词转化率高。

（2）品牌关键词竞争度小。

注意点：

（1）不要滥用知名品牌关键词。

（2）品牌关键词也包括自己的品牌——长远目标大理想。

4. 广泛抓取长尾关键词

长尾关键词指比较冷门、非核心、竞争热度比较低的关键词，一般由短语关键词延伸而来，具有竞争热度低、群体指向精准、搜索少、转化率高的特点，对于新建 Listing，长尾关键词优势明显。

5. 完善重要属性关键词

产品发布中的 More Info 页的属性选项，均属于属性关键词。想要优化好亚马逊关键词，应把搜索结果左侧栏的项目填好。

（四）后台 Search Terms 中的关键词的填写

1. 填写 Search Terms 的基本要求

填写 Search Terms 的关键词，英文拼写一定要确保准确无误，这是最基本的要求，关键词可以用单词、词组或长尾词来填充。将相关性越高的关键词放在靠前的位置，且关键词最好不要与标题重复。

2. Search Terms 关键词填写的两种方法

（1）Search Terms 栏目只填写一个关键词或词组，当客户搜索该关键词时，你的关键词完全匹配，可以为关键词提高权重，抓取的是精准流量。这需要卖家在众多关键词中将不精准、搜索量低、转化率低的词汇剔除掉，只留下 5 个搜索多、转化率高、成交高的优质关键词。

（2）5 行 Search Terms 栏填写大量的关键词或词组，每个关键词或词组间用空格隔开，为的是模糊匹配和词组匹配，提高被搜索到的概率，抓取的是广泛流量。

3. 注意各关键词之间的分隔符

关键词或词组间用英文的逗号或空格隔开，但是除了使用以上两种符号以外，不能再用别的符号。

4. 基本填写规范

（1）关键词最好是词或者短语，不要用长句。

（2）5 行关键词尽量填满，其中越前面比重越大，所以重要的关键词要填在前面。最符合自己产品的关键词顺位一定要放在最前，如果为了让产品排名靠前而把跟产品无关的热门关键词放在前面，不仅对引流作用不大，严重的还可能因为侵权导致上传的产品被删掉。

（3）关键词不要用逗号隔开，而是要用空格。

（4）不需要重复堆砌关键词。如果产品名称已经有了一项属性，请不要在搜索关键词里再加上它，这样并不能提高商品被搜索的概率。

（5）不要为了搜索排名靠前或者增加曝光而故意添加与自己产品没有关系的单词或者品牌。

（6）商品名称的单词排序要符合搜索习惯。

（7）不要使用不正确的语言拼写或者同义词。在哪个亚马逊站点就要使用当地标准的语法，尽量不要频繁地使用买家不明白的缩写，使用最常见的产品缩写，也不要自创词或者自创语句。

（8）用拟好的关键词在买家前台进行搜索，动态调整自己的商品关键词。

二、五点描述

五点描述（bullet point），俗称短描述，作为 Listing 的重要补充，是关于产品、尺寸、功能、特点、差异化卖点、运输时间等的特别说明。

（一）Bullet Point 的撰写方法

1. 参照亚马逊模板

在后台搜索框输入 Bullet Point，系统会自动弹出写作模板。

2. 最多每行可写 1 000 个字符

一般建议在 200 字符以内，太长的描述会给买家造成阅读负担，学会在恰当的部分给消费者做减法。

3. 了解消费需求

好的五点描述应该以消费者为出发点，也就是竞品分析。以蓝牙耳机为例，对不同类目下相似度高的产品做数据调查，主要针对产品的好评点和差评点。客户好评反映的是优势和消费需求，客户差评反映的是需求及产品未能解决的痛点。综合数据，将客户诉求最高的部分写在最前面。如果说蓝牙产品消费者最关心的是音质，那么就把音质写在第一行，以此类推。关于差评应该做更深入的思考，消费者都在抱怨的地方，如果可以进行改良和优化那便是卖点。

4. 参数 + 优点

务必简洁、明快，让重要信息实现高效传递，举个例子：

20000mAh portable charger provides the iPhone 15 almost seven times，the Galaxy S24 five times or the iPad mini 4 twice.

上述描述详细介绍了电池容量对应不同型号手机的充电次数，消费者可安心购买。

5. 如果是捆绑销售的产品一定在五点描述写明

为避免买家发生理解歧义，在五点描述部分要写明捆绑销售的产品具体信息，如规格、颜色、大小等。

6. 产品的售后保障可以在最后一点写明

产品的售后保障也是客户十分关心的一个问题，所以可以放在最后一点写明。保修其实就是了解消费者心理，如产品两年保修，客户会不会在 1 年零 9 个月以后退货索赔？答案是很少会有人这样做。

7. 前两行可以适当嵌入 1 ~ 2 个关键词

考虑到 Listing 的关键词布局，且五行也有搜索权重，所以其实可以在前两行的描述中适当地嵌入 1 ~ 2 个关键词。但切记不要堆砌，毕竟用文字表达是给客户看，所以可读性要大于可搜索性。

（二）Bullet Point 撰写的注意事项

（1）突出显示产品信息的 5 个关键点，如尺寸、保修信息、适合年龄等。

（2）每个 Bullet Point 的首字母大写。

（3）分段写，结尾处不出现标点符号。

（4）字符要求：单行 1 000 字符以内。

（5）一个 Bullet Point 中，出现的短语要用分号分隔开。

（6）尺寸单位，如夸脱、英寸、英尺。

（7）不要写含糊的信息，尽可能具体描述产品的功能和属性。

（8）不要包含促销和定价的相关信息。

（9）不要包含物流和公司的信息。亚马逊的政策中禁止卖家填写有关公司、物流以及卖家的相关信息。

（三）Bullet Point 的撰写

（1）每行起始部分，尽量用简短关键词描述核心内容，抓住客户最想知道的信息点，如 3C 类产品到底支持哪些系统。

（2）第一行一定是产品最重要的卖点，也就是解决消费者最大痛点。如对于路由器来讲最重要的是网速，开门见山就把核心参数标注出来，如 Up to 600Mbps Wi-Fi speeds on 5 GHz（433 Mbps）or 2.4 GHz（150 Mbps）bands。

（3）针对新上架的一款产品，多参考几家优秀同行，看看它们的 Bullet Point 是如何撰写编排的。

（4）除参考借鉴同类产品外，要注意产品参数，很多产品看具体参数是不是和你的一样，一定要核对产品说明书、规格书、包装图等。

知识点 5：亚马逊产品 A+ 页面

一、A+ 页面的概念

亚马逊平台为规范第三方卖家，保证产品描述页面的高质量，因此对普通第三方卖家的商品描述页只开放简单的文字形式。而 A+ 页面是“图文版”的商品详情页面，通过它可以使用额外的图片和文本进一步完善商品描述部分。下面是亚马逊商品 A+ 页面和普通页面的对比。

亚马逊 A+ 页面，美国站等目前只向 VC 卖家开放（第三方品牌卖家可以使用图文版品牌描述 EBC 功能）。与普通产品描述页相比，VC 卖家可以在 A+ 页面中增添多种内容，如图表、视频、客户评价、格式化文本等。亚马逊在 Basic A+ 内容页中提供了 5 个免费标准模板，而在 Premium A+ 内容页则支持 7 个模板和其他新增功能。在 A+ 页面设置中，卖家可以根据市场定位自行选择不同的模板（Basic、Silver、Gold、Platinum 均有不同价格），也可以由亚马逊代为构建（有 Basic、Silver、Gold、Platinum 模板，但由于亚马逊负责设计和布局，因此费用会有所增加）。A+ 页面与普通产品描述页面的对比如图 5-6 所示。

亚马逊 A+ 页面与普通产品描述页面相比，其优势在于它可以通过丰富的图文、视频等大大增强产品页的吸引力，提升亚马逊 Listing 转化率，从而大幅提高销量。

二、A+ 页面的创建

第 1 步：登录亚马逊 VC 账号。（日本站为所有专业卖家开通 A+ 页面功能）

第 2 步：切换到 Merchandising 菜单并选择“A + Detail Pages”。

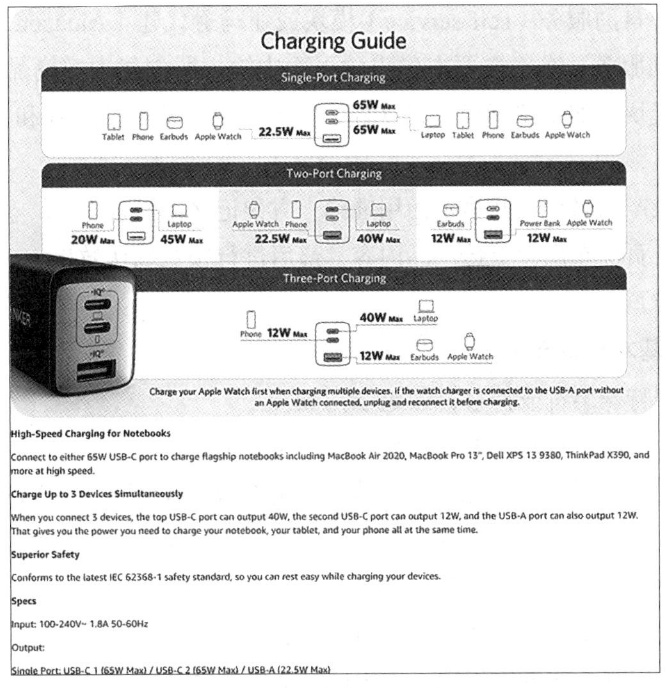

（a）

Product information

Technical Details ^ Collapse all

^ Summary

Standing screen display size	15.6 Inches

^ Other Technical Details

Brand	Dealcase
Item Weight	5 ounces
Product Dimensions	9.06 x 1.97 x 4.33 inches
Item Dimensions LxWxH	9.06 x 1.97 x 4.33 inches
Color	Small + Big(Pink X 2)
Manufacturer	dealcase
ASIN	B07GLRWM6Q
Is Discontinued By Manufacturer	No
Date First Available	July 5, 2018

Additional Information

Customer Reviews	★★★★☆ 1,253 ratings 4.6 out of 5 stars
Best Sellers Rank	#1,352 in Laptop Sleeves

Warranty & Support

Product Warranty: For warranty information about this product, please click here

Feedback

Would you like to tell us about a lower price?

Product Description

Electronics Accessories Case, Waterproof Portable Cable Organizer Bag, Multifunctional Travel Digital Accessories Storage Bag Travel Gadget Carry Bag for laptop charger adapter,notebook power supply / charger / power bank / Hard Drive Disk / Cable / pen / selfie stick / key and Various items

Electronics travel organizer bag case makes your life and travel easy.

Durable padded pouches for keeping your items damage free.

It helps you to better organised with all the small electronics items and gadgets.

Package Included:

Travel Gadget Bag set of 2, Large and small.

Dimensions:

Small: 6.3 x 2 x 4.33 Inch(LxWxH)
Big: 9.05 x 2 x 4.33 Inch(LxWxH)

Dealcase service team to help you quickly solve the problem! Quality + Service + preferential = Only for your satisfactionsd

（b）

图 5-6　A+ 页面与普通产品描述页面的对比

（a）A+ 页面；（b）普通产品描述页面

第 3 步：选择自助服务（self service）模块或亚马逊代建（Amazon builds for you）模块。如果选择自助服务，卖家需要在弹出的页面中输入所创建内容商品的 ASIN，然后选择想要的布局和模块。如果选择亚马逊代建，卖家则只需要上传图片和文本，其他将由亚马逊负责。

第 4 步：输入产品名称，并尽量使用准确、方便记忆的语言。

第 5 步：设计页面布局，上传产品内容，最后进行预览确认效果。

第 6 步：发布页面。

三、A+ 页面基本规范与优化

（1）避免使用特殊字符或符号，如 ® 或 TM。

（2）根据模板要求检查图像大小调整、分辨率等属性。

（3）避免拼写错误或语法错误。这些错误可能会导致卖家的申请被拒绝。如果错误没有影响页面上线，那么卖家切记在两个工作日之内进行修改。

（4）使用横幅可以带来更好的客户体验。

（5）比较图表是突出产品功能及特性的好方法。

（6）页面尽量以视觉化方式呈现，避免过多文本堆砌。

表 5-1 是亚马逊官方 2023 年升级版的 Listing 完整度自测打分表，新手卖家可以据此对自己的 Listing 进行自测。对照旧版本的 Listing 自测表可以发现，卖家在 2023 年要更加聚焦客户体验，从标题内容和质量、图片拍摄和呈现以及选填属性的补充完善等方面入手，做好 Listing 细节的优化，补齐过去忽视的“短板”，在客户作出购物决策时提供更多他们需要的信息和内容，提升点击率和转化率，让销量再上一个新台阶。[①]

表 5–1　亚马逊 Listing 完整度自测打分表

分类	Listing 要素	家居生活用品	时尚	消费电子品	消费品
流量	有分类叶节点	10	10	20	10
	有搜索关键词	5	5	10	5
转化	有 A+ 页面	12.5	12.5	10	12.5
	有品牌名称	5	5	0	5
	有商品描述	5	5	10	5
	有 1 条商品要点	5	5	0	5
	有 3 条或以上商品要点	2.5	2.5	0	2.5
	选填属性全部填写	25	25	25	25

① 亚马逊发布 2023 新版 Listing 自测指南，低于 80 分，要立即检查 [EB/OL].（2023-02-09）. https：//gs.amazon.cn/news/news-brand-230209.

续表

分类	Listing 要素	家居生活用品	时尚	消费电子品	消费品
标题	10 字符 < 标题长度 <200 字符	5	5	5	5
	标题以品牌名开头	5	5	0	5
图片	图片合规	5	5	5	5
	有 4 张或以上图片	5	5	5	5
	主图是高清版本并支持缩放	10	10	10	10
满分		100	100	100	100

资料来源：亚马逊发布 2023 新版 Listing 自测指南，低于 80 分，要立即检查 [EB/OL].（2023-02-09）. https：//gs.amazon.cn/news/news-brand- 230209.

Listing 自测表更新详解见表 5-2。

表 5-2　Listing 自测表更新详解

新增得分指标
把握三项新指标，Listing 轻松得高分 1. 提升 Listing 的质量 标题长度应当控制在 10~200 字符 标题应当以“品牌名称”字段填写的品牌名为开头，如果是无品牌产品，此项不得分
品牌能够给予消费者对产品的信任，消费者往往会在同类产品中偏好于选择品牌认知度高的产品。亚马逊一直鼓励卖家打造自己的品牌，在商品标题中以品牌名开头，能让消费者第一眼看到自己的品牌，不断强化品牌在用户群体中的认知度
2. 选填属性全部填写 选填属性就是指 Listing 上传页面系统推荐的属性，用于丰富产品信息。站在消费者的角度思考，系统推荐的属性就是消费者在购买这类商品时，最希望获得的资讯。完善选填属性能给消费者提供更多维度的介绍，从而使消费者快速了解产品、作出购买决策，并且减少后续可能的退货
1）为什么选填属性全部填写可以提升销量？ 当你购买一件外套时，除了颜色 / 尺寸 / 材质 / 价格等基本信息，还有什么其他的信息是你想要了解或筛选的？比如：有没有腰带？有没有口袋？袖长是什么样的？（无袖，短袖，五分袖还是长袖？）这些就是选填属性。 在亚马逊购物时，这些信息通常会出现在这两个地方： 第一，在搜索结果页面的最左侧，亚马逊为用户提供了更加细分的搜索选项，在填写了选填属性后，你的产品就会在选定后的搜索结果页面中显示，带来更大流量。

续表

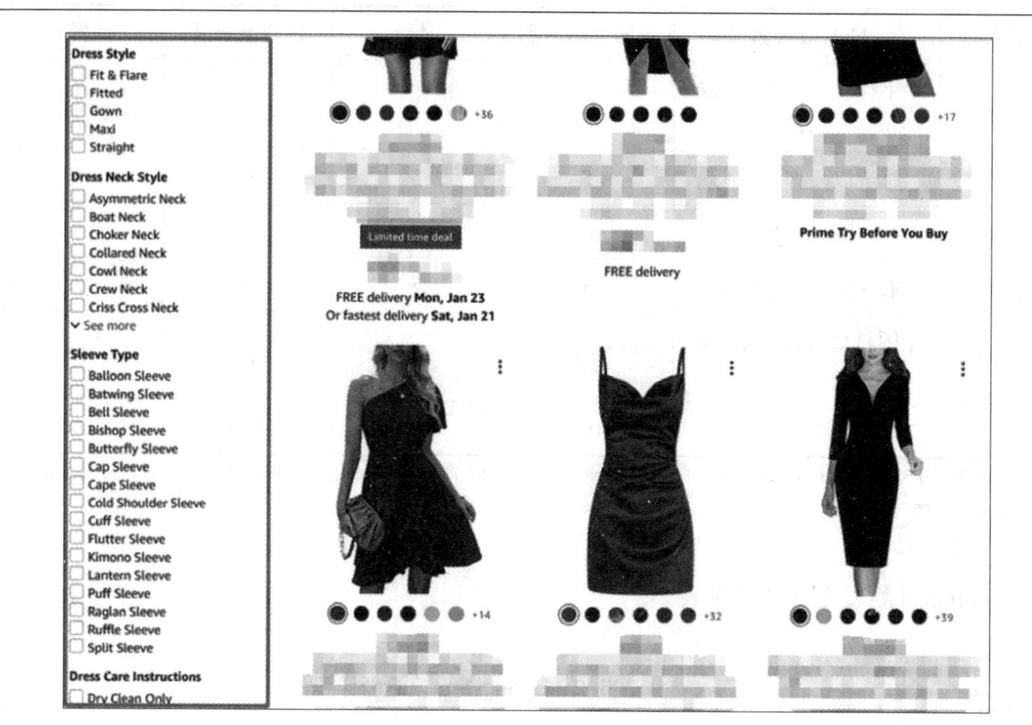

第二，在 Listing 页面上，消费者也可以看到选填属性的相关信息，从而对你的产品有更加深入和全面的了解。

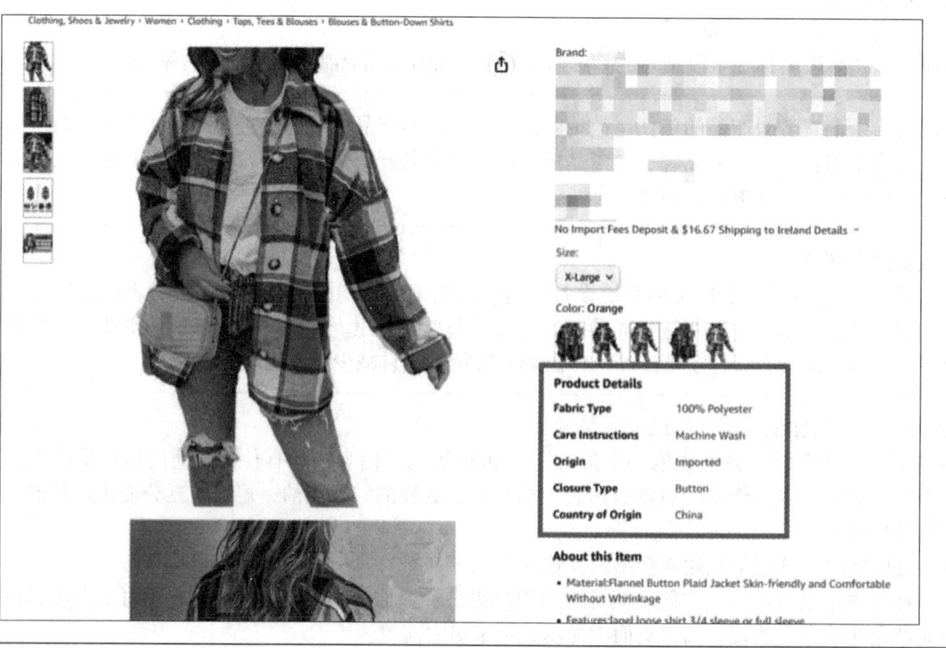

续表

2）在哪里可以填写这些选填属性？（以女装为例）

单个上传

产品识别　重要信息　报价　产品详情　变种　安全与合规　图片　运输

* 商品长度说明　示例：Mini, Knee-Length

场合　示例：Anniversary, Birthday, Wedding

添加更多

主题　示例：Aliens, Animals

口袋描述　示例：Back-Flap-Pocket, Basic-5-Pocket

添加更多

* 保养说明　示例：Hand Wash, Machine Wash

图案　示例：Checkered, Polka Dot, Striped

所包含组件　示例：Camera Body, Battery Pack

添加更多

装饰功能　示例：Buckle, Cut-Outs, Bow, Contrast Stitching

添加更多

* 领口样式　示例：Crew neck

批量上传（自定义库存模板中的“商品信息完善”）

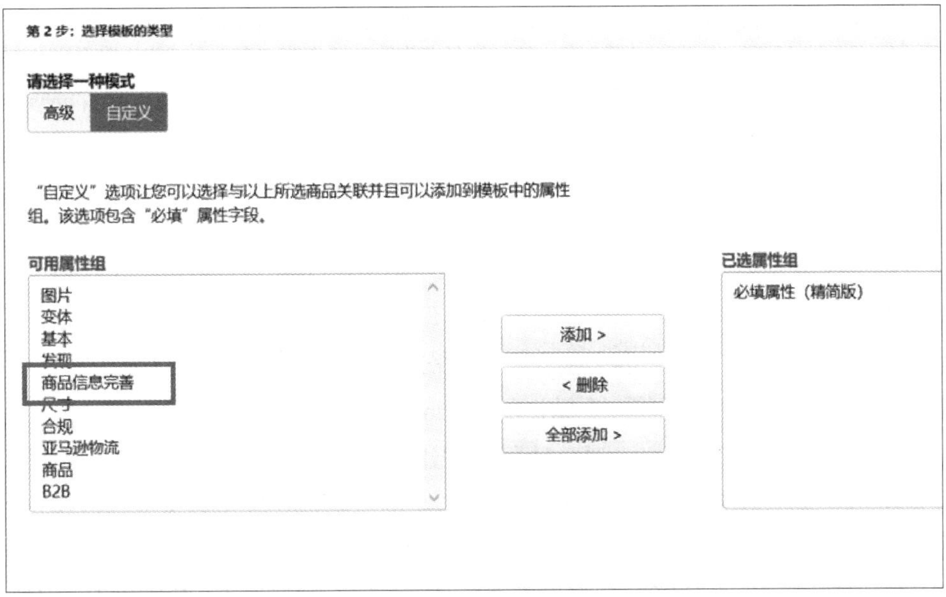

第 2 步：选择模板的类型

请选择一种模式

高级　自定义

“自定义”选项让您可以选择与以上所选商品关联并且可以添加到模板中的属性组。该选项包含“必填”属性字段。

可用属性组

图片
变体
基本
发现
商品信息完善
尺寸
合规
亚马逊物流
商品
B2B

添加 >

< 删除

全部添加 >

已选属性组

必填属性（精简版）

续表

以连衣裙为例，“商品信息完善”（product enrichment）里面可以填写如下属性：

Belt-style	Bottom Style	Fabric-wash	Pocket-description	Sleeve Type	Underwire-type
Chain	Bikini	Dark	Back Flap Pocket	3/4 Sleeve	Underwire
Medium	Boy Short	Light	Basic 5 Pckt	Cap Sleeve	Wire Free
Sash/Woven	Brief	Medium	Cargo	Long Sleeve	
Skinny	G-String		Carpenter	Short Sleeve	
Wide	Hipster		No Back Pocket	Sleeveless	
	Pant		Pork Chop Pocket	Tanks	
	Short		Slant Pocket		
	Skirted		Slit Pocket		
	Thong		Utility Pocket		

3. 提升图片质量与合规性

- 主图需采用纯白色背景（RGB 色值为 255，255，255）
- 主图必须是实际商品的专业照片（不得是图形、插图、实物模型）
- 单一正面角度展示商品本身，不得展示不出售的配件或者标志 / 水印 / 色块 / 文字等，商品应占据主图 85% 以上
- 图片的最长边不应低于 1 600 像素，满足此最小尺寸要求可在网站上实现缩放功能。图片最长边不得超过 10 000 像素
- 亚马逊接受 .JPEG、.TIFF 或 .GIF 文件格式，但首选 . JPEG（不支持 .GIF 格式的动图）
- 鞋靴主图片应采用单只鞋靴，呈 45° 角朝向左侧
- 女装和男装主图片应采用模特照
- 所有儿童和婴儿服装图片均应采用平放拍摄照（不借助模特）

现有指标调整

- 在“图片”方面，Listing 页面中“至少包含 3 张图片”更改为“至少包含 4 张图片”
- 在“转化”方面，Listing 页面中“至少有 4 条商品要点描述”转变为“有 3 条或以上商品要点描述”

资料来源：亚马逊发布 2023 新版 Listing 自测指南，低于 80 分，要立即检查 [EB/OL].（2023-02-09）. https：//gs.amazon.cn/news/news-brand-230209.

知识点 6：上传 listing

编辑好完整合规的 Listing 之后，就可以将 Listing 刊登到亚马逊上。当成功将 Listing 上传到亚马逊前台，消费者就可以通过亚马逊平台找到我们的商品，进而实现下单购买。为了帮助卖家更快、更便捷地将一个站点的 Listing 同步翻译至亚马逊全球多个站点进行销售，亚马逊推出了“一键 Listing 通全球”和“建立国际商品信息”工具，只要发布一次商品，就可以在亚马逊全球站点的店铺中销售，帮助卖家以在一个国家或地区运营的工作量，发展全球业务，告别多站点重复上传 Listing 的烦琐流程。

目前上述两种同步工具可以实现将原有的 A 站点 Listing 批量上传至 B 站点和建立全新的多站点 Listing：Listing 批量同步轻松便捷开展全球业务；多站点自动翻译，节省基础

翻译成本和时间，更符合当地市场习惯。同一界面高效管理，节省不同站点登入、登出操作，提升运营效率。

下面分别讲解如何在亚马逊后台上传单个产品及批量上传产品。在亚马逊后台上传单个产品有两种使用场景：匹配现有的商品信息（跟卖）及创建新商品信息。

一、单个 Listing 上传

（一）登录卖家后台

登录卖家后台后，一般默认的语言是英语，如果需要其他语言可以在后台右上角选择语言，下面我们选择“中文”以方便操作，如图 5-7 所示。

图 5-7　卖家后台之选择产品类别

然后，把光标移至库存（inventory），单击添加新商品（add a product），如图 5-8 所示。

图 5-8　亚马逊卖家后台之添加商品

（二）添加商品

在添加商品页面单击创建新商品信息（create a new product listing），如图 5-9 所示。

图 5-9　亚马逊卖家后台工作主页

（三）选择新商品分类

在所有商品分类列表中选择商品详细品类，也可以在搜索框里输入关键字搜索品类，找到之后单击选择（select），进入添加商品页面。这里需要注意两点。

（1）不确定自己产品的分类归属时，可以参考其他同类卖家的分类，但其他卖家产品前台分类与后台也有可能不完全对应。

（2）有些产品需要分类审核才可以销售。如以下类目需要分类审核的整理：Automotive Parts、Clothing、Accessories & Luggage、Collectible Books、Industial & Scientific、Jewelry、Motorcycle & ATV、Sexual Wellness、Shoes、Handbags & Sunglasses、Sports Collectibles、Toys & Games（holiday season only）、Watches。

注意：类目节点的选择很重要，直接影响你的产品的推广。如果产品选择错类目节点，那么做站内 CPC 广告是没有效果的，因为没有流量分配给你。建议先查看排名靠前的竞争商品，查看其具体分类节点，然后一步步选择对应的节点。

案例实操解析：

拟上传产品 Backpack（双肩背包）到美国站，可以参考以下操作，如图 5-10 所示。

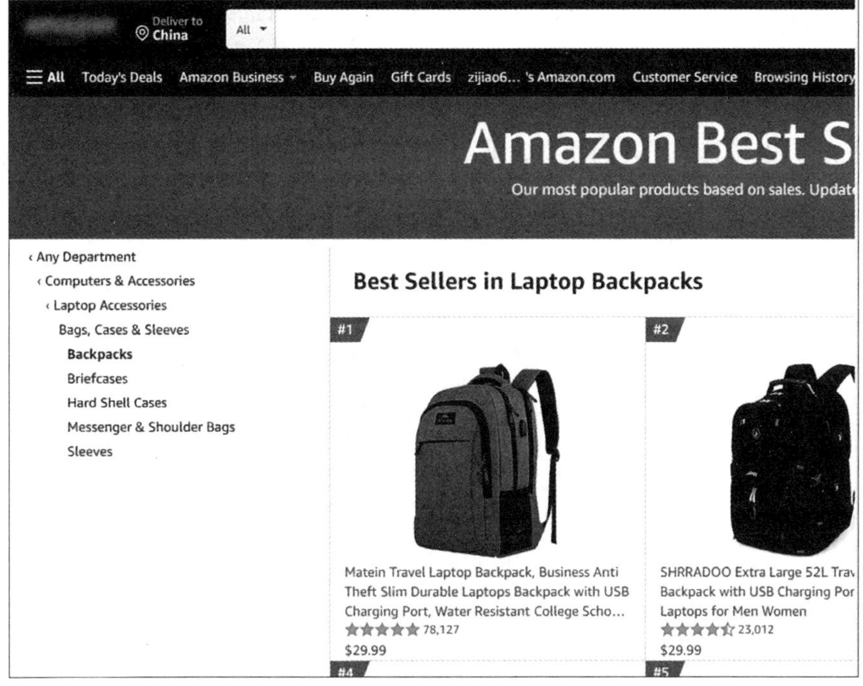

图 5-10　亚马逊平台双肩包搜索结果

（1）打开亚马逊美国站。

（2）在页面搜索栏中输入：Backpack，单击后面的搜索按钮或者直接按 Enter 键。

（3）搜索后出现这个关键词的卖家产品。如选择 Best Seller 的这个产品。

（4）单击进入后下拉，可以看到该产品的几个节点，选择其中的一个即可。一般不选择最大的类目（因为节点越少说明该类目就越大），选择最后类目是 Backpack 的那条作为参考，如图 5-11 所示。

选择商品类别
选择最佳商品类型，以确保您看到最适合您商品的数据字段。直接浏览商品类型或使用搜索。看看您的商品是否已存在于亚马逊上。
收藏夹
您尚未添加任何收藏类别。
搜索　什么是商品类型？
backpack
找到16个匹配的类别
商品类型：BACKPACK　办公用品 > 日常办公用品 > 商务公文包及电脑包 > 笔记本电脑包 > 双肩电脑包　选择
商品类型：BACKPACK　时尚 > 皮具箱包 > 双肩背包 > 笔记本电脑背包　选择
商品类型：BACKPACK　时尚 > 皮具箱包 > 电脑包 > 背包　选择
商品类型：BACKPACK　运动户外休闲 > 户外休闲 > 露营、徒步用品 > 户外背包 > 徒步小背包和休闲包 > 多用途小背包　选择
商品类型：BACKPACK　运动户外休闲 > 运动用品 > 多用途小背包　选择
商品类型：BACKPACK　选择

图 5-11　双肩包可适配的类目和子类目

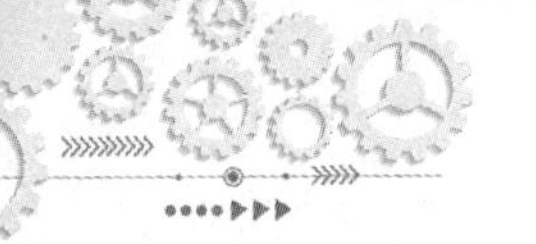

在所有商品分类中，一个一个查找对应的子类目，最后选择（select）。

（四）填写产品信息

进入商品添加页面，一开始只有 4 栏，如图 5-12 所示，单击右下角 Advanced View 右边的滑块按钮，以使其处于开启状态，就会出现有 8 项产品信息需要填写，其中标红色三角的必填。

图 5-12　填写商品信息

第 1 项：Vital Info。

带星号的是必填信息，填写产品名称（product name）时，只填写能吸引客户的产品信息，让买家明白卖的是什么。首字母除介词外全部大写。切忌出现如“促销信息，最后几天，价格仅售”等字样。品牌名称（brand name）有就写上，没有就填 Genetic。

（1）Product Name。很重要，就是客户搜索关键词，除主图和其他信息外，第一眼看到的。

以下是标题的基本规则，或者说比较常见的组合。

①有品牌的卖家：品牌名 + 关键词（搜索权重最大的位置）+ 其他关键词 + 型号 + 属性词。

②一般卖家：关键词（搜索权重最大的位置）+ 其他关键词 + 型号 + 属性词。

（2）Product ID（这是产品的标识，相当于产品的一个身份）。可单击“select”，选择其中的一种，然后在左边填写号码，一般选择 UPC 码。

这一项虽然没有带必填的标识，但一般都选择填写，若使用 UPC 码，则对应地在文档中备注，用于哪个商品哪个变体颜色。一个 UPC 码只用于一个商品，不要用到其他商品上，不然会导致其中的一个没有销售权。如果此空不填，系统可能自动产生 ASIN 码，也有可能匹配成其他 ASIN 码。

（3）Brand Name。有品牌就填自己的品牌，不要去填写别人的品牌名，否则可能会关联或者触发审核。

（4）Color。写颜色属性。需要注意的是，假如存在下面这种情况：你的产品或者其他的产品是同种颜色、不同型号，那么就需要注意一个技巧。如 Grey（灰色），如果第一个灰色产品填写了 Grey，而后面的产品也是灰色的话，这里可以分别填写 Grey01、Grey02 等字样。这样做的好处是：你此后想合并这些变体到一个父体里面时，不会出错。否则当你有多于 1 个相同颜色时，是没有办法合并成功的（虽然后台系统上传前的检测是没有问题的）。

（5）Color Map（颜色图谱）：填颜色或者选择颜色，和上面的 Color 选项不同，是什么颜色就选择什么颜色，即使后面的产品也是这个颜色，两者也不会冲突。

（6）其他项：根据实际情况来填写。

第 2 项：Variations 为（变体）栏目信息，非必填项目。

如果卖家在上传产品时候出现了“variations”这个栏目，那么表明这个类目支持变体，所传的产品是变体产品。变体产品是指同款产品，有不同的颜色和尺码等多种属性。例如，一件卫衣有 S、M、L 三个尺码，同时每个尺码又有红、黄、蓝三种颜色，那么这件卫衣就属于变体产品。

第 3 项：Offer。

必填项（每个类目可能会有不同的选项）。

（1）Standard Price（标准价格）。可以根据你想要的价格来填写，一般填写得比下面的销售价格高一些。

（2）Seller SKU。展示在后台，来标识你 Listing 的一个身份。可以自己编写，方便自己识别和管理后台。如果没有填写，系统则会随机编码。

（3）Sale Price（销售价格）。要卖出去的价格。

（4）Sale Start Date。开始销售的时间。

（5）Sale End Date。结束日期。可以单击后面的方框，选择结束日期。

（6）Max Order Quantity（最大的购买数量）。限制一个客户一次能买的上限，一般设置为 5 件。这样设置的好处是，当做活动的时候，若只有 30 件库存，那么，如果没有设置这个上限，竞争对手会通过 1 个买家账号买下你的全部库存（这一购买行为属于恶意购买，而非正常销售，对方肯定会在活动结束时全部申请退款），从而使商品处于缺货的不可售状态。此时，若该商品的卖方有库存，那么其将占有“购物车”。

（7）Fulfillment Channel（发货给客户的渠道）。其有两种选择，下面的是将货物发往 FBA 仓库，由 FBA 负责派送。上面的是你自己发货给客户。你可以根据具体情况来选择。

（8）本页的其他选项可以不填写。

第 4 项：Compliance。

该项用来填写一些电池信息等。如果产品没有带电池，就不需要填写此项内容。

第 5 项：Images。

该项用来上传图片，对于图片，有以下具体要求。

（1）商品必须占据图片的 85%，不能包含水印、文本等。

（2）图片的尺寸不低于 1 000 像素 ×1 000 像素，建议主图（第一个图）1 500×1 500 像素，其他图片只要是 1 001 像素 ×1 001 像素就有缩放效果（客户浏览停留的时候），以便使用亚马逊的图片缩放功能（图片缩放功能可以增加销售量）。

（3）图片格式可以是 .GIF、.TIFF、.JPEG，建议选择 .JPEG，因为这个格式上传图片更快。

（4）主图片的背景为纯白色。

第 6 项：Description。

（1）Product Description（产品描述）。在类目排名下面展示。这里可以用来描述产品的用途和规格以及你想表达的信息。有字符限制。

填写产品描述时，可以用一些 HTLM（超文本标记语言）代码帮助分行、加粗。

例如：<b> 你的内容 </b>，表示这行会被加粗；
 用在句子后面就是换行。

（2）Key Product Features/Bullet-Point。这里用来填写产品的五点描述，这是很重要的。其展现在前台标题下面，作为产品的卖点。这项也有字符数限制。截图显示的是一行，可以通过下面的 Add More 添加行数。

（3）其他不用填写，如果没有注意事项的话。

第 7 项：Keywords。

不同的类目，显示的内容不一样。其中最重要、需要填写的就是 Search Terms，目前只有一行，用来填写产品关键词，建议填写主要关键词、出单关键词、第二大关键词。客户通过搜索你填的这些词，就能匹配到他们查找页面展示的关键地方。（除了 CPC 广告组填写关键词外的一个重要地方）

第 8 项：More Details。

该项可以根据卖家具体信息填写，主要是填写产品包装信息，产品的重量和尺寸等，尺寸信息会显示在客户 Technical Details 和类目排名左边。

（五）检查与保存

所有的商品信息都填写完整、检查无误后，单击“Save and Finish”就完成了产品上传。注意：图片上传后可能不会马上在前台显示出来，不用着急，这是亚马逊系统在审核图片，一般 15 分钟左右就能全部显示出来。

二、批量上传 Listing

如果卖家的产品较多，使用单个 Listing 上传的方法比较麻烦，可以使用批量上传功能。现以美国站为例，以图文形式，详解如何批量上传 Listing。

（一）登录后台

进入卖家后台，光标移到库存，单击“批量上传商品”（add products via upload），如图 5-13 所示。

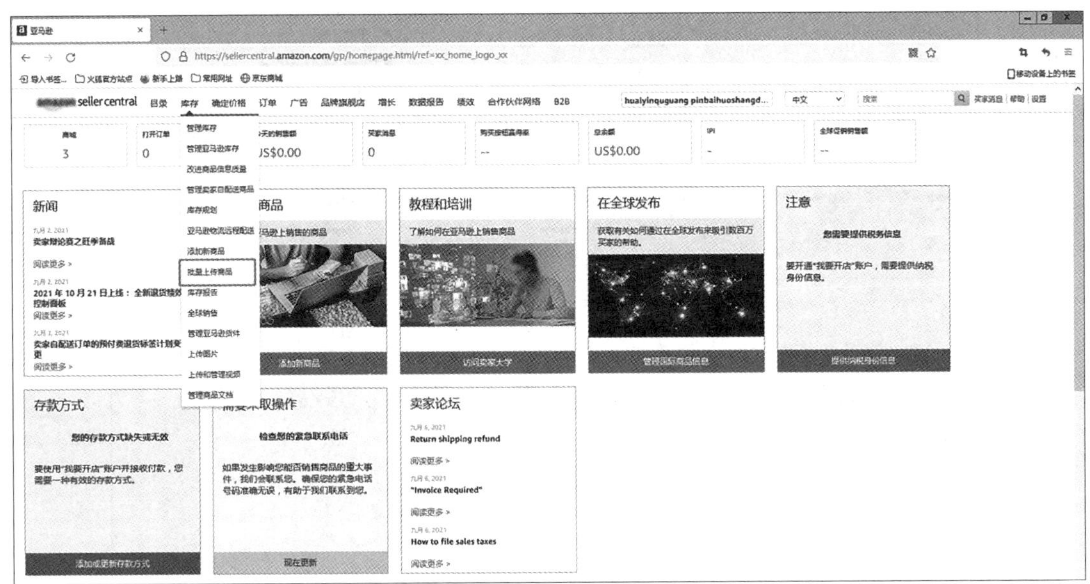

图 5-13　批量上传商品按钮位置

（二）下载库存文件

下载的路径为：“批量上传商品”—“下载库存文件”（download an inventory file）—“库存文件”（inventory files），在“库存文件”中，卖家找到要上传类目所对应的模板，将模板下载到电脑。下载的模板一般是 Excel 格式的，一共包含 6 个文档，如图 5-14 ~ 图 5-16 所示。

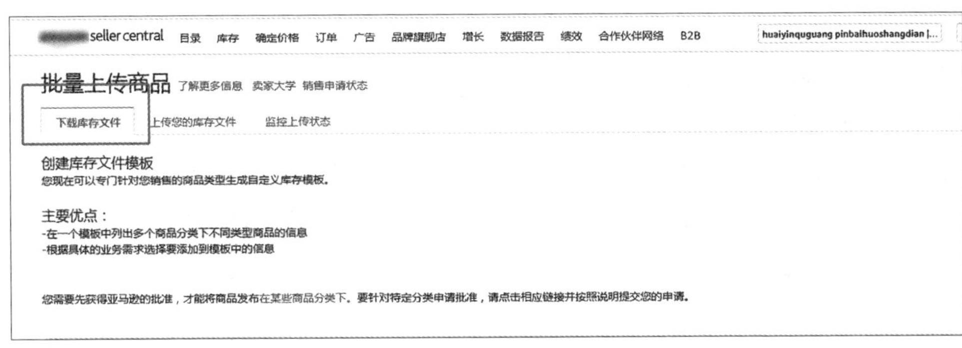

图 5-14　下载库存文件位置

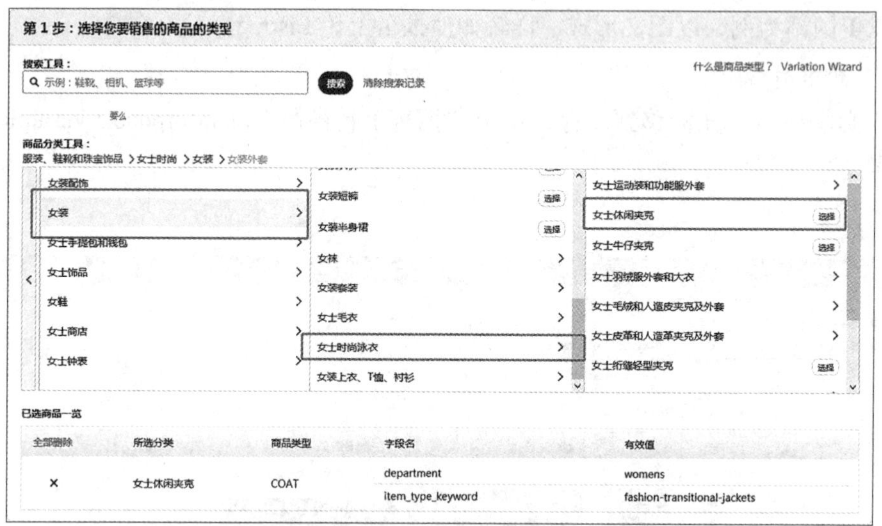

图 5-15　子类目选择

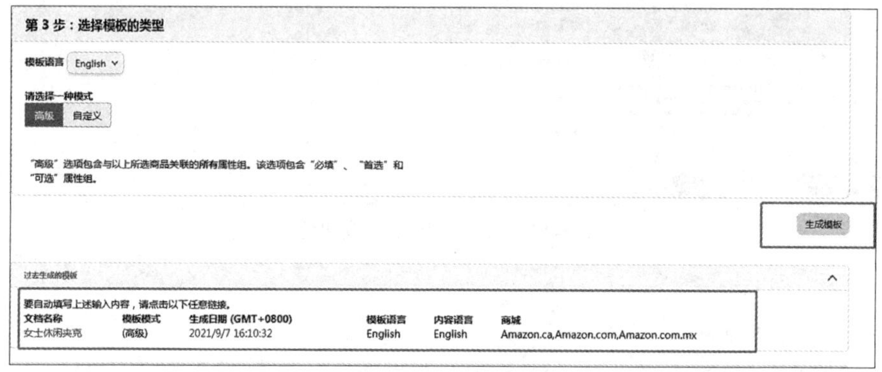

图 5-16　模板类型选择

（三）了解 6 个文档的作用

批量上传模板中的 6 个 Excel 表格分别为：Instructions（操作指南）、Image（图片要求）、Data Definitions（数据定义）、Template（批量上传模板）、Example（例子）和 Valid Values（有效值），如图 5-17 所示。

（1）Instructions。对整个批量表格做基本介绍。

（2）Image。对上传所有图片的要求。

（3）Data Definitions。对整个批量上传模板的每一个字段进行解释。

（4）Template。卖家需要使用的就是这个模板，需要将产品的标题、价格、UPC、图片链接等必填内容填入模板之中。同时这个批量上传模板的格式是固定的，卖家不能随意修改。

（5）Example。亚马逊提供上传模板的案例演示，卖家有需要可以进行参考。

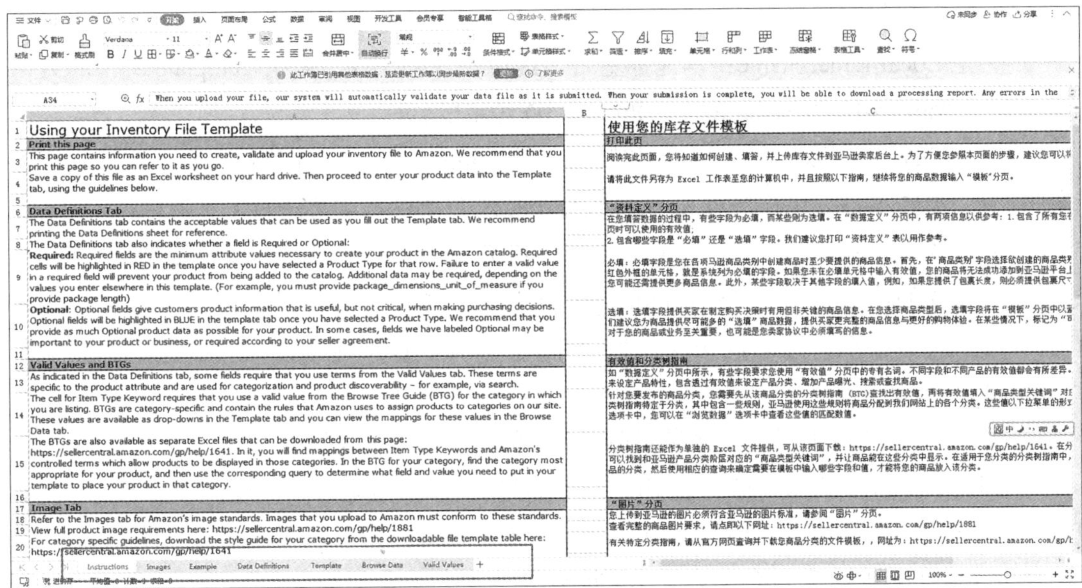

Using your Inventory File Template

Print this page

This page contains information you need to create, validate and upload your inventory file to Amazon. We recommend that you print this page so you can refer to it as you go.

Save a copy of this file as an Excel worksheet on your hard drive. Then proceed to enter your product data into the Template tab, using the guidelines below.

Data Definitions Tab

The Data Definitions tab contains the acceptable values that can be used as you fill out the Template tab. We recommend printing the Data Definitions sheet for reference.

The Data Definitions tab also indicates whether a field is Required or Optional:

Required: Required fields are the minimum attribute values necessary to create your product in the Amazon catalog. Required cells will be highlighted in RED in the template once you have selected a Product Type for that row. Failure to enter a valid value in a required field will prevent your product from being added to the catalog. Additional data may be required, depending on the values you enter elsewhere in this template. (For example, you must provide package_dimensions_unit_of_measure if you provide package length)

Optional: Optional fields give customers product information that is useful, but not critical, when making purchasing decisions. Optional fields will be highlighted in BLUE in the template tab once you have selected a Product Type. We recommend that you provide as much Optional product data as possible for your product. In some cases, fields we have labeled Optional may be important to your product or business, or required according to your seller agreement.

Valid Values and BTGs

As indicated in the Data Definitions tab, some fields require that you use terms from the Valid Values tab. These terms are specific to the product attribute and are used for categorization and product discoverability – for example, via search.

The cell for Item Type Keyword requires that you use a valid value from the Browse Tree Guide (BTG) for the category in which you are listing. BTGs are category-specific and contain the rules that Amazon uses to assign products to categories on our site. These values are available as drop-downs in the Template tab and you can view the mappings for these values in the Browse Data tab.

The BTGs are also available as separate Excel files that can be downloaded from this page: https://sellercentral.amazon.com/gp/help/1641. In it, you will find mappings between Item Type Keywords and Amazon's controlled terms which allow products to be displayed in those categories. In the BTG for your category, find the category most appropriate for your product, and then use the corresponding query to determine what field and value you need to put in your template to place your product in that category.

Image Tab

Refer to the Images tab for Amazon's image standards. Images that you upload to Amazon must conform to these standards.

View full product image requirements here: https://sellercentral.amazon.com/gp/help/1881

For category specific guidelines, download the style guide for your category from the downloadable file template table here: https://sellercentral.amazon.com/gp/help/1641

使用您的库存文件模板

打印此页

阅读完此页面，您将知道如何创建、填答，并上传库存文件到亚马逊卖家后台上。为了方便您参照本页面的步骤，建议您可以

请将此文件另存为 Excel 工作表至您的计算机中，并且按照以下指南，继续将您的商品数据输入“模板”分页。

“资料定义”分页

在您填答数据的过程中，有些字段为必填，而某些则为选填。在“数据定义”分页中，有两项信息以供参考：1. 包含了所有您在页时可以使用的有效值；

2. 包含哪些字段是“必填”还是“选填”字段。我们建议您打印“资料定义”表以用作参考。

必填：必填字段是您在各项马逊商品类别中创建商品时至少要提供的商品信息。首先，在“商品类别”字段选择欲创建的商品类红色外框的单元格，就是系统列为必填的字段。如果您未在必填单元格中输入有效值，您的商品将无法成功添加到亚马逊平台上您可能还需提供更多商品信息。此外，某些字段取决于其他字段的填入值，例如，如果您提供了包裹长度，则必须提供包裹尺寸

选填：选填字段提供买家在制定购买决策时有用但非关键的商品信息。在您选择商品类型后，选填字段将在“模板”分页中以们建议您为商品提供尽可能多的“选填”商品数据，提供买家更完整的商品信息与更好的购物体验。在某些情况下，标记为“对于您的商品或业务至关重要，也可能是您卖家协议中必须填写的信息。

有效值和分类树指南

如“数据定义”分页中所示，有些字段要求您使用“有效值”分页中的专有名词。不同字段和不同产品的有效值都会有所差异。来设定产品特性，包含透过有效值来设定产品分类、增加产品曝光、搜索或查找商品。

针对您要发布的商品分类，您需要先从该商品分类的分类树指南（BTG）查找出有效值，再将有效值填入“商品类型关键词”对类树指南特定于分类，其中包含一些规则，亚马逊使用这些规则将商品分配到我们网站上的各个分类。这些值以下拉菜单的形选项卡中，您可以在“浏览数据”选项卡中查看这些值的匹配数值。

分类树指南还能作为单独的 Excel 文件提供，可从该页面下载：https://sellercentral.amazon.com/gp/help/1641。在分可以找到和亚马逊产品分类阶层对应的“商品类型关键词”，并让商品能在这些分类中显示。在适用于您分类的分类树指南中，品的分类，然后使用相应的查询来确定需要在模板中输入哪些字段和值，才能将您的商品放入该分类。

“图片”分页

您上传到亚马逊的图片必须符合亚马逊的图片标准，请参阅“图片”分页。

查看完整的商品图片要求，请点即以下网址：https://sellercentral.amazon.com/gp/help/1881

有关特定分类指南，请从官方网页查询并下载您商品分类的文件模板，，网址为：https://sellercentral.amazon.com/gp/

Instructions　Images　Example　Data Definitions　Template　Browse Data　Valid Values

图 5-17　库存文件模板 Excel 预览

（6）Valid Values。批量表字块当中可填的数值，如性别部分只可填男性或女性。

（四）对 Data Definitions 表格解读

Data Definitions 表格对卖家来说，是值得一看的。它对 Template 这个文档的每个字段进行了详细解释。读懂这个表格，卖家就可以知道在批量上传产品时有哪些要求和要注意的地方，如图 5-18 所示。

How to complete your inventory template

Group Name	Field Name	Local Label Name	Definition and Use	Accepted Values	Example	Required?
Required						
	feed_product_type	Product Type	Within a category there are often multiple product types defined. Selet a product type from the drop down on the template tab or the a value from the valid values tab.	Input an appropriate product type.	AutoAccessoryMisc	Required
	item_sku	Seller SKU	A unique identifier for the product, assigned by the merchant. The SKU must be unique for each product listed. After you have established a SKU for a product, please do not change it without first deleting the original SKU from our systems through a delete feed.	Unique Identifier. If you don't enter a SKU we'll create one for you.	101MyCollectible1	Required
	brand_name	Brand Name	The brand of the product.	An alphanumeric string; 1 character minimum in length and 50 characters maximum in length.	Ralph Lauren	Required
	item_name	Product Name	A short title for the product. This will be displayed in bold on the product page and in the title bar of the browser window.	An alphanumeric string; 1 character minimum in length and 80 characters maximum in length.	Arrow Men's Wrinkle Free Pinpoint Solid Long Sleeve, Light Blue, 16" Neck X 34" Sleeve	Required
	external_product_id	Product ID	A standard, alphanumeric string that uniquely identifies the product. This could be a GCID (16 alphanumeric characters), UPC or EAN. This is a required field if product_id_type is provided.	Any valid GCID, UPC, or EAN.	5279173125000	Required
	external_product_id_type	Product ID Type	The type of standard, unique identifier entered in the Product ID field. This is a required field if Product ID is provided.	The type of standard, unique identifier entered in the Product ID field. This is a required field if Product ID is provided.	UPC	Required
	item_type	Item Type Keyword	The keyword from the Browse Tree Guide that best describes the type of item.	Refer to the Browse Tree Guide (BTG) for valid values.	tank-top-and-cami-shirts	Required
	model	Style Number	If applicable, please submit the style number for the product. For most products, this will be the manufacturer's unique number that identifies the product; may also be referred to as model number. Style number will be required if you are using Global Catalog ID (GCID) as your source for product-id	An alphanumeric string up to a maximum of 40 characters in length.	SB-122	Required
	color_name	Color	The colour of the product.	An alphanumeric text string; 1 character minimum and 50 characters maximum.	Sage, Navy, Emerald, Cherry, Red, Black	Required
	department_name	Department	Select from the following departments: mens, womens, boys, girls, baby-boys, baby-girls, unisex-adult, unisex-child, unisex-baby.	Select the Department in which the product is found.	unisex-baby	Required
	size_name	Size	The size of your product.	An alphanumeric string. If multiple sizes are available, a unique child record should be submitted for each size.	Large	Required

Instructions　Images　Example　Data Definitions　Template　Browse Data　Valid Values

图 5-18　库存文件模板 Excel 预览

Data Definitions 表格分为 A、B、C、D、F、E、G 七列。下面，对每列进行解读。

A 列是 Group Name：组名称。

B 列是 Field Name：字段名称，指批量上传模板的字段名称。如图 5-18，所示的 item_

sku、Product ID 等字段名称。

C 列是 Local Label Name：本地标签名，其实跟 B 列一样，是指 Template 文档的另一字段名称。如图 5-18 的 Seller SKU、Product ID 等字段名称。

D 列是 Definition and Use：定义和使用，对 Template 的每一个字段名称的定义进行了详细解释。见图 5-18，也存在对 item_sku、Product ID 等字段名称进行定义解释。

E 列是 Accepted Values：有效值，即填写到 Template 的字段名称里的接受数值范围，也就是可接受的填写内容。如："external_product_id" 这个字段，可填写内容是 "Any valid GCID、UPC、or EAN"，也就是，任何有效的 GCID、UPC 或者 EAN 码都可以填写在 "external_product_id" 里面。

F 列是 Example：亚马逊举例说明在各个字段名称可以填写哪些内容。

G 列是 Required 要求，指对该字段是否有填写要求。这里分为三项，Required 是必填项，Preferred 是优先填写，建议卖家填写为佳，Optional 是指选填项。

（五）Template 批量上传模板的上传步骤

对 Data Definitions 这个表格有所了解后，接下来，卖家就要使用 Template 上传产品了。

前文提到，卖家根据销售的产品类目下载模板。品类不同，Template 的格式和要填写的内容也不同。以手机壳的 Template 为例加以说明。

首先按照 "Data Definitions"（数据定义）的要求，输入必填信息。在 Template 这个表格里面，先将 Product Type 标签列选项填上，则表格中会将必填项用红框标注，如图 5-19 所示。

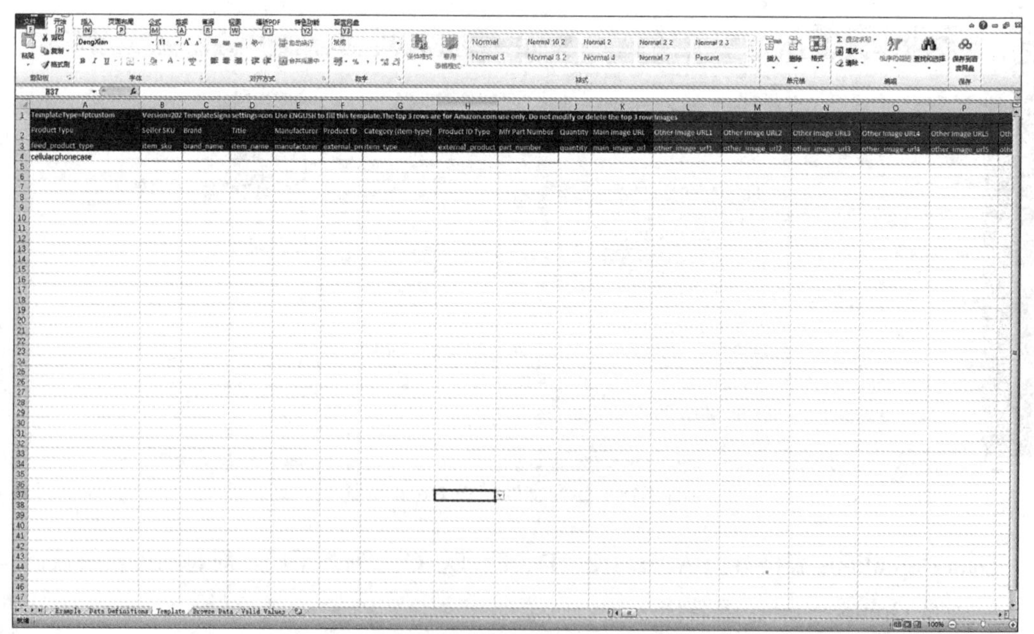

图 5-19　必填数据信息（红色框部分）

此外，在必填项“main_image_url”一栏需要填写主图地址。卖家可以先将图片处理好，再将图片上传到云空间，图片上传成功后即可找到相应图片。右击“属性”可以获取图片地址，然后再将图片地址复制在对应产品的“main_image_url”一栏，如图 5-20 所示。

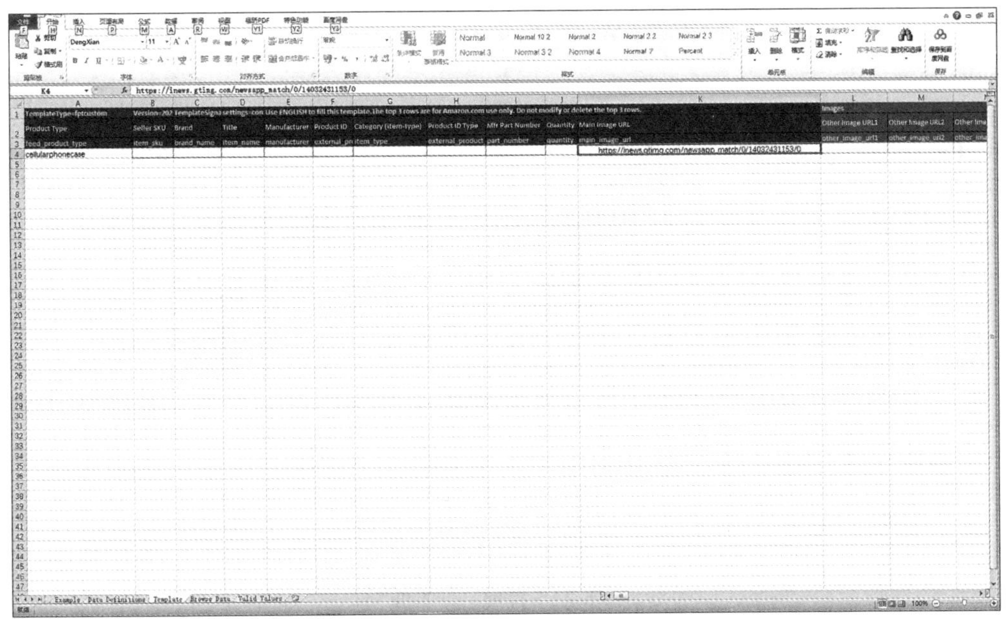

图 5-20　主图地址填写位置栏

另外，卖家如果有需要上传其他的图片，也可以用相同的方法将图片地址放在 other_image_url1 - other_image_url3 里面。如图 5-21 所示。

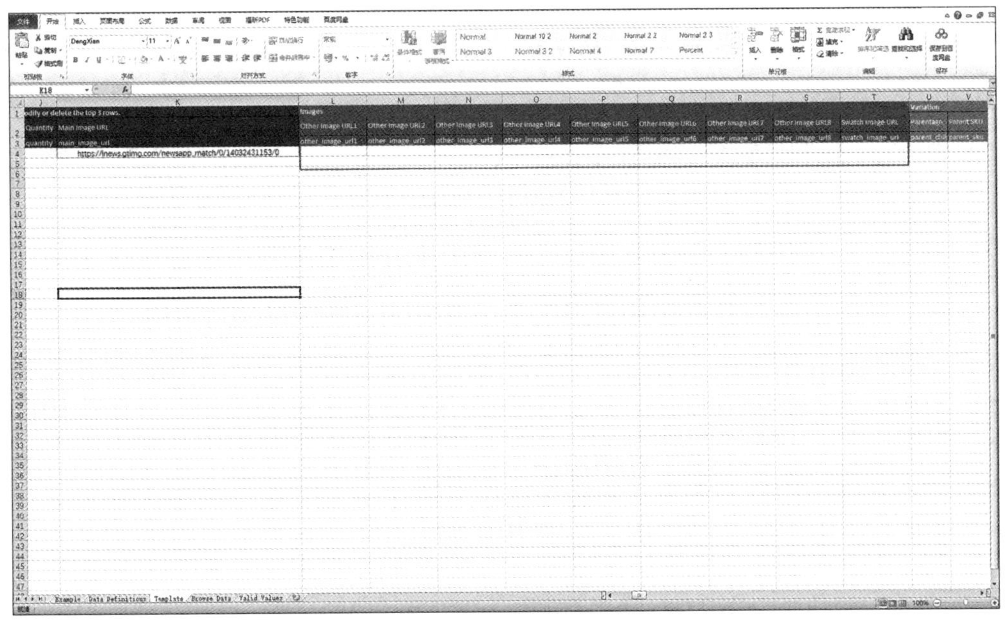

图 5-21　副图地址填写位置栏

（六）上传表格

经初步检查无误后，卖家继续在“上传您的库存文件”页面进行表格上传，如图 5-22 所示，选择相应的文件类型、文件上传、邮件提醒。

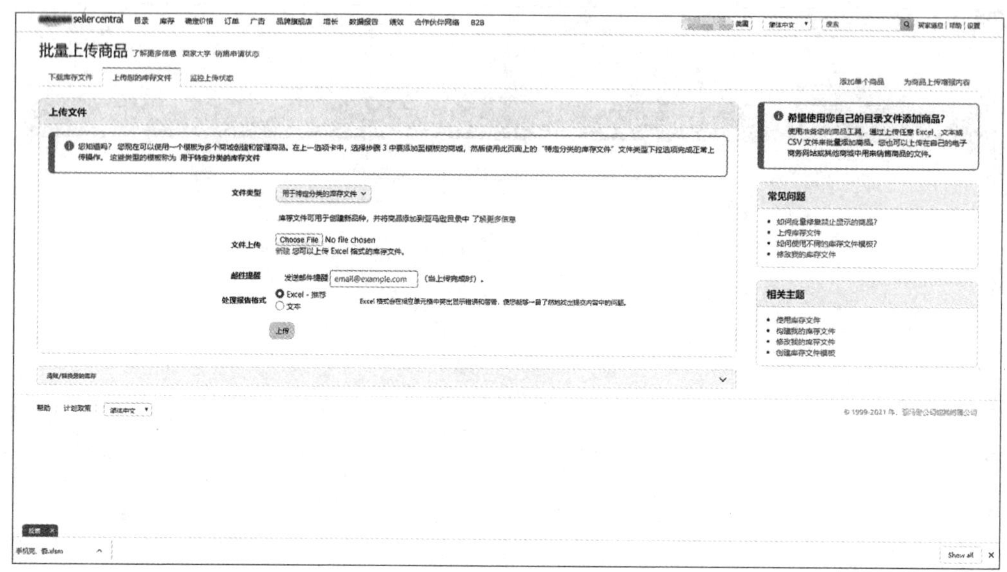

图 5-22　批量上传页面

（七）下载错误的处理

上传表格之后，卖家可切换到“监控上传状态”页面。可查看最近批量上传结果和下载错误处理报告，如图 5-23 所示。

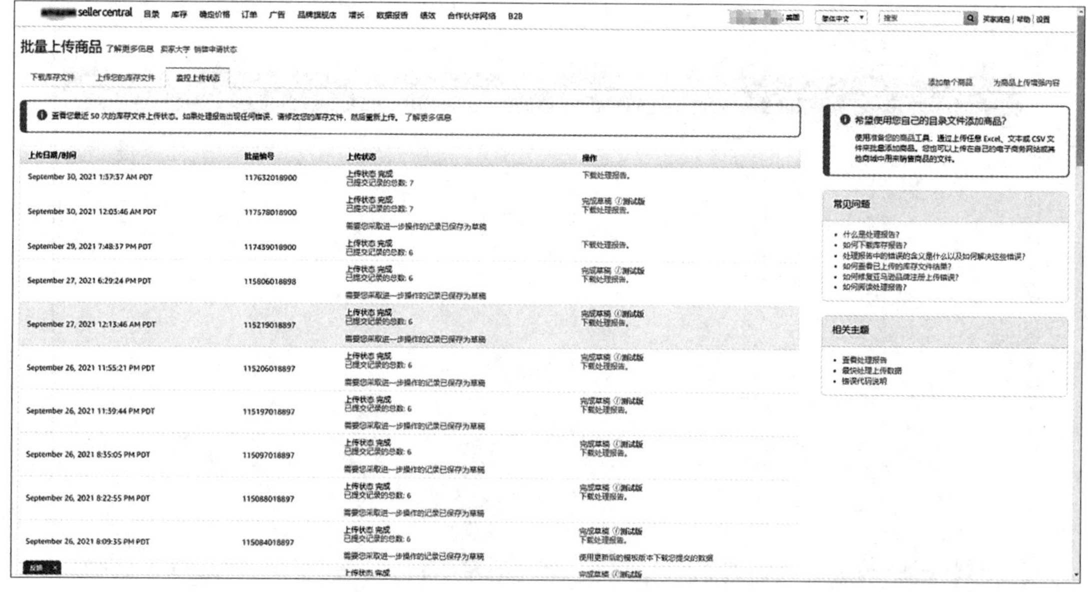

图 5-23　批量上传状态监控

卖家可以在后台搜索栏中找到错误报告文档，每个错误代码对应解释不同的错误信息。通过对比，卖家可以对填到某个字段的信息进行修改。

知识点 7：了解亚马逊 listing 的其他板块

一、产品问答板块（Q&A）

（一）什么是 Q&A

Q&A 即 Customer Questions & Answers，是亚马逊里的一个板块，这个板块主要的目的是为用户提供一个卖家与买家、买家之间交流产品特性、功能、品质等问题的区域，主要以问答的模式进行。

（二）Q&A 的重要性

Q&A 是 Listing 权重的重要影响因素，而不仅仅是标题、Search Terms 和 Review，Q&A 在亚马逊 Listing 的商品详情页占据很重要的位置，是买家购物的重要参考信息，对产品的转化率有很大的影响，如图 5-24 所示。

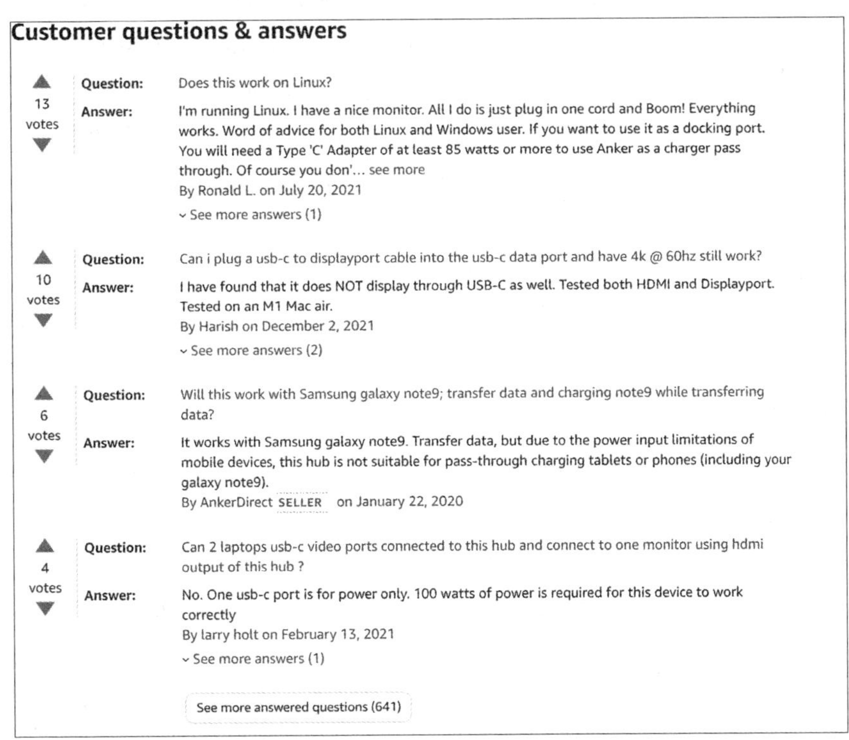

图 5-24　亚马逊问答板块

在 Q&A 里，一个问题可以有很多答案，卖家可以回答，买家也可以回答。一般情况下，如果有 3 个以上的 Q&A，就会被亚马逊自动置于产品 Listing 标题的下面，如果 Q&A

数量少于 3 个就不会显示。

（三）Q&A 功能

1. 关键词的 Indexing（索引）收录功能

Q&A 里无论是问题或答案，所有的关键词都是可以被亚马逊搜索引擎抓取收录到的。也就是说，除了传统的标题、五点描述、产品描述、后台关键词以外，Q&A 问题和答案里面所有的关键词也是可以被收录的，相当于我们又多了一个可以填词、埋词的区域。

2. 转化

很多买家在购买之前都会浏览 Q&A 这个板块。那么，带有价值的问题会对转化有很大的帮助。如某个产品最大的痛点就是防水，很多同类产品防水很难做好。那么我们就可以提个问题，这个产品防水怎么样，然后回复这个产品防水非常好，这样对转化会有相当大的作用。

通过产品的各种痛点做文章，结合痛点去制作相对应的 Q&A，一般会收到很好的转化效果。这些操作最好是在产品新品上架初期就做，可以起到辅助推广的功效。

（四）Q&A 权重的提升方法

（1）增加 Q&A 数量，提升活跃度，促进转化：对于新品来说，增加 Review 和 Q&A 的数量都很重要，Q&A 数量越多，活跃度越高，对 Listing 的转化就越有利。

（2）确保问题和回答都含有产品主关键词：Q&A 里的问题和答案中的关键词都有可能会被亚马逊自动抓取并收录，卖家可以通过搜索关键词的方式，对所有的 Q&A 进行分析、归纳，整理出客户最想了解的问题以及客户的需求。然后针对这些问题和需求对 Listing 乃至产品进行优化，提高转化率。

（3）置顶帖子、增加热度：挑选一两个重要的 Q&A 帖子，然后把帖子置顶（置顶的目的是让买家投票最高的帖子第一眼就能被客户看到）、增加帖子热度，提升页面转化率。

（五）注意事项

（1）卖家可以适量增加 Q&A 的数量，不管是问还是答，关键词铺设得越多、越详细，匹配度也越高，让买家快速、准确地找到解决疑惑的答案。

（2）在 Q&A 里铺设关键词，要么不铺，要么就铺好，卖家可以分析竞争对手的流量来源关键词、产品最受关注的点的关键词、与产品相关的搜索指数大的关键词。

（3）配合申请的买家账号，在重要的 Q&A 前单击“Vote”（投票），将这些重要的 Q&A 置顶，通过提高对买家购买决策有重要影响的 Q&A 的曝光率，来提高转化率。

（4）结合当下的热点创造一些话题，将高权重的关键词嵌入 Q&A，吸引买家的二次提问和回答，并影响更多买家的购买决策。

（5）一般 Listing 上架以后前台显示可售时，就可以上 Question，这时候卖家可以自己回复，当有了销量以后再以买家身份进行回复。

（6）问题的答案不能删除，问题可以删除和修改，如果问题还没有人回复的话，提问者可以删除或者修改问题。

（7）如果已经有人回复了此问题，卖家则不可以删除或者修改，但是可以单击“Comment”追问，也可以单击“yes”或“no”表示赞成或反对，又或者单击“Report Abuse”进行投诉。

（六）禁止出现的信息

（1）垃圾信息，包括广告、竞赛、其他公司的网站推荐信息等。

（2）为推销产品的重复性信息。

（3）不能很好解决买家疑惑，反而是困扰、窘迫买家的信息。

（4）鼓动买家去做非法、危险行为的信息。

（5）侵犯他人隐私的信息等。

（七）亚马逊 Q&A 的优化技巧

1. 客户需求和痛点

Q&A 是要回答买家最关心的问题，卖家可以调研竞争对手所有的 Q&A，然后进行分析归纳，整理出买家最想了解的问题以及需求。如电子产品，主要卖点是防水防潮，这就可以在 Q&A 中体现出来，然后再针对这些问题对 Listing 乃至产品本身进行优化。

2. 关键词

因为 Q&A 中的所有词都会被亚马逊后台自动抓取并收录，所以除了在标题、卖点和描述中增加产品关键词外，Q&A 中最好也要填入核心关键词，提升产品与关键词的相关性，当客户搜索的时候就能立刻看到产品。

3. 投票

卖家能够通过点赞或反对来操纵 Q&A 的上升或下降，如果得到正向的 Votes 多，那么这个相应的 Q&A 就能升前列。针对一些不利的 Q&A，可以通过 Votes 来优化，从而得到相对合理的 Q&A 结构。在优化 Q&A 时，碰到下列情况时的一般处理流程。

（1）当买家在 Q&A 板块中提问时，卖家要如何回复?

当买家在 Q&A 板块提出问题后，亚马逊会以电子邮件的形式通知卖家，卖家通过电子邮件进行回复。卖家在电子邮箱里，找到买家提到的问题后，单击“Respond to Question”按钮进行回复。

（2）在 Q&A 中，卖家能自己问问题自己回答吗?

答案是不可以，这种行为会被亚马逊判定为违规行为，严重的话，还会造成卖家回答问题的权利被移除。

（3）可以在 Q&A 中放广告信息吗?

亚马逊官方禁止在 Q&A 中发广告内容，也不能发站外的推荐信息等。

（4）卖家反馈有一个问题回答错了，可以移除答案吗？

针对这个问题，亚马逊设置了投票规则，让买家去投票决定答案的正确与否，选出最有帮助的答案和最无效的答案，同时会将最有帮助的答案置顶。

（5）在 Q&A 中，问题可以修改并删除吗？

如果买家提出的这个问题没有任何人回复，只能由买家删除或者修改。卖家是没有权限删除的。

（6）为什么一些买家的问题在亚马逊前台没有显示？

只有该问题被回答，才会显示，没有被回答过，或答案被亚马逊删除的问题也不会显示在 Listing 页面中。

二、关联板块设置

对于亚马逊平台来说，其算法的底层逻辑之一是希望每一位访客都产生购买，变成客户，然后在平台上沉淀下来，形成复购。而要想让一位访客变为客户，你必须提供优质的产品，于是亚马逊就充分利用产品关联的方式，为搜索某一个产品的访客提供更多的选择。

当我们打开一个产品页面，在产品详情页面会看到很多类似的和相关的产品链接，这些产品可以在不同程度上吸引消费者的关注，而对于卖家来说，这些就是关联流量。当消费者从关联流量进入 listing，说明其购买意向非常强烈，转化率很高，对销量有很大的促进。

在亚马逊上关联流量分为两种：一种是自然关联流量；另一种是广告关联流量。自然关联流量就是 Listing 详情页中出现的“frequently bought together”“customers who bought this item also bought”“customers who viewed this item also viewed”“compare to similar items”。

（一）关联流量具有两个典型的特征：流量精准和转化率高

一个消费者为什么会打开一个具体的产品页面呢？原因无他，只有在客户对该产品有购买意向时才会打开，而出现在该产品页面的其他关联产品在很大程度上在这个过程中也正好接触到了这个购买意向很强的客户。有过站内广告投放经验的卖家都应该注意到这样的现象，在自动广告报表里，总会出现很多其他卖家的 ASIN 码，而根据数据的反馈，这些 ASIN 码不仅给我们带来了曝光和流量，同时还可能带来不少的订单，这是因为你的广告出现在该 ASIN 的产品页面，这同样是关联流量的一种。至于为何转化率高，如果你的产品有幸和某个产品产生关联，你所面临的竞争相对而言其实是很小的，你只需要让自己的产品页面，尤其是主图、标题和 Reviews 的表现比当前页面上的其他产品展示更吸引人，那么你的 Listing 被消费者点击并购买的概率就会大大提升。

（二）关联流量的获取

从获取的方式上来说，关联流量分为两种：免费关联和付费关联；从关联对象上来说，关联流量同样也分为两种：与自己关联以及和别人关联。

免费关联包含：同时购买、看了又看和买了又买。同时购买就是组合购买，当 A 和 B 两个产品多次一起被买家购买，6 次以上出现在 FBT 的概率很大，FBT 不仅限于两个产品，多个产品一起购买也可以形成关联。

付费关联主要指投放了站内广告的产品会展示在别的产品详情页面中间位置，如图 5-25 所示。

图 5-25　付费广告关联流量

关联流量中的和自己关联是指在自己的产品详情页面，关联的产品多数甚至全部都是自己店铺的其他产品，这种情况在大卖家的 Listing 详情页面出现居多，大卖家通过各种手法，让自己店铺里的各个产品形成关联，构成了一个属于自己的流量闭环。而相对于大卖家超强的自我关联能力，大部分的小卖家则是自己的产品页面被关联成了别人的产品。

自我关联可以形成属于自己的流量闭环，减少流量流失。和别人关联可以截获别人的流量，从而让自己获得更多的流量。而被别人关联则会导致自己的流量流失到同行卖家的页面，为他人作嫁衣。那么，怎样的操作才可以让我们尽可能多地获得别人的关联流量而减少自己的流量流失呢？

大家在分析广告报表的时候，有时会看到 Customer Search Term 里面出现一些产品的 ASIN，说明你的产品出现在这个 ASIN 详情页的广告位置了，如果有多个客户单击或者购买，产品就有可能出现在这个产品的 FBT 和 Customers Who Bought This Item Also Bought，如果广告报表中出现和你产品有一定关联性的 ASIN 增多并有转化，这会带动自然关联流

量的提升，整体的销量也会随之增长。

如何增加产品的关联流量?

（1）站内促销。设置店内促销，让自己的店铺的各个相关产品产生关联。

通过买A产品赠送B产品形成FBT关联，组成流量闭环，相互导流。很多小卖家容易忽视店内促销的作用，既不去设置，也根本不会在意。但与之对应的是，你稍微留意就会发现，几乎所有的大卖家都非常重视店内促销的设置，并且会对一个产品设置多个促销计划。亚马逊上基本没有店铺的概念，店内促销的方式并不能明显提升销量，那么大卖家为什么还要去设置那么多的促销计划呢？其原因在于，虽然店内促销不能明显提升销量，但却可以让系统识别到促销产品之间的联系，这种联系体现在展示上，就是自己店铺的产品被系统匹配推荐，形成了自己的流量闭环。

在前面的例子中，我们看到了Anker店铺的自我关联情况，现在再来看看Anker的促销是怎么设置的。在Anker的店铺里，几乎每个产品页面都会有类似于上面的这种促销设置，“购买A产品的人，如果同时购买B产品，将会得到多少的折扣”，这样的设置让产品A和产品B形成了一种天然的关联，系统抓取到之后，A和B之间就有了被系统关联展示的机会，这也就是我们看到Anker店铺里的产品具有超强的自我关联的原因之一。

当然，对于促销的设置，最好是两个产品相似或者相关，风马牛不相及的两个产品促销，系统也会因为产品属性的不相干而不会推荐为关联展示的。

（2）邮件营销。通过熟客电子邮件引导单击Listing。

如果你有大量精准的买家电子邮箱，这里要强调一下精准用户，因为如果用户不精准，就会导致Listing的转化率很差，拉低产品排名，发送大量的电子邮件，如果买家点击多了，就可以形成Customers Who Viewed This Item Also Viewed，多次购买则会形成FBT。

（3）站内广告。让系统把自己的产品关联到别人的产品页面去。

对于投放站内广告尤其是自动型广告的产品，系统会自动识别并将其匹配到相关的产品页面，对于投放自动广告的卖家来说，意味着多了一个从别人页面导流的入口。但需要提醒的是，在自动广告投放前产品详情内容务必要填写精准，以免系统识别出现误差，引入无用流量。

首先对你想要关联的Listing进行关键词分析，找到一些长尾关键词，然后在PPC（每次点击付费）的广告组设置这些长尾词，因为长尾词竞争相对较小、竞价也不高，设置好后其他买家进入这个Listing，该Listing里面就会出现你的广告，如果买家点了你的广告或者通过这里买了你的产品，数量到一定程度就会出现自然关联了。

大家在进行关联营销的时候，需要注意不是热度流量越大的产品越适合关联，特别是同类爆品，如果你的产品对比没有任何优势，即使关联了消费者也不会购买，建议选择一些BSR排名比你差，Review星级或者数量比你的Listing少，或者价格比你的产品更高的产品进行关联。

当然优质的 Listing 也是关联营销的前提，主图更是重中之重，因为关联流量中主图的面积占比最大，第一时间决定产品的点击。

小贴士：查看竞品“看了又看”情况的 WooCommerce 插件分享

WooCommerce 插件，可以跟踪客户的购物趋势，并根据这些统计数据改进交叉销售机制。此插件将向使用者的网站访问者推荐主要由其他客户探索的产品。

假设有产品 A，在查看此产品的 60 名访问者中，有 20 名访问者点击到另一个产品 B，10 名访问者点击到产品 C，其余 30 名访问者点击到产品 D。那么，此插件将在“看了又看”中显示产品 C 和产品 B。

重要的是，它只显示那些被查看次数最多的产品，并且是观看次数最多的产品。这可确保卖家选品时的有效性，因为大多数买家只考虑访问量最大或评论量最高的产品。

三、亚马逊平台的流量密码

（一）搜索引擎营销推广

简单来说，搜索引擎营销就是基于搜索引擎平台的网络营销，利用人们对搜索引擎的依赖和使用习惯，在人们检索信息的时候将信息传递给目标客户。搜索引擎营销的基本思想是让客户发现信息，并通过单击进入网页，进一步了解所需要的信息。企业通过搜索引擎付费推广，让客户直接与公司客服进行交流、了解，实现交易。SEM 热词的分类和自动投放，可以节省很多人力，也可以树立品牌，特别针对一类商品和一个区域，效果非常明显。如果想做到霸占一类关键词，除了长期拥有关键词，更重要的是保证商品的专业性和品质。总之商品信息越充分，在广告上可以投放的关键词越多，转化率越高。基于 SEM 的销量公式模型为

$$销量=广告条数\times到达率\times转化率\times客单量$$

（二）直接流量

直接流量一般来源于收藏了网址的老客户，他们对网站熟悉，转化率稍高。如果有做网站的日志记录，可以根据日志行为来进行相关的推荐。基于直接流量的销量公式模型为

$$销量=直接流量\times转化率\times客单量$$

（三）推荐流量（站外引流）

论坛是客户的聚集地，尤其是境外亚马逊相关论坛等，但潜在竞争对手也相对较多。如果能坚持长期驻扎发帖，转化率还是较为可观。发帖要有针对性，帖子题目要吸引人，内容要有一定趣味性。基于论坛的销量公式模型为

$$销量=论坛帖子\times人数\times转化率\times客单量$$

小贴士：CPM & CPC

（1）CPM（cost per mile，千人展现成本），即广告每展现给 1 000 个人所需花费的成本，这是衡量广告效果的一种基本形式（不管是传统媒体还是网络媒体）。网络上的 CPM 广告则按照看到广告的人次来收费，只看展现量，与点击与否无关。网络广告中，门户横幅（banner）、视频贴片等非常优质的广告位通常采用 CPM 收费模式，这已经成为网络广告的惯例之一。

（2）CPC（cost per click，点击付费模式），即按照点击量收费。在广告执行过程中，每个广告主的诉求是不一样的。有的广告主是想打开知名度，或者因为媒介转化率较高，所以采用 CPM 的方式较为划算。但有的广告主，尤其是电商运营的广告主需要将广告效果精确到点击，只有点击才会产生最终的购买行为。这种模式对广告投放商来说，避免了只浏览、不点击的成本风险，是电商平台常见的收费方式之一。

四、优化类目节点选择

发布产品，必然少不了产品类目节点的选择，一个类目节点选择得合适与否，对销量会有不小的影响。产品类目节点选择精准，产品详情信息匹配度高，Listing 的各项权重就会高，就有可能带着 Listing 一路飞扬，但如果类目选择不精准，也可能导致销量的不温不火。

产品类目节点第一次出现是在发布产品过程中，选择方式有两种：后台单个产品上架和批量表单上架。

相对于后台单个产品上架时类目节点的粗糙、不精准来说，通过批量表单的方式上架，我们可以选择更精准的类目节点，而类目节点越详细，带来的流量也会越精准，对转化率也会大有帮助，因此卖家要尽量采用批量表单上架产品。以批量表单的方式发布产品虽然相对烦琐，但其优势也格外突出。

无论以怎样的方式发布产品，在产品销售的过程中，亚马逊系统还会根据消费者搜索路径以及 Listing 详情页面（尤其是标题）的相关内容，对 Listing 的类目进行再次调整。有时候系统会自动更改 Listing 的类目节点路径，而有时候是为该 Listing 增加新的类目节点。增加新节点虽然并不会拉动销量的大幅上升，但如果是因为系统误判将类目节点修改到不相干的类目，则可能导致销量大幅下滑。

如果遇到类目节点被修改，新的类目和自己的产品不匹配、不一致，该如何应对呢？一般来说，卖家可以联系亚马逊平台客服，让客服协助将自己的 Listing 类目更改到正确的类目节点中去。

在更改之前，卖家应进行以下两个方面的操作。

（1）优化自己的 Listing，让 Listing 详情属性尽可能详尽且精准。

（2）研究竞争同行的类目节点路径，将最合适的类目路径提供给客服。

此外，还可以将自己类目更改前后的销量数据截图提交给亚马逊客服，用数据告诉客服，自己的 Listing 在更改类目节点之后销量不如之前，所以有必要进行再次修改（或改回原来的），一般来说客服在看到这些数据之后，会协助更改类目节点。

五、优化移动端适配

（一）移动端的重要性

移动设备端网购已成为更多买家的选择，优化移动设备购物体验对亚马逊卖家来说非常重要。亚马逊除了针对移动设备浏览器优化其网站外，还开发了移动端 App，旨在为买家提供更好的用户体验。

（二）亚马逊在移动端和 PC 端的差异

（1）搜索页面展示的标题更短了（大约只有 PC 端的一半）。

（2）Bullet Points 不单击进入的话只显示前三条。

（3）图片仅能显示 7 张（PC 端单击图片往后翻能有 7 张以上）。

（4）Bullet Points 和产品信息被合并在一栏。

（三）注意事项

（1）如果品牌毫无名气，Title 开头可以选择不放品牌名。移动端搜索结果显示的 Title 已缩到超级短了，卖家要做的是，让客户在往下刷的那一秒就看清楚卖的产品是什么，而不是品牌名。这对还未注册品牌的卖家也是重要提示：品牌名尽可能简短一些。

（2）Features（后台的 Bullet Points），五条特点的排序需要好好斟酌一番。买家 Reviews 需要反复复盘，看看哪些卖点被提及得最多，排到最靠前的 3 个位置去。

（3）在不影响产品图片整体美观的前提下，图上的字尽可能加大、加粗、用深色。这是因为移动端的图片很小，而且没有 PC 端光标划过去自动放大的功能，浅色的小字在移动端基本等于不存在。

（4）编辑 Listing 时，后台信息要尽可能填完整。这部分是在告诉客户，需求能否在你这被满足。亚马逊的移动端非常细心，把 PC 端的 Description 和 Bullet Point 做了区分：Description 是长描述，给喜欢精挑细选的客户看；Bullet Points（Features）和产品信息表格整合为同一栏，为那些速战速决的客户设计。不要把所有信息都写到 Description 那里，而是尽可能填到后台各个部分，让亚马逊系统自动汇成表格。

（5）产品描述的第一、二句话特别重要。

（四）优化技巧

1. 使用大小写、加粗和五点描述

当用户想要了解有关产品的更多信息时，将检查的两个关键部分是产品描述和功能。功能部分可以使用五点描述来呈现产品的主要卖点，帮助吸引用户注意。为了帮助移动用户理解产品功能并实现转化，应该使用有力、简洁、坚定的言辞，专注为用户提供独特的产品功能和主要优势。在每一点的开头使用大写是强调、吸引注意力并让内容易于浏览的好方法。

对于“产品描述”部分，可以使用限制的 HTML 格式来提高内容的可读性。大段落将会让用户望而止步，尤其是移动用户。使用基本格式创建清晰段落，添加项目编号和加粗以突出显示关键方面。

2. 简化产品 Listing

为了提高 Listing 的可浏览性，你应该做的第一件事是避免错误，并且专注于使用短句子或较短的段落。在功能部分，卖家要向买家展示主要的产品优势；另外，还要说明为什么买家应该选择你的产品而不是其他人的产品。

对于产品描述，不要通过重复功能中的相同点来浪费空间，应该写一个叙事风格的描述，讲述品牌故事，展示用户如何使用产品。突出显示让产品与众不同的因素以及它将如何丰富用户的生活。

3. 为移动端用户优化产品标题

如果标题太长，那么你可能用太多信息轰炸消费者；如果标题太短，那么你又可能会错过可以排名的关键词。卖家的标题不要使用整个长句，使用逗号或破折号将其分解为多个部分，以使其更具浏览性和视觉吸引力。

4. 使用 A+ 页面或图文版品牌描述优化移动端体验

图文版品牌描述和亚马逊 A + 页面可以让你为客户提供更好的品牌体验，并能让你从其他卖家之中脱颖而出。图文版品牌描述适用于通过亚马逊品牌备案的品牌卖家。图文版品牌描述能让卖家进一步修改其产品描述字段，使用图片和文本创建丰富的品牌描述页面。

（五）关于针对移动端用户的图文版品牌描述，需要注意的问题

（1）图文版品牌描述取代了传统的产品描述。

（2）不要放太多图片或文字，这样在移动设备上不好浏览。

（3）客户无须单击展开更多描述，使用图文版品牌描述时，描述和功能空间已经扩展了。

A+ 页面主要适用于 VC 卖家，在品牌描述中会额外添加一个名为“From the Manufacturer”部分。

亚马逊 Listing 趣味自测样卷如图 5-26 所示。

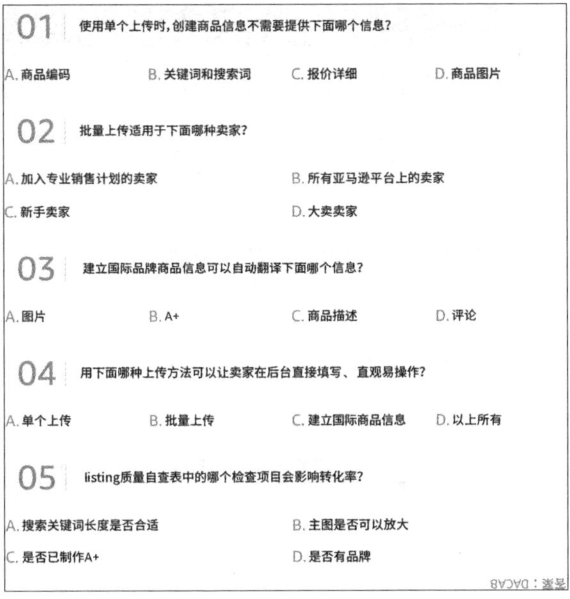

01 使用单个上传时，创建商品信息不需要提供下面哪个信息？

A. 商品编码　B. 关键词和搜索词　C. 报价详细　D. 商品图片

02 批量上传适用于下面哪种卖家？

A. 加入专业销售计划的卖家　B. 所有亚马逊平台上的卖家

C. 新手卖家　D. 大卖卖家

03 建立国际品牌商品信息可以自动翻译下面哪个信息？

A. 图片　B. A+　C. 商品描述　D. 评论

04 用下面哪种上传方法可以让卖家在后台直接填写、直观易操作？

A. 单个上传　B. 批量上传　C. 建立国际商品信息　D. 以上所有

05 listing质量自查表中的哪个检查项目会影响转化率？

A. 搜索关键词长度是否合适　B. 主图是否可以放大

C. 是否已制作A+　D. 是否有品牌

答案：DACAB

图 5-26　亚马逊 listing 趣味自测样卷

1. 训练题

（1）亚马逊站内外最重要的搜索项目是什么？

（2）如何提高商品的曝光度和销量？

2. 实训题

为一款产品撰写完整版 Listing（包括标题、图片、五点描述、搜索关键词、A+ 页面）。

学习任务考核评价表

序号	评价内容	得分 / 分			综合得分 / 分
		自评	组评	师评	
1	亚马逊 Listing 的构成要素				
2	Listing 标题和图片的优化技巧				
3	搜索关键词的选取技巧				
4	Listing 的后台手动上传和批量表上传				
合计					

注 综合得分 = 自评 ×30%+ 组评 ×30%+ 师评 ×40%。

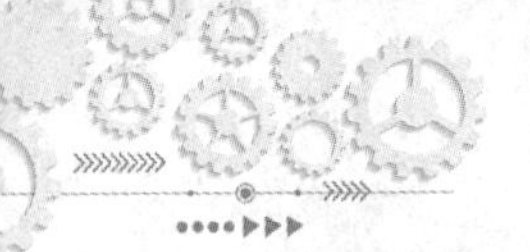

学习项目总结与评价

建议学时

1 学时。（用来总结本学习项目各任务的学习等情况。）

总结与评价过程

一、汇报总结

序号	汇报人	值得学习的地方	有待改进的地方
1			
2			
3			
4			
5			
6			

二、综合评价

1. 专业能力评价

序号	项目名称	得分
1	掌握亚马逊 Listing 的基本构成	
2	理解亚马逊的产品标题优化逻辑	
3	学会优化亚马逊产品图片	
4	掌握优化亚马逊产品的关键词和五点描述技巧	
5	了解亚马逊产品 A+ 页面	
6	掌握上传 Listing 的两种方法	
7	知悉亚马逊 Listing 的其他板块	
综合得分		

注 综合得分为本学习项目中各学习任务得分的平均值。

2. 职业素养能力评价

序号	评价内容	评价标准	得分 / 分			综合得分 / 分
			自评	组评	师评	
1	亚马逊 Listing 的撰写和优化	①能否掌握 Listing 的基本撰写				
		②能否进行亚马逊产品标题的优化				

续表

序号	评价内容	评价标准	得分 / 分			综合得分 / 分
			自评	组评	师评	
2	亚马逊 Listing 的上传	①掌握单一 Listing 的上传				
		②掌握批量表上传				
3	学习态度	①上课是否认真听讲，勤于思考，独立钻研				
		②课后是否认真完成老师布置的各项任务				
4	团队合作能力	①是否积极配合团队的成员				
		②是否对团队作出积极的贡献				
5	能力拓展	能否依据真实情况，综合利用各种方法，分析自己或所在团队的平台选择策略				
综合得分						

3. 综合得分

学习项目 1 综合得分 = 专业能力评价得分 ×60%+ 职业素养能力评价得分 ×40%+ 创新素养能力评价得分。

注：创新素养能力指学生在学习过程中提出具有创新性、可行性的建议的能力；创新素养能力评价得分，满分 10 分（根据表现由老师评定），为加分项。

第 6 章 学习境外社交媒体等站外推广技巧

学习目标

1. 境外社交媒体推广技巧。

2. 众筹及团购网站引流技巧。

能力目标

1. 在充分理解跨境电商平台的运营规则基础上，拟定境外社交媒体推广策略。

2. 根据不同销售产品的特性及不同电商平台的特点，拟定主流境外众筹平台的推广步骤。

思政目标

1. 通过售后服务及媒体推广等相关实践环节，培养学生务实的工作作风，养成“事事有回音、件件有着落”的良好习惯，在实操过程考核中凸显思政目标。

2. 在进行境外社交媒体营销推广的过程中，注重采用灵活多样的形式讲好中国故事，尤其是中国品牌好故事，传播中国好声音，推出中国好产品，以更具性价比的“中国智造”更好地造福全球消费者。

学习任务 1　境外社交媒体推广技巧

1. 了解境外社交媒体推广的基本逻辑。
2. 掌握境外社交媒体推广的基本技巧。

2 学时。

林经理告诉小莉：亚马逊前期的选品环节、商品详情页编制和广告投入等都是为了最终形成购买转化，而这一切的基础是产品在网络上能够形成大量曝光。今天，社交媒体已经成为许多境外消费者的生活方式之一，如果在社交媒体上打开流量通道，无疑对销售业绩的提升将带来重要助力。

知识点 1：境外社交媒体推广的基本逻辑

境外社交媒体拥有庞大的用户群和巨大的流量。YouTube、Facebook、WhatsApp 和 Instagram 等社交媒体在产品推广方面同样蕴藏无限潜力。本知识点从整体战略角度介绍基本的社交媒体营销运营规则。

美国 CRM 平台 HubSpot 公布的《2022 年社媒营销趋势指南》显示，79% 的美国人拥有社交媒体账户，全球有 37 亿社交媒体用户。这意味着社交媒体正成为人们生活的一部分，社交营销必须引起跨境电商运营者的高度重视。社交媒体销售也是一种内容营销，更关注的是提供商品及服务，尤其是和目标客户通过互动，如帖文下的互动、解答客户疑难等，形成更加长久和深入的客户关系管理体系。

社交媒体可以帮助企业直接与客户互动，实现转型，拉近与客户的距离，通过内容营销、群体营销、活动等，还可以帮助企业实现询价转型，从而不断拓展境外市场。更重要的是，社交媒体营销可以通过在公司主页发帖、分享品牌故事、口碑营销等方式，帮助企业推广品牌，扩大品牌知名度，培养一批忠实粉丝。

以 Facebook 为例，它不仅是社交媒体，也是经营业务的强大帮手。Facebook 针对多种目标提供相应的营销方案及工具，有助于企业设定正确的关键绩效指标，严格把控每一阶段强大的衡量方案，针对购买阶段的不同历程，提供多种定位，有的放矢。Facebook 以人为本的精准营销策略，通过收集、整合跨平台的大数据，对真实用户的人口统计资料、兴趣、使用方式及消费习惯等信息进行分析，从而达到精准的受众定位，发掘最具价值的客户。人本营销能够跨多台设备接触到真实用户，展开跨屏幕、连续的营销，并且能够根据广告主的需求量身定制营销方案，衡量真实的业务成效，确保每一分广告花费都用得其所，最大化广告投资回报率。根据用户画像进行定位，针对移动端用户和个人计算机桌面端用户不同的访问习惯，打通移动端和个人计算机桌面端营销漏斗，以降本增效、增加流量。

一、社媒运营的基本法则

本土化、高价值、超值是社交媒体运营三大基本法则。由此导出三个基本方向：根据当地消费者的习惯，对内容进行相应的调整，加入当地的文化元素，可以更好地让用户接受。另外，时刻关注热点话题，把握地方重大节日的引流机会。

对于电商网站来说，转化意味着销量。转化的过程需要利用漏斗模型（图 6-1）。顶

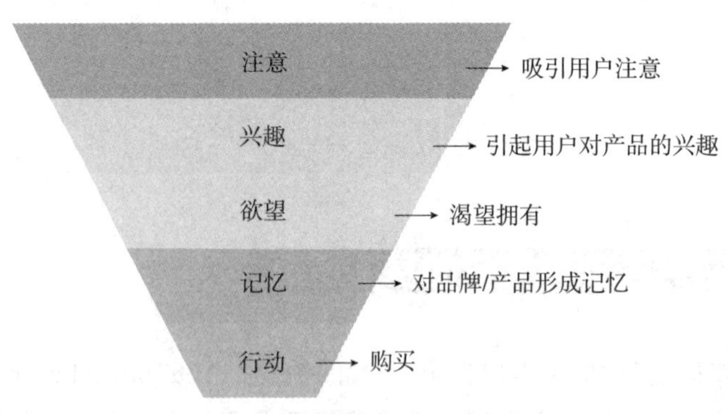

图 6-1　社交媒体营销漏斗示意图

资料来源：海外社交媒体营销推广怎么做？[EB/OL].（2022-11-21）. https://www.zhihu.com/question/425302290/answer/2768096829.

端：在消费者首次访问时，优先考虑如加入邮件订阅、访问其他页面或关注社交媒体账号等的低成本转换。中部：在用户完成以上的任何一项行为之后，下一步就是跟踪来自 Facebook 精准定位和邮件营销返回用户在品牌网站产生的互动。底端：优化从产品页到购物车到结算到重复购买的步骤。

二、社媒营销思维与路径

（1）创建个人品牌首先要确保我们在社交媒体上展现的形象是专业、知识渊博且与时俱进的，因为大部分用户更喜欢与有这些标签的人互动。所以我们填写的个人和品牌资料要从用户想看的角度出发，突出显示我们能为用户提供的经验与价值。

（2）创建优质内容拥有了一定的粉丝量，但没有让他们接触到优质的内容，就无法使客户建立信任感，分享的可以是同行内有见地的内容，也可以是产品的相关知识等，优质内容的输出可以为我们带来良好的互动，提高品牌的知名度。

（3）互动和建立关系网络、社交网络的最终目标是建立长久的信任关系，用户更愿意为他们熟悉的品牌买单，我们除了自己输出内容，也可以通过分享和评论粉丝发布的帖子，并定期提供有用的信息和技巧来增加互动。

（4）直接联系目标决策人这一步就与销售挂钩，可以在品牌活动时，直接向曾经表露意向的用户发送优惠券；转发即可赠礼也是不错的方法。

知识点 2：境外社交媒体推广的基本技巧

一、各类不同社交媒体的基本运营技巧

（一）Facebook

每天至少张贴 2 次。

使用高质量的产品照片和生活方式的图像。

在文章中包括产品描述和功能，如按需印刷（print on demand，POD）、定制、免费设计等。

在 Facebook 组上共享用户生成的内容。加入相关的群组并关注观众。

（二）Instagram

每天至少发布 2 篇文章。

使用与品牌、产品和场合相关的话题标签来扩大覆盖范围。

使用 Instagram 的故事和卷轴（视频）来展示产品和品牌。

关注类似的品牌和观众。

（三）Pinterest

每天至少发 5 篇帖文。

创建具有产品和相关内容的帖文。

内容包括产品描述和功能。

在你的大头针描述中使用关键字。

（四）Twitter

每天至少发 2 篇帖文。

使用与品牌和产品相关的话题标签。

（五）YouTube

每周至少上传 3 个视频，但每天不超过 2 个视频。

制作产品视频等相关内容。

（六）TikTok

每天至少张贴一次。

使用流行音乐和话题标签来扩大其覆盖范围。

（七）Quora

回答与品牌 / 利基市场和产品相关的问题。

使用关键字和产品描述功能。

（八）Reddit

参与与你的品牌和产品相关的活动。在你的帖子中使用高质量的产品照片和描述。

（九）Linkedin

每周至少发布 3 个帖子。

使用与你的品牌和产品相关的标签来扩大覆盖范围。

（十）Email Marketing

每天至少发送 5 封电子邮件。

确定电子邮件活动的目的和目标（场合、折扣、销售）。

使用引人注目的视觉效果，如高质量的产品图像或生活方式的照片和所有的功能，如定制服务、豆荚、免费的设计信息。

不要在假期和周末发送电子邮件。

二、社媒营销的启动路径和渠道

（一）*启动路径*

第一步，确立营销目标，确立目标买手画像。

第二步，创建个人人设（profile），优化人设。

第三步，找到种子联系人，多种方法增长精准人脉。

第四步，内容策划和输出，树立自己的可靠性（credibility）和权威性（authority）。

第五步，加强与用户的互动、交流、分享。

第六步，建立自己的数据库（database），建立自己的跟进系统。

第七步，策划自己的短信和电子邮件模板。

第八步，进入下一步动作，循环第四步。

（二）渠道

社媒营销的九种渠道如下。

（1）内容营销。如写博客、上传视频、买家秀、评论等。

（2）自动邮件。如定时发送的信件、明信片等。

（3）公共关系。如新闻文章、讨论会等。

（4）事件。如网络研讨会、线下的展会等。

（5）品牌创建。如广告、赞助商、新闻通讯等。

（6）电话营销。如通过推荐电联，邀请客户参与即将举办的活动等。

（7）邮件营销。如一对一的邮件联系、实时邮件等。

（8）网络营销。如点击付费、广告赞助等。

（9）网站营销。如搜索引擎优化、点击付费、博客营销等。

三、寻求与网络社媒达人（KOL 红人）合作

KOL（key opinion leader，关键意见领袖）通常被定义为：拥有更多、更准确的产品信息，且为相关群体所接受或信任，并对该群体的购买行为有较大影响力的人。KOL 被视为比较新的营销手段，KOL 的粉丝黏性强，发挥了社交媒体在覆盖面和影响力方面的优势。

（一）KOL 的特征

1. 持久介入

KOL 对某类产品较之群体中的其他人有着更为长期和深入的介入，因此对产品更了解，有更广的信息来源、更多的知识和更丰富的经验。

2. 擅长人际沟通

KOL 较常人更合群和健谈，他们具有极强的社交能力和人际沟通技巧，且积极参加各类活动，善于交朋结友，是群体的舆论中心和信息发布中心，对他人有强大的感染力。

3. 观念开放

KOL 观念开放，接受新事物快，关心时尚、流行趋势的变化，愿意使用新产品，是营销学上新产品的早期使用者。

（二）KOL 的筛选条件

1. 粉丝范围和规模

不能单纯看 KOL 的粉丝人数，与一个拥有 10 000 粉丝的 KOL 合作可能比与拥有 50 万粉丝的 KOL 合作更顺利，因为这种 KOL 有更多的活跃粉丝，而且能够与其进行更多、更深入的交流，从而和他们建立更长期的合作关系。对于小卖家来说，10 000 左右粉丝的成长中 KOL 性价比最高。而对于月销量超过 50 万美元的卖家来说，更讲究品牌的传播和品牌粉丝的积累，所以这类 50 万粉丝的 KOL，只要粉丝群体相对精准就值得开发合作。一

些卖家找 KOL 的时候可能更多地会关注粉丝数和视频浏览量，理论上说并没有错，但是如果找到的 KOL 不适合宣传你的产品，可能效果就会大打折扣。

2. 粉丝的类型

需要了解 KOL 的粉丝与你的目标市场（产品）或（品牌）是否高度契合，以及背后的粉丝数据、地域分布、兴趣爱好等，并且关注 KOL 正在使用的标签，这样可以发现更多相关品牌、产品或行业的 KOL。

3. 发布的内容

不管一个KOL粉丝有多少，如果经常分享低质量的内容，需要慎重考虑与其合作的可能性。

（三）KOL 推广方式

（1）付费投放 KOL 做软植入。

（2）借助明星形象 / 周边。

（3）寻找行业权威、达人。

（4）利用公司的资源自产 KOL。

1. 训练题

写出社媒营销的通用启动路径。

2. 实训题

假设你是一位主营宠物用品类目的跨境电商卖家，你计划如何寻找到目标销售国家或地区的 KOL 来为你的商品做社交媒体的推广与引流？写出一份完整的 KOL 挖掘计划书。

学习任务考核评价表

序号	评价内容	得分 / 分			综合得分 / 分
		自评	组评	师评	
1	境外社交媒体推广的基本逻辑				
2	境外社交媒体推广的基本技巧				
合计					

注 综合得分 = 自评 ×30%+ 组评 ×30%+ 师评 ×40%。

学习任务 2　网络众筹活动及引流技巧

任务目标

1. 了解跨境电商中众筹活动的基本概念。

2. 掌握众筹活动引流技巧。

2 学时。

林经理告诉小莉：当下无论是站内流量还是站外流量，费用支出都成为商品成本中比重越来越大的一块，所以需要积极寻找新的流量渠道。对于跨境电商卖家而言，活用多种方式引流已是大势所趋。境外众筹活动近些年持续受到境外消费者的追捧，我们在这方面完全可以有所作为。

知识点 1：跨境电商中众筹活动的基本概念

“众筹”（crowdfunding）即大众筹资或群众筹资，具有多样性、依靠大众力量、注重创意的特征，是一种向群众募资，以支持发起的个人或组织的行为。境外众筹的雏形为 2003 年成立的 ArtistShare，众筹最开始是致力于为音乐人、艺术家等筹措资金，以支持他们完成创意性的艺术活动，后来随着商业模型的不断发展，也逐渐开始应用到各个行业。近年来，对于跨境商家而言，将产品挂到众筹平台，面向境外消费者预售，已经被证明是可行“出海”之路。以下是众筹关键词的具体解读。

一、私域流量：用户的真实数据

亚马逊卖家无法直接获取亚马逊买家的客户资料，只有借助平台才能联系到用户。但通过众筹网站，你可以直接获取用户的联系方式，包括邮箱等，这有助于长期运营和维护这批种子用户，不断增加自己的私域流量，将用户真正地转化为自己品牌的客户。

二、产品预购：0 库存，先筹资，再生产

产品众筹很大程度上相当于产品预购模式。众筹网站与电商平台最大的不同在于，前者的产品销售流程是“售卖—生产”，而后者是“生产—售卖”。也就是说，在众筹网站发布新产品，获得资金后，再将钱投入生产中，等于是先让消费者掏腰包，再去制作产品，免去了库存风险，也满足了工厂首批 MOQ（最小订购量）需求。从这个方面来说，众筹确实降低了一定的创业风险。

三、独立站：从 0 到 1 创建品牌

站外引流几乎是独立站的生死命脉，从 0 到 1 是最难的一步。所以，有些 DTC 品牌会通过差异化新品，选择在众筹网站上进行新品曝光和发布，在上线众筹的短时间内（30 ~ 60 天），迅速提升整站流量，集中引爆媒体报道，快速提高各大搜索引擎尤其是谷歌的 SEO 排名。通过在起点借势发力，迅速扩大品牌影响力。

四、主动上门的经销商 / 分销商

如果你苦于寻找销路，境外众筹值得尝试，这相当于一次线上展会，能让你在短期内找到全球的代理商。当你的众筹项目在众筹平台上获得一定资金后，就会出现主动上门的大客户，他们有兴趣代理你的产品并会主动与你接洽。

五、众筹用户的终身价值

境外众筹的支持者（消费者）在良好的社区运营下，将成为品牌早期的“死忠粉”，形成自传播，并为品牌打造版权护城河。

六、支持原创

如果你的产品是自主研发且独创的，那么后来者（尤其是抄袭者）一旦被支持者发现，他们将自发地捍卫你的原创版权，在社交媒体、评论区严厉地批评抄袭。

七、获得产品建议，测试产品定价

在众筹支持者中，工程师、技术人员不在少数，他们能为产品提供独到的产品升级建议。通过众筹，也可以测试产品定价是否符合市场预期。

八、在社交媒体，形成口碑扩散

当你的产品和服务满足了这批种子用户的预期后，他们将自发地在社交媒体进行传播。

九、走出“价格战”

在竞争红海的产品品类中，大量的产品只能薄利多销或通过拉低价格的方式去获得竞争优势，但是众筹支持者对价格敏感度低于一般消费者。他们愿意为创造力的溢价埋单，从而使产品走出低价困境。

十、接触专业受众并建立深度联系

对于受众垂直的产品，如头戴式耳机、机械键盘等，与专业受众尤其是“圈内大神”搭上线是非常不易的，但众筹可以精准锁定一大批藏在人群中的高质用户，为其带来专业级种子用户，非常有利于后续产品的迭代、测试、升级。

知识点2：众筹产品的选择和流量来源解析

一、从产品、用户和平台三个角度进行众筹的选品考虑

（一）产品

众筹不同于一般电商渠道，本质上其仍然是为了新发明、新创造、新设计、新想法搭建的一个平台。你的产品在设计、体验、技术方面与市场上及其他众筹项目有着明显差异，那么你打造的正是众筹的种子产品。

（二）用户

我们要考虑到我们所面向的是众筹用户，站在他们的立场判断，这个产品适不适合众筹。建议从以下三个维度考虑。

（1）用户基数。即使一个产品非常好，但是产品的使用门槛太高、受众过窄，获得大面积的成功仍然有一定风险。具有广泛用户基础的刚需型产品，只要解决了产品创新的问题，那么就极有可能取得理想的众筹成绩。

（2）使用场景。产品是否针对明确场景下的明确受众。

（3）用户心理与环境。与上线时机关系很大。如做加热服产品，我们不选择夏天上线，建议产品冬天上线，即使这个冬天用户收不到货也没关系。因为用户是根据当下的环境与自身需求来决策的。

简言之，当你选择的众筹产品不止是个好产品，同时能够满足用户当下需求且受众基数广泛时，就能事半功倍。

（三）平台

近年来众筹平台层出不穷，有综合类的众筹网，也有较为垂直的众筹网。从内容来看，以艺术创作和科技创作两类众筹平台最为引人关注，如Kickstarter平台和Patreon平台就被誉为最适合创作者或创意人士的众筹网站。从服务的对象和区域看，Crowdcube平台主要服务欧盟及英国的企业；MyCause则多服务于澳大利亚的个人和团体。

二、众筹流量来源解析

按平台内外，众筹流量及转化分为站内流量和站外流量。

站内流量：众筹平台位置和资源、社交媒体、邮件、客服等。

站外流量：广告、媒体、众筹社群、社交媒体、邮件、KOL、品牌官网等。

站内外广告投放，测评产品，名人推广，线下宣传册与明信片投放等。

只有将以上内容融会贯通，平衡营销，基于好的产品，深谙产品与营销之道，才会在竞争激烈的市场中脱颖而出。

知识点 3：众筹网站案例枚举

目前比较主流的国际众筹平台是 Kickstarter 和 Indiegogo，此外还有日本的 CAMPFIRE、Makuake 等。根据项目类型，其可以划分为科技、影音、教育、食品、健康、日用品、交通等，品牌方只需要在平台上注册账号，上传产品信息。

一、Kickstarter

网址：https：//www.kickstarter.com。

简介：Kickstarter 于 2009 年 4 月在美国纽约成立，是一个专为具有创意方案的企业筹资的众筹网站平台，如图 6-2 所示。

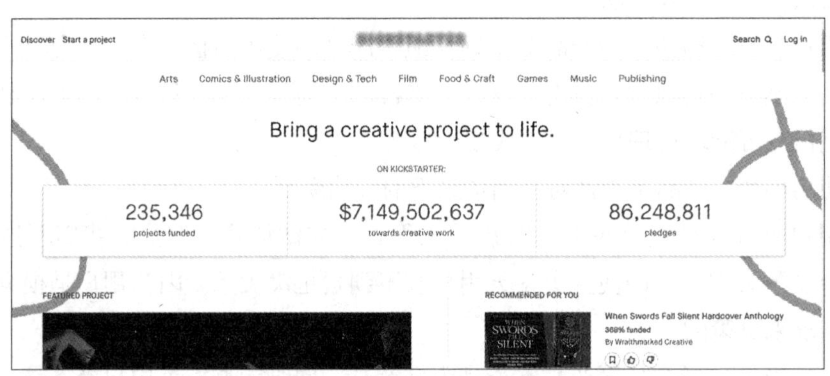

图 6-2　Kickstarter 首页部分截图

主要品类：电影、音乐、美术、摄影、戏剧、设计、技术、食品和其他等共 13 类。

二、Indiegogo

网址：https：//www.indiegogo.com。

简介：Indiegogo 是全球科创新品首发和众筹平台，总部位于旧金山，是美国最早的众筹平台之一。Indiegogo 以“科创无界，连接热爱”为理念，聚合了全球近 300 万新奇酷创意项目与 1 500 万前沿科技支持者，总筹资金额超过 26 亿美元，如图 6-3 所示。

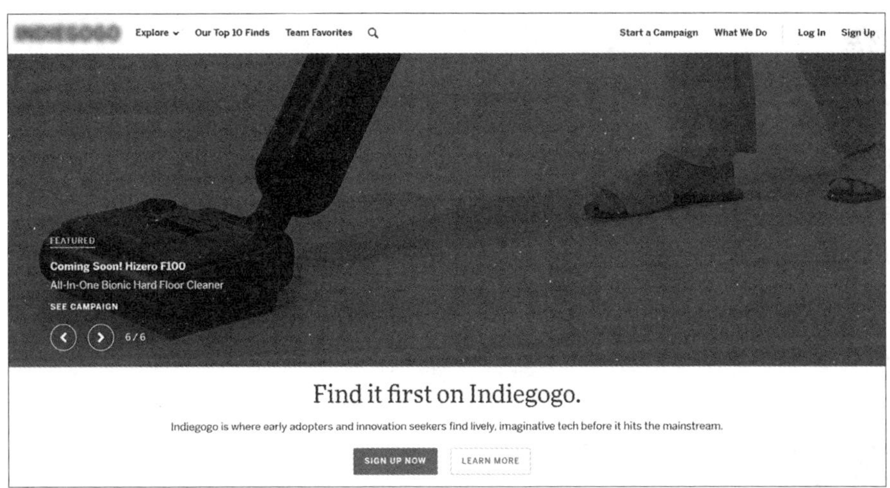

图 6-3　Indiegogo 首页部分截图

主要品类：音频、摄影设备、能源 & 环保、时尚 & 穿戴、食品 & 饮料、健康 & 健身、家电、手机 & 配件、办公 & 效率、交通、旅游 & 户外。

三、CAMPFIRE

网址：https：//camp-fire.jp

简介：日本知名且最大众筹平台，类似国内的拼团，有可能用极低的价格买到心仪的产品，如图 6-4 所示。

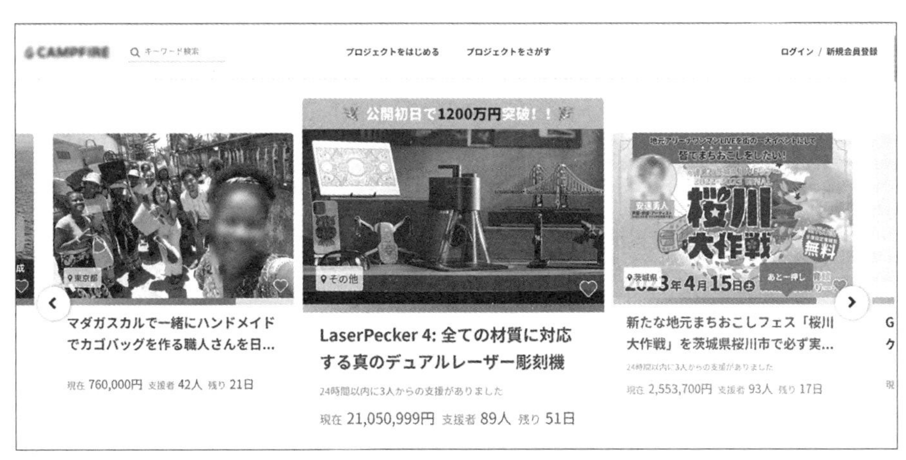

图 6-4　CAMPFIRE 首页部分截图

主要品类：食品、地域特产、城市建设、音乐时尚、娱乐、工具等。

收费：创建以及公开发布都是免费的，佣金（17% 平台佣金）会从销售额中扣除。

1. 训练题

列举出 3 个国际众筹网站，并陈述各自特点。

2. 实训题

假设你是一家 3C 类电子产品公司的跨境电商运营专员，拟定一款新奇特电子产品的众筹策划。

学习任务考核评价表

序号	评价内容	得分 / 分			综合得分 / 分
		自评	组评	师评	
1	跨境电商中众筹活动的基本概念				
2	众筹活动引流技巧				
合计					

注 综合得分 = 自评 ×30%+ 组评 ×30%+ 师评 ×40%。

学习项目总结与评价

建议学时

1 学时。（用来总结本学习项目各任务的学习等情况。）

总结与评价过程

一、汇报总结

序号	汇报人	值得学习的地方	有待改进的地方
1			
2			
3			
4			
5			
6			

二、综合评价

1. 专业能力评价

序号	项目名称	得分
1	境外社交媒体推广技巧	
2	众筹及团购网站引流技巧	
综合得分		

注：综合得分为本学习项目中各学习任务得分的平均值。

2. 职业素养能力评价

序号	评价内容	评价标准	得分 / 分			综合得分 / 分
			自评	组评	师评	
1	境外社交媒体推广技巧	①能否理解跨境电商社媒推广逻辑				
		②能否拟定境外社交媒体推广策略				
2	众筹及团购网站引流技巧	①能否根据品类进行众筹可行性分析				
		②能否拟定境外众筹网站推广策略				

续表

序号	评价内容	评价标准	得分 / 分			综合得分 / 分
			自评	组评	师评	
3	学习态度	①上课是否认真听讲，勤于思考，独立钻研				
		②课后是否认真完成老师布置的各项任务				
4	团队合作能力	①是否积极配合团队的成员				
		②是否对团队作出积极的贡献				
5	能力拓展	能否依据真实情况，综合利用各种方法，分析自己或所在团队的平台选择策略				
综合得分						

3. 综合得分

学习项目 1 综合得分 = 专业能力评价得分 ×60%+ 职业素养能力评价得分 ×40%+ 创新素养能力评价得分。

注：创新素养能力指学生在学习过程中提出具有创新性、可行性的建议的能力；创新素养能力评价得分，满分 10 分（根据表现由老师评定），为加分项。

第7章 跨境电商创业成功的案例及启示

学习目标

1. 了解跨境电商创业成功的若干案例。
2. 理解柔性供应链定制系统。
3. 掌握 POD 定制系统的基本平台操作。
4. 选择合适的跨境电商创业方式。

能力目标

1. 针对本知识点所涉跨境电商创业成功案例，总结其基本模式。
2. 掌握柔性供应链定制系统的基本使用方法。
3. 根据不同跨境电商平台或独立站进行 POD 后台的产品上架。

1. 通过跨境电商相关成功创业案例，使学生了解相关创业规律与路径，同时理解中国品牌“走出去”的优秀表现，增强互联网创新创业意识。

2. 认识到跨境电商创业路的复杂性和曲折性，适时对学生开展抗挫折教育，在案例深入的解读中理解“失败是成功之母”。

学习任务 1　亚马逊卖家导航网站的创建启示

了解亚马逊卖家导航网站的创建和创业启示。

1 学时。

林经理告诉小莉：目前亚马逊卖家导航网站是许多亚马逊卖家日常运营中不可或缺的导航类网站，该网站集成了亚马逊运营过程中绝大多数必备的资料和工具。这个网站从初创到日益壮大，也给跨境电商从业者提供了在跨境电商店铺运营之外的别样创业思路，值得我们学习和借鉴。

AMZ123 是一个专注于跨境导航的网站，因其中立、专业而在众多卖家中树立了良好口碑。AMZ123 力求成为跨境卖家的综合导航网站，围绕卖家需求，以一站式入口持续收集、整理跨境卖家运营必备网站 。

AMZ123 创办于 2016 年，截至 2020 年 8 月，日均访客突破 10 万，Alexa 全球综合排名第 11 021 位。作为中国跨境电商的流量入口，目前全国 90% 的亚马逊卖家都在使用 AMZ123 跨境导航，如图 7-1 所示。与此同时，AMZ123 运营着业内知名的“跨境头条”。“跨境头条”是一个面向卖家的跨境电商资讯聚合平台，也是中国跨境电商领域内容最丰富的资讯平台之一，为卖家提供全面、实时的行业动态和实操干货。

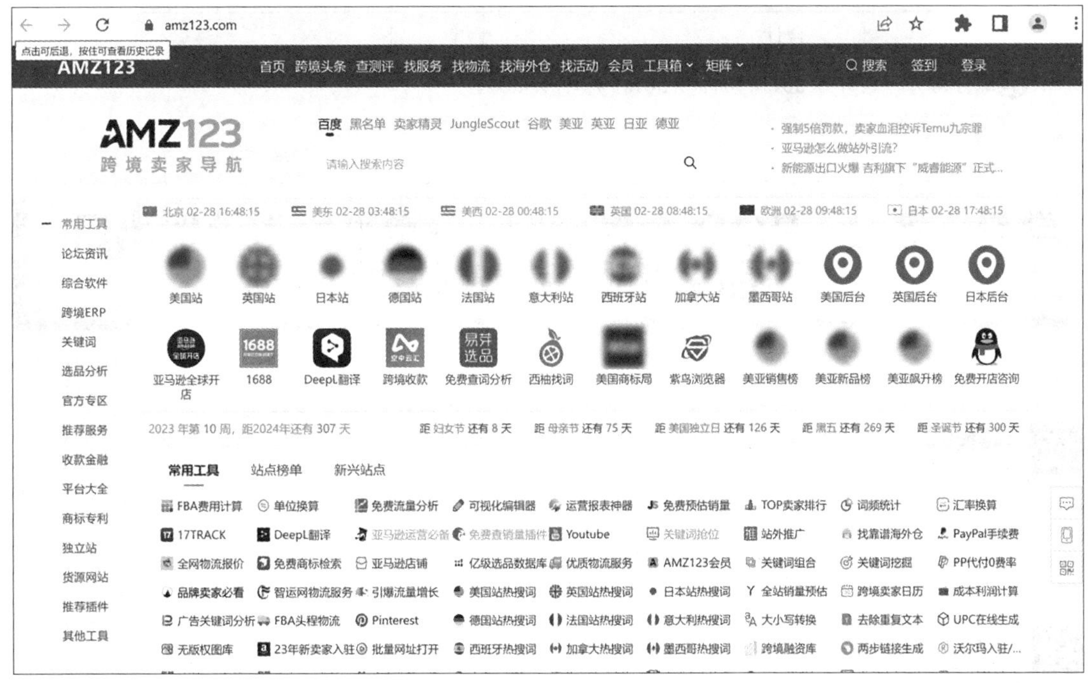

图 7-1　AMZ123 .com 主页界面

视频 7-2
案例：一名应届大学生的亚马逊日本站的创业故事

1. 训练题

亚马逊卖家导航网站获得成功的主要因素有哪些？为什么？

2. 实训题

使用亚马逊卖家导航网站中提供的关键词工具，以数据调研为基础，为某一款产品拟出核心关键词和长尾关键词。

学习任务考核评价表

序号	评价内容	得分 / 分			综合得分 / 分
		自评	组评	师评	
1	亚马逊卖家导航网站的主要功能和服务				
2	从亚马逊卖家导航网站可以解读的创业密码				
合计					

注 综合得分＝自评 ×30%+ 组评 ×30%+ 师评 ×40%。

学习任务 2　POD 个性定制——精准推进外贸出口产品供给侧结构性改革的探索

了解 POD 个性定制与跨境电商创业。

4 学时。

林经理告诉小莉：通过 POD 个性定制，开展跨境电商轻资产创业是非常便捷的一种方式，因为这个模式从理论上讲，可以做到零库存，减少了跨境电商的创业成本，同时降低了试错成本。

2020 年以来疫情肆虐全球，进一步刺激了全球跨境电商的发展，但某些大平台频繁的封店动作，无疑是对跨境卖家的动荡洗牌，促使卖家针对运营玩法的改变和寻求新的赛道，跨境电商市场波动是正常的，变换赛道这一举动看似是无奈中的一种“慌乱求生”，却也让部分卖家找到了新的跨境电商盈利赛道，有不少中国跨境卖家将目光投向 POD 个性定制模式。个性化定制产品如图 7-2 所示。

图 7-2　个性化定制产品

独立站 POD 模式是当前最为火热的个性化定制多元化模式，POD 作为 S2B2C（一种集合供货商赋能于渠道商并共同服务于顾客的全新电子商务营销模式，S 即是大供货商，B 指渠道商，C 为顾客）柔性定制 2.0 版本，是更加带有感情色彩、更高层的模式，使个性化产品有多元化选择，充分发挥应用满足用户需求。目前，POD 模式在跨境蓝海市场中取得不错的反响，不仅在境外市场占据一席之地，在境内销售市场也极具竞争力和发展前景。

一、POD 模式概述

POD，直译就是按需打印。拆开来说，“按需”是指消费者凭个人喜好和需求下单，商家接单后再制作产品。“打印”是指卖家接单之后，将订单转给合作的加工厂进行生产，工厂再根据商家下单的要求对产品进行加工，将制作完成的产品代发货给消费者。

二、POD 模式的运作流程

（1）客户在品牌独立站中选择产品，使用平台拥有的设计图案或提出个性化打印需求。

（2）待客户下单后，商家将订单需求通过工具（定制插件）对接给 POD 供应商。

（3）POD 供应商负责产品定制并一件代发给终端消费者。

视频 7-4

POD 平台实操前预热

在这个过程中，跨境卖家主要负责挖掘有创意的产品与营销推广品牌，上架商品后将消费者引流到店铺下单，再将消费者订单信息和装运细节交给 POD 供应商，最后由供应商完成商品定制与邮寄。

三、POD 模式的优势

（1）个性定制多元化。实现更多主题的应用，使产品更具有鲜活性。

（2）垂直品类多样化。优选产品，提升消费者选择的可能性。

（3）满足客户定制需求。直击客群，提高产品溢价率与用户黏度。

（4）无库存无积货。按需定制，降低仓储成本，消除囤货顾虑。

（5）无发货烦恼。产品一件生产代发至境外消费者手上。

四、POD 境外发展现状及趋势

在欧美等境外市场，消费者对个性化的需求日益凸显，因此 POD 商品市场空间较大，其中美国是 POD 需求最大的市场。根据《德勤消费者评论》（*The Deloitte Consumer Review*），超过 50% 的消费者表示有兴趣为自己、朋友和家人购买个性化产品，20% 的消费者愿意为个性化或独家产品多支付 20%的价格。谷歌关键词数据显示（图 7-3），“Print on demand”的相关搜索量从 2015 年起就呈稳步上升趋势，侧面印证了境外消费者对于 POD 商品的整体需求较为强烈。

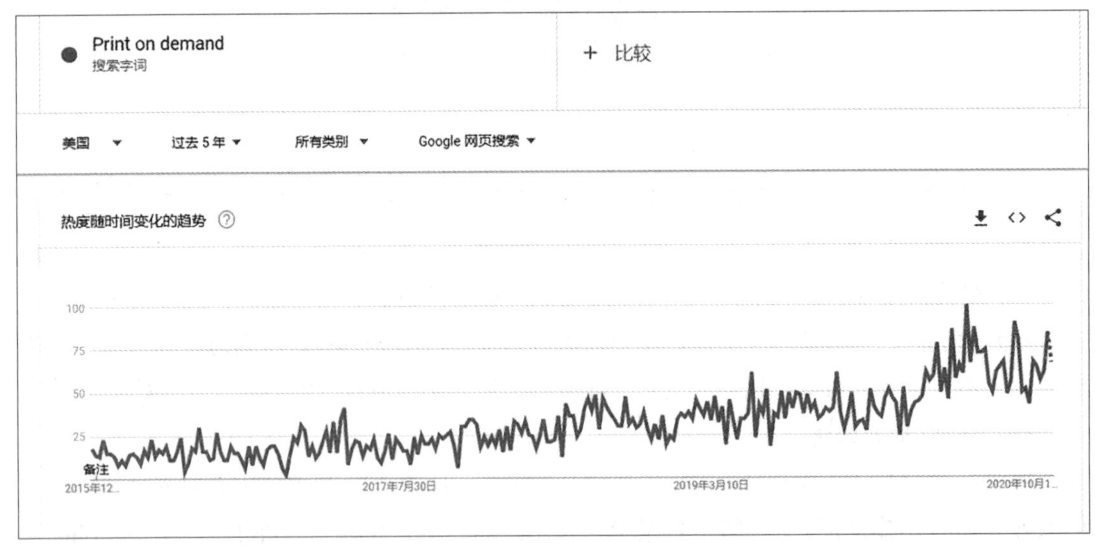

图 7-3　谷歌关键词趋势数据

基于 POD 模式，卖家只需找到主题方向，提供多样化素材让用户自己选择，即使是一件衣服也有成百上千种定制方案，进一步加强了消费者和产品之间的连接。

特色：来图定制、一件代发、无最低起订量、5 ~ 7 天出货、物流费用低、自有智慧工厂。

（1）POD 平台是一个以产品及用户的需求为导向宗旨，集来图定制、一件代发、创意图案印刷、产品设计定制器等于一身的多功能平台，同时充分结合平台线下自有工厂、物

流渠道，让产品在最短时间以最低物流费用进行出货交付客户。目前 POD 下辖鞋靴、箱、包、帽、运动服饰套装、T 恤、毛毯等产品，品类齐全。

（2）白板产品图片轮播 / 成品产品或样品图片轮播。可在产品上设计添加名称、徽标（logo）、图片等相关元素，让它成为一款独一无二的鞋、靴、箱、包、帽、运动服饰套装、T 恤、毛毯。

（3）目前热销产品成品展示（图 7-4）。

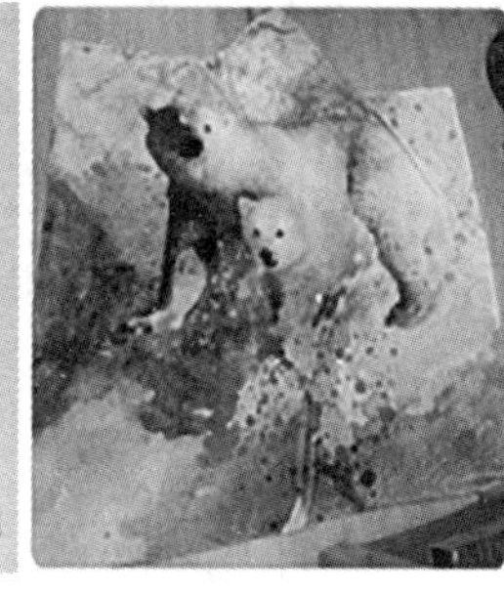
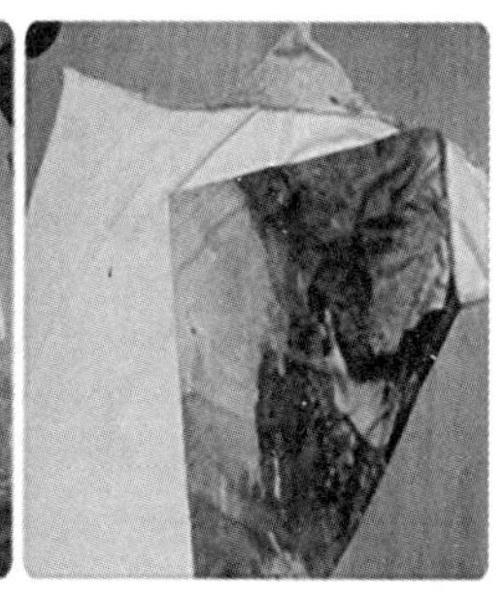

图 7-4　跨境电商热销品列举

毛毯可披穿出门，采用双面法兰绒作为原材料，使用不掉色无害环保打印印刷技术，在保证保暖舒适的同时具有美观效果，经久耐用；可以在外面印制任何图案元素以及花纹 logo 文字等。

五、平台定制器演示环节

（一）单件设计

（1）在“产品分类”页面，可以单击页面左上角产品分类按钮选择产品，或者在右上角搜索框中输入想要的产品名称去选择然后设计、调整产品，进入产品详情页面，单击“单个设计”，使用素材相关图片进行设计，如图 7-5 所示。

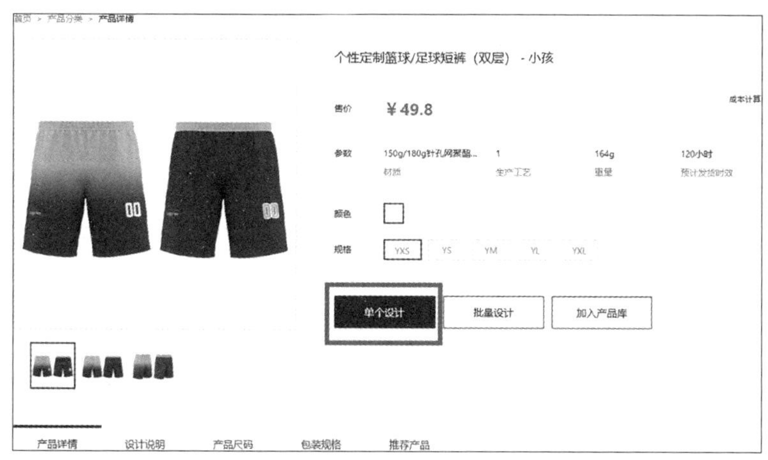

图 7-5　POD 平台定制设计页面

（2）设计器按键使用方式（图 7-6）。

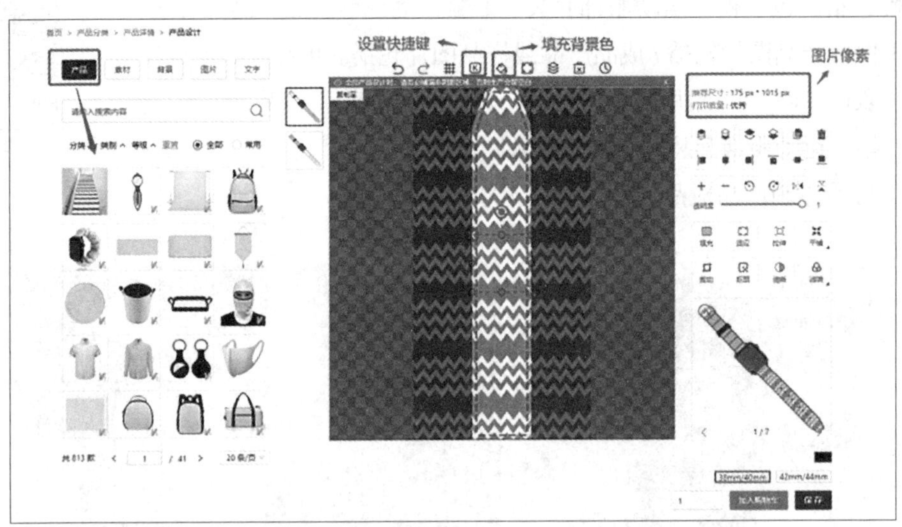

图 7-6　定制设计器示意图

产品：左侧产品栏中可搜索产品或按产品分类、类别、等级等选项选择所需产品进行设计。

素材：右上角进入“我的工作台”—“素材”—“我的素材”上传素材图片，直接选择素材图片或者添加多个图层的路径通道，支持多图层，多图片设计。

背景：图片填充至图层最底部。

图片：可电脑本地上传图片直接使用，不占用素材库图片库的空间容量。

文字：添加文字，字体、颜色、字号、对齐方式根据各自需求去修改调整。

推荐尺寸：图片像素按右侧推荐尺寸，避免产品生产过程中产生印制模糊、噪点等问题。

多图层复制：单击第一图层，批量复制至“全部”图层，设计全幅产品更加方便、快捷。

辅助线：若需要重新调整图片具体位置，特别是涉及图片素材在产品上的对称情况，可以打开辅助线功能，协助对称调整。

快捷键：可根据个人习惯设置快捷键使用方式，设计轻松便捷。

背景色：针对 PNG 格式的素材图，可以将素材图片添加区域填充为不同的背景色，也可使用颜色吸管提取素材颜色填充背景色。

透明度：添加的素材图、文字，可以通过透明度的调节来控制明显程度。

裁切：可对原素材重新裁切。

填充：素材短的一边填充到边线位置，长的一边会超出被裁切。

适应：将素材等比例放入边框内，图案所有内容都会显示，使用素材默认适用状态。

拉伸：将素材的横、竖两边均顶至边框。

平铺：将原有的素材图，复制平铺铺满边框，有三种平铺效果（基础、交错、镜像）。

（3）完成设计，单击右下角“保存”按钮，在“我的工作台”—“发布”—“成品管理”查看该成品，如图 7-7 所示。

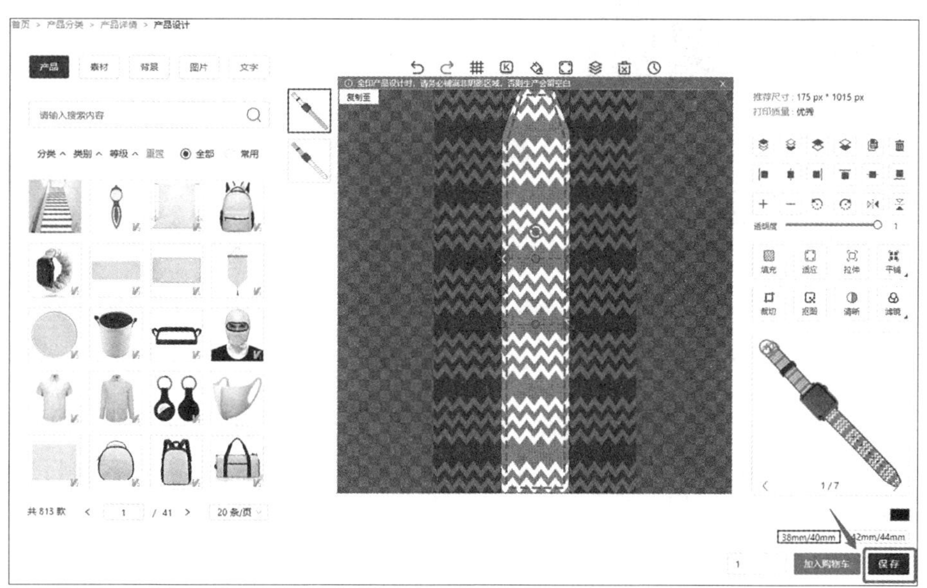

图 7-7　设计完成保存页面

（二）批量设计

（1）进入“产品分类”页面，按类目选择产品，对所需产品可直接进行“批量设计”，或者选择“加入产品库”后对多款产品进行批量设计，如图 7-8、图 7-9 所示。

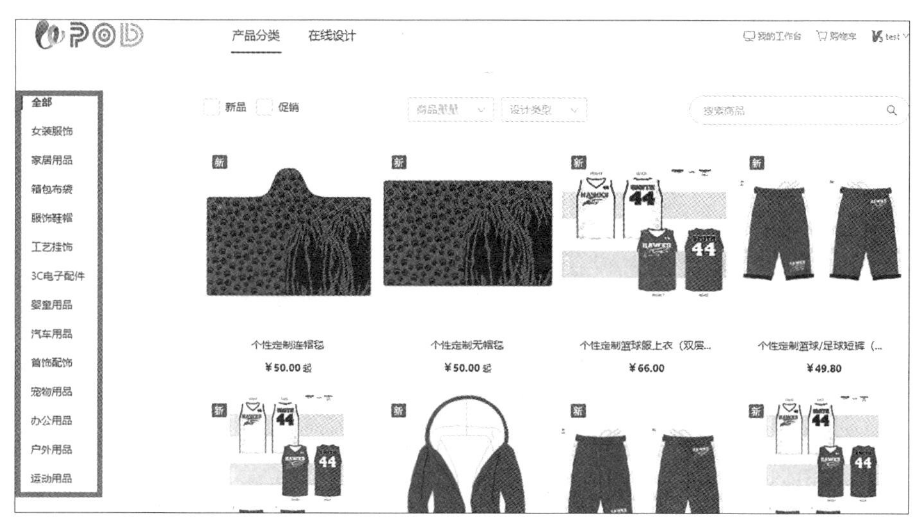

图 7-8　批量设计页面（1）

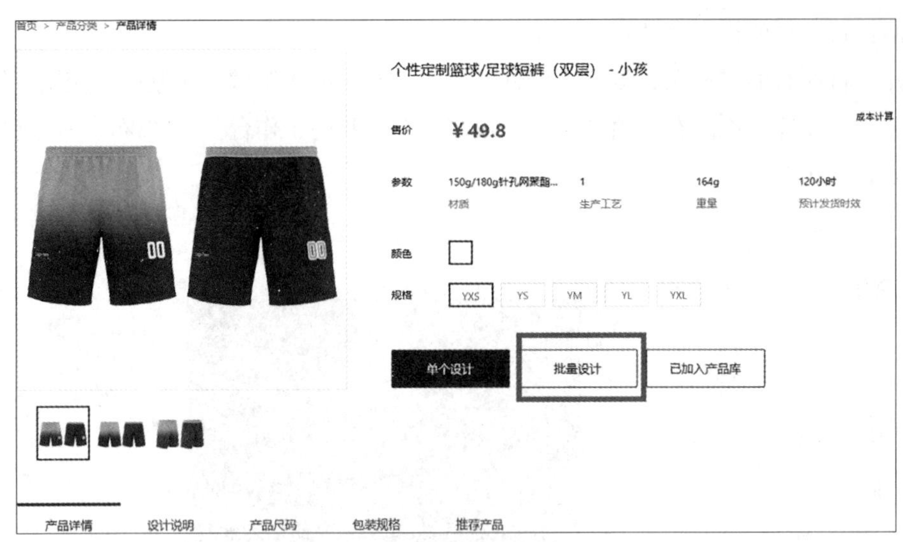

图 7-9　批量设计页面（2）

（2）打开“我的工作台”—“设计”—“我的产品库”，勾选产品后单击“批量设计”按钮。[建议同像素的产品一起设计，不要跨品类（如衣服和鞋子）进行批量设计]，如图 7-10 所示。

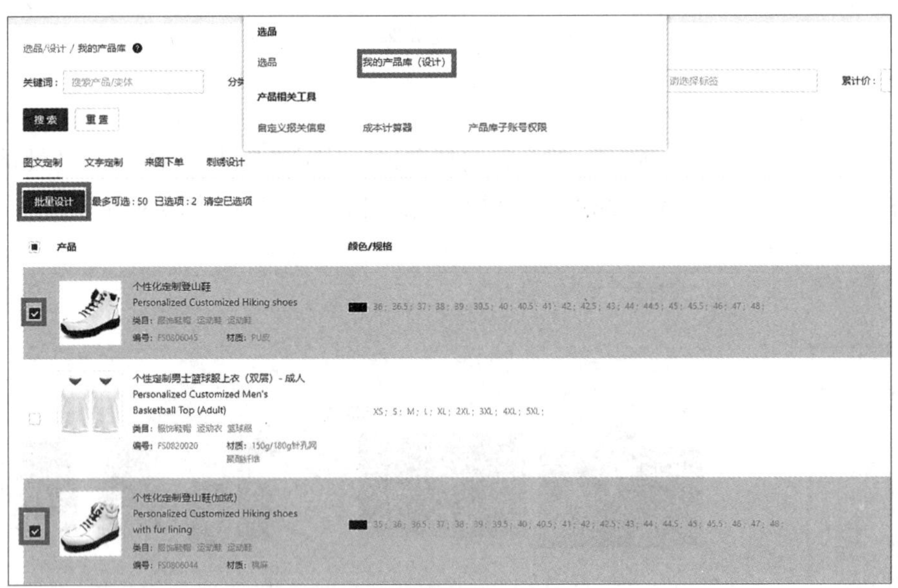

图 7-10　“我的产品库”页面示意图

如果对产品规格有所增减，进入产品库后，单击对应产品右侧的“配置”按钮，可以选择想做的产品规格 / 颜色等。想要更改主图，可以单击“排序调整”，然后拖动图片，调整模板图片的位置顺序，如图 7-11 所示。

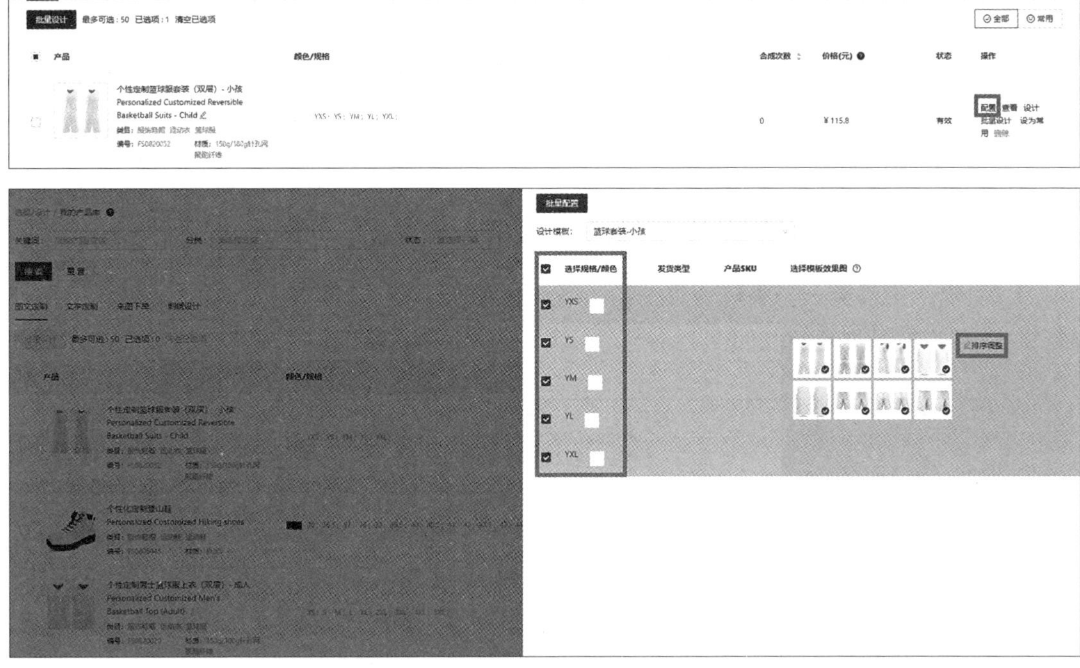

图 7-11　产品规格及图片参数调整页面

（3）选好图片素材和产品之后，系统自行渲染效果，一次最多可以合成 200 套 SKU（产品数为 M，素材数为 N，即 $M \times N$ 小于等于 200）。可批量预览设计效果：针对批量设计结果，还可单独对某个产品进行单个“设计”、查看“大图”和“删除”，如图 7-12 所示。

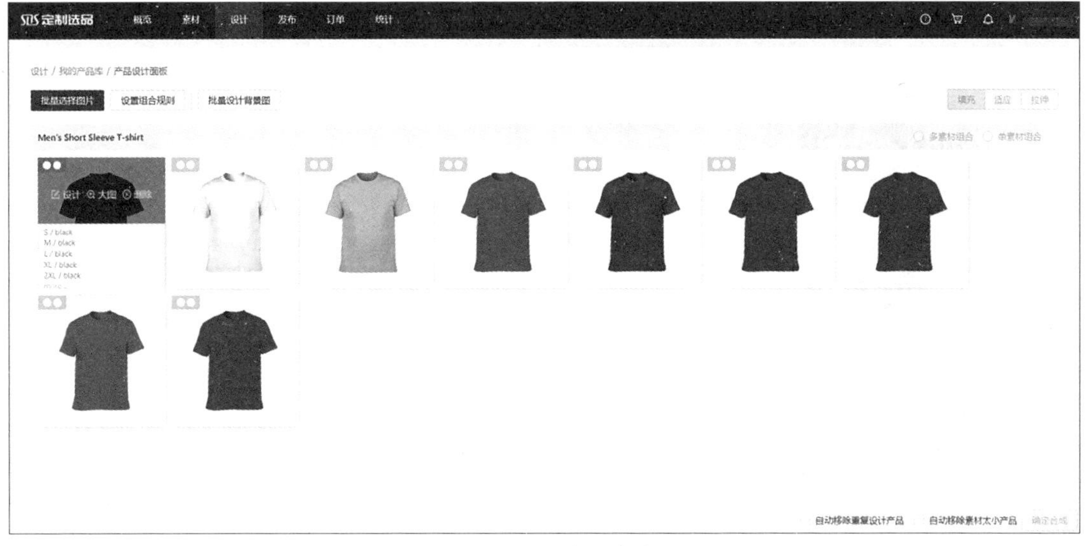

图 7-12　批量预览设计效果图

（4）如果预览不满意，可单击进入单个“设计”，进行设计或者删除。

六、亚马逊平台定制类产品（POD）模板填写指南

（一）模板类型介绍

目前平台支持的批量商品数据上传类型有三大类：3C 电子配件类（electronic case）、户外类（outdoors）和服装类（clothing）。

各大类商品展现的形式如下。

1. 3C 电子配件类——手机壳类

（1）单个产品展示，如图 7-13 所示。

图 7-13　亚马逊前台 Listing 页面（无变体商品）

（2）产品图案变体，如图 7-14 所示。

图 7-14　亚马逊前台 Listing 页面（有变体商品）

2. 户外类——服饰

（1）尺码变体，只展示 1 个图案，固定颜色，对应该款衣服的所有尺码（图 7-15）。

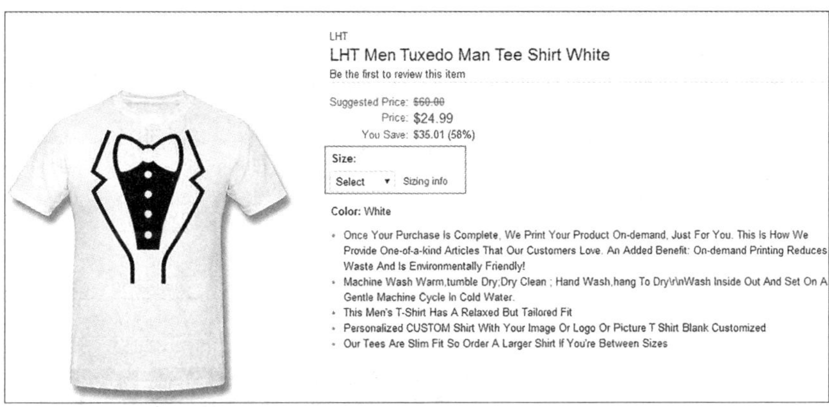

图 7-15　亚马逊前台 Listing 页面（尺码变体商品）

（2）产品变体，展示 10 个图案，固定颜色，对应该款衣服的所有尺码（图 7-16）。

图 7-16　亚马逊前台 Listing 页面（产品图片变体商品）

（3）颜色变体，展示 1 个图案，所有颜色，对应该款衣服的所有尺码（图 7-17）。

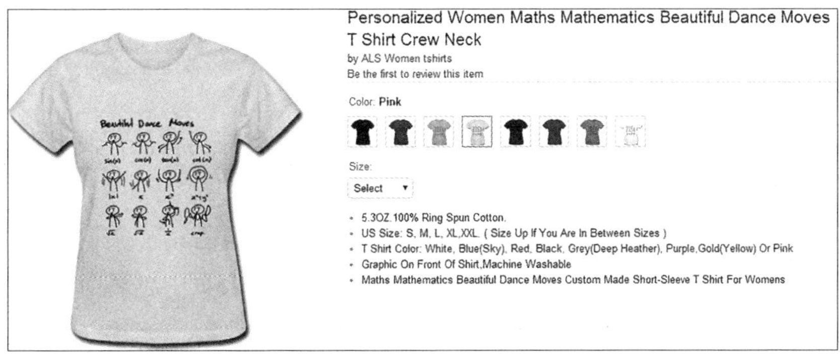

图 7-17　亚马逊前台 Listing 页面（颜色变体商品）

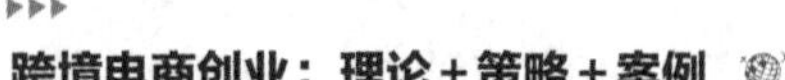

3. 服装类

要把产品放在服装类，你的店铺必须通过分类审核后才可以。目前服装类只开放一种展示方法：尺码变体，展示效果同 Outdoors 一样。

（二）模板属性填写

模板属性都是亚马逊原始批量表格必填的数据，把该类数据统一整理出来汇集成一个简单易做的模板，接下来对模板中的各种属性、变量等进行一一说明。

1. 图 7-18 中出现的属性说明

图 7-18　POD 柔性定制系统产品模板编辑页面

（1）模板编号，系统默认值。

（2）模板名称，需要自己命名当前的模板，通常的命名规则就是方便识别记录，如男款尺码变体模板（single men t shirts）名称支持中英文命名。

（3）模板类型，请参考第一要点，慎重选择，全部运用颜色。

（4）模板排序，0 ~ 999 的数值，数值越大，在模板列表页中越靠前，建议常用的模板可以把数值设大些，没有用的模板把数据设置为 0。

（5）产品编号，该属性为亚马逊中的“SKU”，极重要，关乎生产和配送等。

编写规则：

不能全是数字，最多两个数字，首字母与尾字母不能是数字，最后一定是 {id}。

正确的写法为：

ZSC9M-{id}，sd5saff8ds-{id}，rere5py-{id}-toy-{id}，连接符可以用 _ 和 - 两种，必须是英文格式下的符号，{id} 一定要有，不能为空，不能改。

错误的写法：

9CSM-{id}，数字在前。

ABC9-{id}，数字在后。

BLACK-{id}，出现颜色值。

XL-{id}，出现尺码值。

NIKE-{id}，品牌。

AD-{id}，太短易重。

ZSC9M{id}，无连接符。

ZSC9M-{ID}，修改了 {id}。

（6）产品名称，该属性为亚马逊中的“Title”，极重要，决定排名和用户点击与否等。

编写规则：核心词不能完整重复，可读性强，出现产品的属性、适合人群、颜色、品牌等，不宜出现促销词，不宜太长（100 字符以内），不宜重复太多。

编写范本：{designname}{department}{ 修饰词 }{Keywords}（借鉴高销量标题）。

{designname}，主题名，也就是图片名称，就是图片设计的含义。

{department} 属性分类，就是指男女老少。

{ 修饰词 } 品类的修饰词，可借鉴亚马逊同品类第一页的核心关键词或者词组。

{keyWords}，品类关键词，可借鉴亚马逊同品类第一页的核心关键词或者词组。

POD 平台的标题全部是用规则来自动生成的，所以这里大家必须要了解变量，我们用这种形式来表示变量：{keywords1，keywords2，keywords3}，指该变量中有三个关键词，系统将随机从中读取一个作为组成标题的关键词。

变量与变量之间一定要有空格“　”。

变量中的词可以根据其重要性重复多次，进而得到更多的读取跟曝光。

（7）厂家，自己编写一个，长度超过 5 个单词以上。

（8）分类，名称极重要，分类错误会被警告、下架，严重的被封号。

如何寻找正确的分类，步骤为：登录亚马逊后台—Inventory—Add Products via Upload，如图 7-19 所示。单击框，进入搜索界面，如图 7-20 所示。

搜索自己的产品分类，如搜索“t shirt”就显示图 7-20 的分类，可以放在 Sports 或是 Clothing 这两个分类，有分别对应的可用数值。

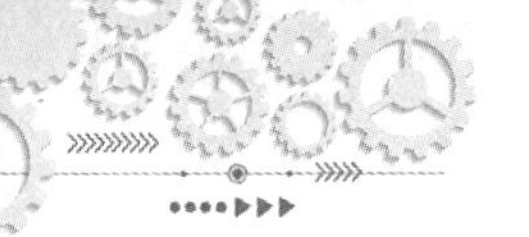

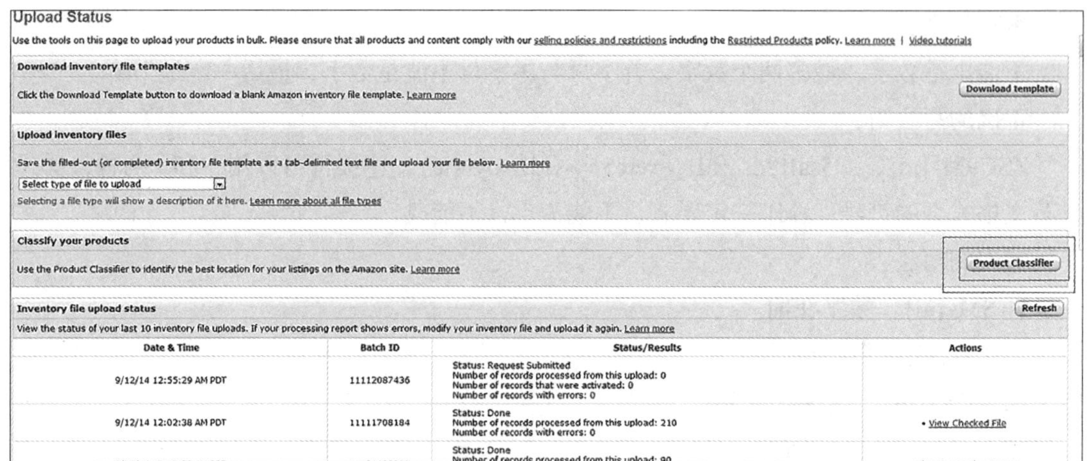

图 7-19　亚马逊卖家后台商品类目选择页面

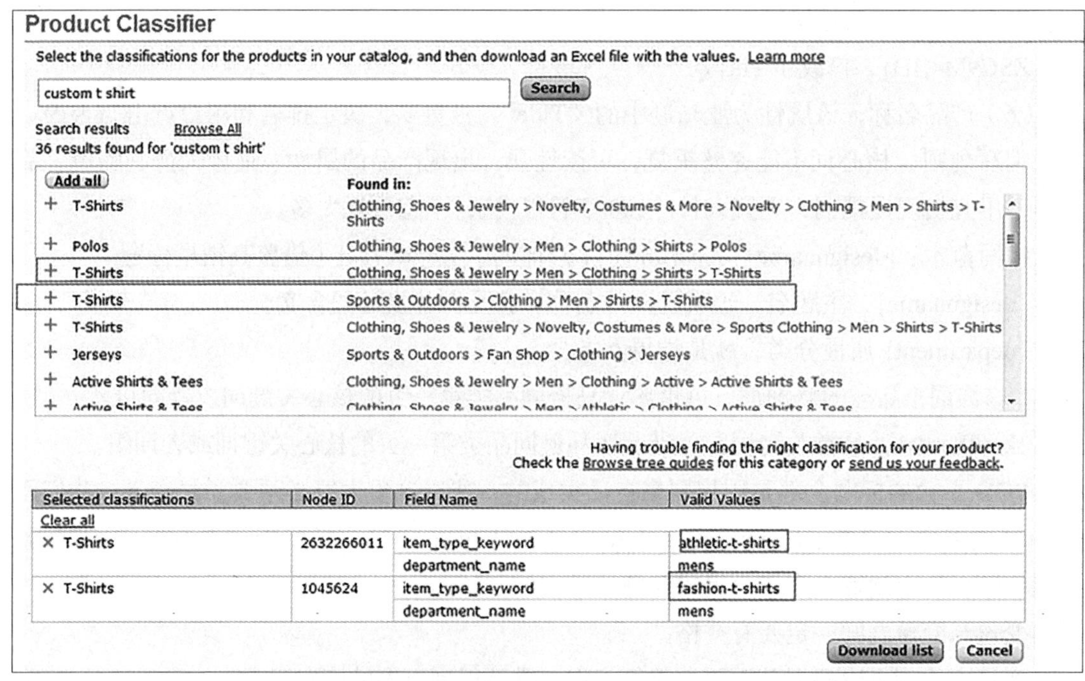

图 7-20　亚马逊卖家后台商品类目搜索页面

注意：如果创建的模板是儿童球衣 / 背心等，需要在这里搜索找对应的分类。

2. POD 模板编辑中的填写项（图 7-21）

（1）长描述，亚马逊上的产品描述，位于中部区域。长描述需详细地描述与产品相关的细节信息，可应用变量。

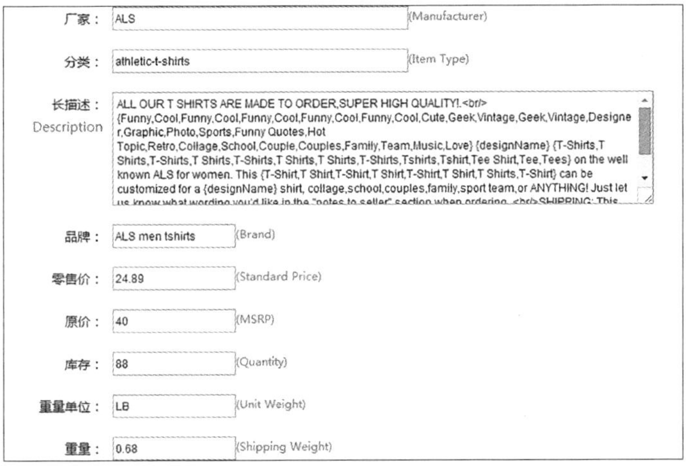

厂家：ALS (Manufacturer)

分类：athletic-t-shirts (Item Type)

长描述：
Description
ALL OUR T SHIRTS ARE MADE TO ORDER,SUPER HIGH QUALITY!.
{Funny,Cool,Funny,Cool,Funny,Cool,Funny,Cool,Funny,Cool,Cute,Geek,Vintage,Geek,Vintage,Designe
r,Graphic,Photo,Sports,Funny Quotes,Hot
Topic,Retro,Collage,School,Couple,Couples,Family,Team,Music,Love} {designName} {T-Shirts,T
Shirts,T-Shirts,T Shirts,T-Shirts,T Shirts,T Shirts,T-Shirts,Tshirts,Tshirt,Tee Shirt,Tee,Tees} on the well
known ALS for women. This {T-Shirt,T Shirt,T-Shirt,T Shirt,T-Shirt,T Shirt,T Shirts,T-Shirt} can be
customized for a {designName} shirt, collage,school,couples,family,sport team,or ANYTHING! Just let
us know what wording you'd like in the "notes to seller" section when ordering.
SHIPPING: This

品牌：ALS men tshirts (Brand)

零售价：24.89 (Standard Price)

原价：40 (MSRP)

库存：88 (Quantity)

重量单位：LB (Unit Weight)

重量：0.68 (Shipping Weight)

图 7-21　POD 商品模板编辑页面

注意： 尽量少写尺码与物流信息，不能在此留联系方式。

（2）品牌，必填，直接运用核心关键词。

（3）零售价，客户实际付款的价格，各个品类有指导价。

（4）原价，显示价格。

（5）库存，数量 50 ~ 200。

（6）重量单位与重量，可不填，要么全填，要么全不填写。

3. POD 模板编辑中亚马逊五点描述位置对应的填写框（图 7-22）

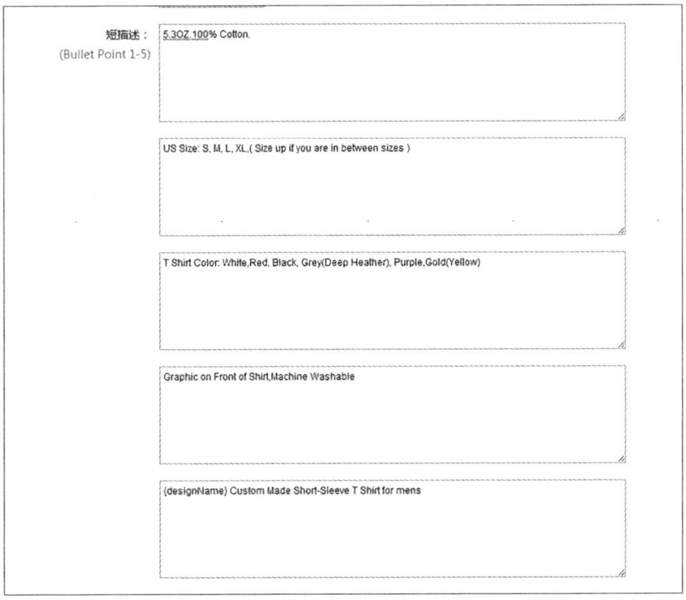

短描述：
(Bullet Point 1-5)

5.3OZ 100% Cotton.

US Size: S, M, L, XL.(Size up if you are in between sizes)

T Shirt Color: White,Red, Black, Grey(Deep Heather), Purple,Gold(Yellow)

Graphic on Front of Shirt,Machine Washable

{designName} Custom Made Short-Sleeve T Shirt for mens

图 7-22　五点描述对应的填写框

短描述显示于产品展示页面的左侧位置，默认为五行。

短描述的主要目的是简短地说明你的产品信息。

客户看短描述大于看长描述，所以尽量写满这 5 行。

衣服的写法通常包括材质、克重、适合人群、尺码颜色范围、是否定制，以及一些你认为必要的提醒。

变量可以用在这五行中。

五点描述填写完毕后，进入搜索词的填写板块，如图 7-23 所示。

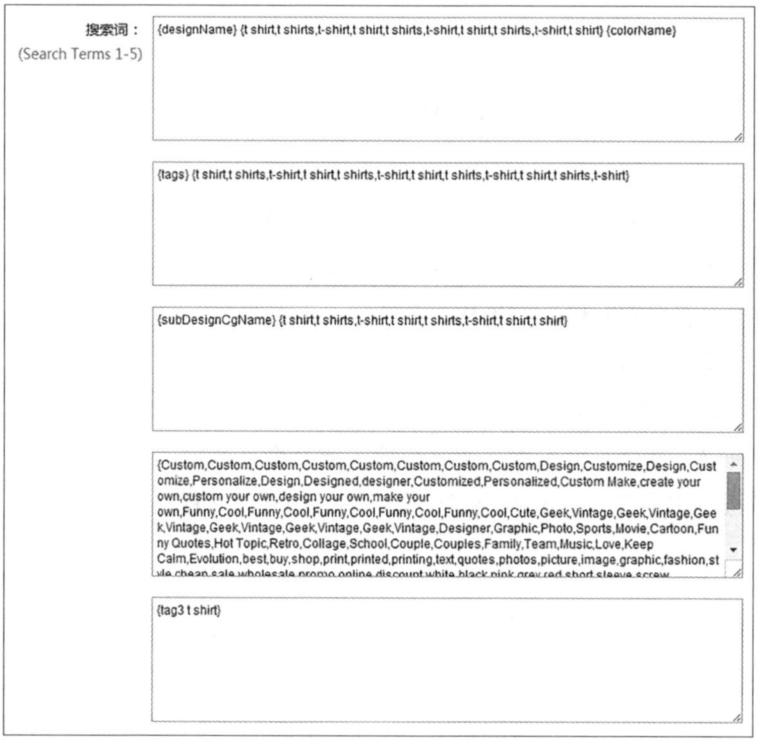

搜索词：
(Search Terms 1-5)

{designName} {t shirt,t shirts,t-shirt,t shirt,t shirts,t-shirt,t shirt,t shirts,t-shirt,t shirt} {colorName}

{tags} {t shirt,t shirts,t-shirt,t shirt,t shirts,t-shirt,t shirt,t shirts,t-shirt,t shirt,t shirts,t-shirt}

{subDesignCgName} {t shirt,t shirts,t-shirt,t shirt,t shirts,t-shirt,t shirt,t shirt}

{Custom,Custom,Custom,Custom,Custom,Custom,Custom,Custom,Design,Customize,Design,Customize,Personalize,Design,Designed,designer,Customized,Personalized,Custom Make,create your own,custom your own,design your own,make your own,Funny,Cool,Funny,Cool,Funny,Cool,Funny,Cool,Funny,Cool,Cute,Geek,Vintage,Geek,Vintage,Geek,Vintage,Geek,Vintage,Geek,Vintage,Designer,Graphic,Photo,Sports,Movie,Cartoon,Funny Quotes,Hot Topic,Retro,Collage,School,Couple,Couples,Family,Team,Music,Love,Keep Calm,Evolution,best,buy,shop,print,printed,printing,text,quotes,photos,picture,image,graphic,fashion,style,cheap,sale,wholesale,promo,online,discount,white,black,pink,grey,red,short sleeve,screw

{tag3 t shirt}

图 7-23　搜索词对应的填写框

搜索词：非常重要，决定曝光量与排名。

Search Terms 共有 5 行，每行的长度限制是 100 个字符。

tag 变量说明：数字可以改变，越重要的标签越写在前面，标签不限两行。

{tags} 读取该产品的所有 Tag（标签）。

{tag3} 读取该产品的前 3 个 Tag。

{rtag3} 随机从该产品的所有 Tag 中读取 3 个。

{tag5} 读取 5 个 Tag，并且与产品关键词相结合。

其写作规则有：每行 Tag 提取数量可以不一样。（数字可以不一样）

第一行：任选一个。

{designName} {keywords}

第二行：任选一个。

{tag3} {keywords}

{rtag3} {keywords}

{tag5} {keywords}

第三行：任选一个。

{tag5} {keywords}

{rtag6} {keywords}

{tag6} {keywords}

第四行：任选一个。

{tag5} {keywords}

{rtag6} {keywords}

{tag6} {keywords}

第五行：任选一个。

{tag5} {keywords}

{rtag6} {keywords}

{tag6} {keywords}

变量说明：

（1）产品标题变量：{design Name}。

这个变量指的是产品的标题，如图 7-24 中的 5 Stars Rating Minions 就是 {design Name}：

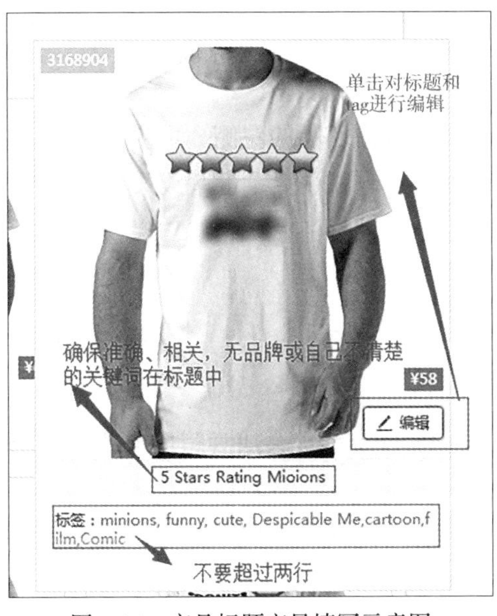

图 7-24　产品标题变量填写示意图

图 7-24 中的 {design Name} 有两个需要修改，第一个是 Mioions 拼写错误，修正为 Minions。第二个是标题的相关性不是很好，可以把相关的其他大词加入，如 Despicable Me、Movies、Cartoon、Banana 以及人名 Donny、Jerry 等，增加这个标题的搜索曝光量。

（2）tags 变量，该变量在图片中叫“标签”，变量形式主要有如下几种。

{tags}：读取当前产品底下的所有 Tag，请确保所有的 Tag 不超过 2 行，只有运用 Tags 才不超过 2 行。

{tag3}：从所有的 Tag 中读取前 3 个，请确保前 3 个 Tag 是最相关的，搜索量最大的，可以超过两行。

{rtag3}：从所有的 Tag 中随机读取 3 个，数字代表随机读取的数量，可以超过两行。

{tag3 keywords}：Tag 与关键词的内部组合，如 {tag2 t shirt} 代表随机读取两个 Tag 与 t shirt 的组合，展示结果为：aaa t shirt，bbb t shirt。

更多应用：

{rtag3}{keywords}，{tag3}{keywords}，{tag1 t shirt}+{tag2 t shirts}。

变量：一个大括号里面有几个词或者词组。这和新建 Listing 有关。

变体：尺码变体，颜色变体，产品变体，和产品链接有关。

（3）普通变量：{keywords，keywords2，keywords3，keywords4 等 }。

变量是模板最重要的组成部分，其应用直接关系产品的曝光与转化。

变量与变量用空格隔开，如 {} {}，代表同个词，如 Design t shirt。

变量与变量用逗号隔开，如 {}，{}，代表不同词，如 Design，t shirt。

变量中的关键词用空格隔开，代表同个词，如 {Design t shirt}。

变量中的关键词用逗号隔开，代表不同词，平台以逗号为准读取，如 {Design，t，shirt}。

4. 细节图片和主题关键词

细节图片有 8 张，展示的位置为产品的左侧，可自行添加。

好的细节图有助于提高转化率与减少后期的争议投诉。

1. 训练题

为什么柔性供应链系统（POD 定制）会成为跨境电商轻资产创业的好选择？

2. 实训题

利用 POD 定制系统，生成带有大熊猫图案的桌垫套图，并为其撰写商品描述。

学习任务考核评价表

序号	评价内容	得分 / 分			综合得分 / 分
		自评	组评	师评	
1	什么是 POD 模式				
2	POD 模式运作流程				
合计					

注 综合得分 = 自评 ×30%+ 组评 ×30%+ 师评 ×40%。

学习任务 3　AU&MU 品牌“出海”之亚马逊平台营销案例分析

了解中国鞋服类自主品牌跨境电商“出海”的营销路径。

1 学时。

林经理告诉小莉：不同品类、不同产品的跨境电商品牌“出海”之路都有各自的特点，他山之石，可以攻玉。关注并学习一些优秀中国“出海”卖家的品牌营销之路，对于破解跨境电商运营中的一些瓶颈同样很有帮助。

AU&MU 品牌专注设计和生产雪地靴，自创立之初就秉承“忠于手工、源于自然”的理念，凭借其独有的轻奢理念和出众的品质服务备受境内消费者青睐（图 7-25）。从 2017 年起，公司携品牌进入跨境电商领域，经过探索和积累，在亚马逊平台（美国站）进入小类目排名前列。经过对 Best Seller 的评估，公司计划加大备货力度，希望在新的一年里，销量有较大的突破。那么，朝着这一全新的目标，公司团队应该如何入手？

图 7-25　AU&MU 官方主页

首先，商品详情页的制作，必须在第一时间抓住客户的眼球。雪地靴类目竞争激烈，又因为是季节性产品，售卖周期较短，很多同业都容易忽视前期制作，直接模仿甚至抄袭大牌雪地靴的 Listing 设计和产品描述，虽然节约了时间和成本，但抄袭之作千篇一律，雷同的页面也不能很好地突出自己品牌产品的卖点。而澳大利亚作为雪地靴的起源之地和 AU&MU 品牌的注册地，当地的雪地靴文化得天独厚。因此，AU&MU 每年都投入巨资，由 AU&MU 澳大利亚团队根据品牌自身的文化和当季产品的设计，制作精良的商品详情页及相关海报、视频。

其次，对商品进行精细化运营操作，以获取流量和转化。雪地靴类目竞争激烈，产品的销售周期只有 4 ~ 5 个月，所以能否在较短时间内通过运营将销量提高，关系到整年的销售目标是否能够达成。

运营的过程，就是商品引流加转化的过程。亚马逊站内流量一般主要来自四个渠道：关键词流量、BSR 排名流量、销量排名推动中所带来的关联流量和站内广告流量。先说关键词设置，关键词的设置是最直观的，通过观察转化率可以直接体现；转化率高，说明 Listing 的撰写基本上没有问题。关键词流量已经基本上解决了，接下来只需要根据实际情况对关键词进行微调，就可以稳住这部分流量。而 BSR 排名流量和销量排名推动中所带来的关联流量都无法单独地形成增长，只能在销量增长排名上升之后才可能获得更多，因此，站内广告流量是运营的重中之重，合理增加广告投入，能够带来大量的新增订单。而大量的新增订单，能够拉动排名，引入关联流量。据此三方共同发力，就可以达到销量、排名流量、关联流量三驱联动上升的效果。

运营部门是电商行业的技术核心部门，运营工作不是单纯地拍脑袋决定投入多少预算，也不是单纯地加大广告投放，就能带来更多的订单，而是需要对商品做一个详细的全面评估，首先确保 Listing 页面和关键词设置等基础工作已经达到最优，能够有效地对广告引入的流量进行转化；其次，还要和同业的竞争商品做横向对比，比排名、比价格，比转化率。只有在所有这些准备工作都就绪的情况下，才能开始准备加大广告投入。

以 AU&MU 的经典款雪地靴为例，AU&MU 的该款雪地靴，原料采用的是通货级别的澳大利亚美利奴羊皮毛一体，靴底采用 MD（莫代尔或飞龙的统称）材质加橡胶贴片构成，MD 是目前已知材质中隔寒绝热效果最好的材质，橡胶贴片能够有效地增强鞋底的抓地力；同时，鞋底纹路由黄金十二宫的星象纹路构成，属于 AU&MU 独有的外观专利，既贴合了 AU&MU 品牌的星座文化，又赋予雪地靴“守护靴”的内涵。综上，这款产品从选材、设计、文化底蕴等方面来说，都能够与国际大牌相抗衡，并且在价格方面，对比大牌更具有极大的竞争优势。同时从同业竞品的横向对比来看，在前 50 名的竞品对比中，经典款雪地靴的 Listing 整体表现相对较好，转化率也高于大部分同行；这说明产品页面和关键词设置的优化已经基本达到了预期，接下来可以考虑加大广告预算投入来吸引更多的流量，拉动销售订单的增长。

AU&MU 运营部门最终决定的方案是：初期略微提高广告竞价，同时广告预算加倍，利用广告带来更多的订单，以提高 BSR 排名。直至 Listing 的 BSR 排名进入前 20 后，再观察一段时间，不断根据实际排名情况进行微调、优化，如果销量和排名稳定，就可以逐步降低广告竞价，减少广告的支出；如果不稳定，就继续从页面、关键词等方面进行自查优化设置或者参加一些平台组织的让利活动，直到广告的投入和支出达到公司的预期。

实践证明，上述方案执行后，经典款雪地靴一度成为站内 Top 10，销量和利润都得到了大幅的增长。

最后，需要在销售的末尾进行差异化运营操作，为整个销售季画上一个圆满的句号。亚马逊平台的商家都会面临这样一个问题：售卖的高峰期已过，而库存还有剩余，该如何解决？众所周知，亚马逊 FBA 仓库中的货品，是需要缴纳储存及操作费用的，而关税等客观条件的限制，使得退仓返货的操作基本没有空间。因此，对于季末库存，我们要有一个明确且清醒的认识：销售旺季即将过去，剩余库存必须快速清仓。清仓的好处在于可以避免货品积压，节省仓储费用、优化资金周转，使次年的准备工作可以更加灵活，同时避免无谓的资金积压。

在明确季末清仓的必要性之后，我们必须开始考虑清仓的沉没成本损失，既要达到清仓的效果，又不能断崖式降价，损害品牌形象和公司利益。那么，应该如何操作呢？我们还是以 AU&MU 品牌的经典款雪地靴为例进行实战解析。

经典款雪地靴作为主推款，备货量是所有款式中最大的，也就意味着到了季末，它的剩余库存是最多的。同时，它又承载了 AU&MU 的品牌形象，如果只是简单粗暴进行低价清仓，无疑会对品牌形象造成严重的伤害，也不利于该款产品在第二年的继续售卖。因此，必须做到既不损害老顾客的利益，又尽快实现清仓。

为了达到这一目的，AU&MU 公司的运营部门经过对市场、同行的考察、对比，决定了最终的清仓方案：首先，将当前尾货相对较少、不准备重点清仓的 Listing 的广告预算大幅度降低，把广告预算集中在经典款雪地靴上，在不加大总体广告预算投入的情况下，尽可能地把流量导向经典款雪地靴的 Listing，同时对 Listing 和关键词设置进行优化，营造销售氛围。其次，能够打动客人的，永远是降价。但是降价无疑会造成老客户和品牌价值的流失，那么，该如何处理呢？我们知道，为了提高转化率，卖家都会为产品设置优惠券，那么季末清仓时，我们就可以把优惠券的成本体现到价格上，直接在产品售价上减去优惠券的成本。这样操作的好处在于，实际购买价格不变，不会引起老客户的反感，无损品牌价值。同时，经典款雪地靴的售价的竞争优势又得到凸显，对吸引新客户、提高转化率都有很大的帮助。

1. 训练题

用思维导图画出 AU&MU 公司于不同销售阶段在跨境电商平台上所采取的不同营销策略，并进行简要讲解。

2. 实训题

SHEIN 从 2009 年开始发力跨境电商，至今已经在跨境电商领域耕耘 10 余年，积累了丰富的数据。利用这些数据，SHEIN 最终打造出独特的经营模式，大获成功。在收集资料的基础上，勾勒出 SHEIN 的品牌出海之路。

学习任务考核评价表

序号	评价内容	得分 / 分			综合得分 / 分
		自评	组评	师评	
1	鞋服品类的跨境电商出海案例探索				
2	鞋服类自主品牌建设研究				
合计					

注 综合得分＝自评 ×30%+ 组评 ×30%+ 师评 ×40%。

学习项目总结与评价

建议学时

1 学时。（用来总结本学习项目各任务的学习等情况。）

总结与评价过程

一、汇报总结

序号	汇报人	值得学习的地方	有待改进的地方
1			
2			
3			
4			
5			
6			

二、综合评价

1. 专业能力评价

序号	项目名称	得分
1	跨境电商创业成功案例总结	
2	POD 定制系统的基本实操	
综合得分		

注 综合得分为本学习项目中各学习任务得分的平均值。

2. 职业素养能力评价

序号	评价内容	评价标准	得分 / 分			综合得分 / 分
			自评	组评	师评	
1	柔性供应链定制系统	①能否掌握 POD 定制系统的基本平台操作				
		②能否掌握基于 POD 定制系统的跨境电商创业方式				
2	跨境电商创业成功的若干案例	①亚马逊卖家导航网站的成功之道				
		② AU&MU 品牌出海之路				

续表

序号	评价内容	评价标准	得分／分			综合得分／分
			自评	组评	师评	
3	学习态度	①上课是否认真听讲，勤于思考，独立钻研				
		②课后是否认真完成老师布置的各项任务				
4	团队合作能力	①是否积极配合团队的成员				
		②是否对团队作出积极的贡献				
5	能力拓展	能否依据真实情况，综合利用各种方法，分析自己或所在团队的平台选择策略				
综合得分						

3. 综合得分

学习项目 1 综合得分 = 专业能力评价得分 ×60%+ 职业素养能力评价得分 ×40%+ 创新素养能力评价得分。

注：创新素养能力指学生在学习过程中提出具有创新性、可行性的建议的能力；创新素养能力评价得分，满分 10 分（根据表现由老师评定），为加分项。

参考文献

[1] 亚马逊全球开店官网 [EB/OL].https：//gs.amazon.cn.

[2] 陈岩，李飞．跨境电子商务 [M]．北京：清华大学出版社，2023.

[3] AMZ123 跨境卖家导航 [EB/OL].https：//www.amz123.com.

[4] DNY123 东南亚卖家导航 [EB/OL].https：//www.dny123.com.

[5] 亚马逊官网 [EB/OL].http：//www.amazon.com.

[6] 雨果跨境官网 [EB/OL].https：//www.cifnews.com.

[7] Shopee 中国官网 [EB/OL].www.shopee.cn.

[8] 全球速卖通商家门户 [EB/OL].https：//sell.aliexpress.com/.

[9] 敦煌网卖家页面 [EB/OL]. https://seller.dhgate.com.

[10] 阿里巴巴国际站 [EB/OL]. https://www.alibaba.com.

[11] LAZADA 官网 [EB/OL].https://www.lazada.com.

[12] 林炜莉．对日跨境电商平台的选择与分析 [J]．对外经贸实务，2019（5）：37-40.

附　　录

附录 A　跨境电商全年热卖日历

附录 A

附录 B　跨境电商常用客服用语（英语、日语）

附录 B

附录 C　海外促销及团购网站

▲美国促销站点

1.http：//www.retailmenot.com

2. http：//www.zulily.com

3. http：//www.slickdeals.net

4. http：//www.woot.com

5. http：//www.ebates.com

6. http：//www.fatwallet.com

7. http：//www.gilt.com
8. http：//www.bradsdeals.com
9. http：//www.dealcatcher.com
10. http：//kinja.com
11. http：//techbargains.com

▲英国促销站点

12. http：//www.hotukdeals.com
13. http：//www.honglingjin.co.uk
14. http：//www.studentmoneysaver.co.uk
15. http：//mightydeals.co.uk
16. http：//www.discountvouchers.co.uk

▲德国促销站点

17. http：//www.mydealz.de
18. http：//www.dealabs.com
19. http：//www.gutscheine.de

▲日本促销站点

20. http：//kakaku.com

▲俄罗斯促销站点

21. https：//mysku.ru

▲加拿大促销站点

22. http：//www.redflagdeals.com

▲法国促销站点

23. http：//www.dealabs.com

▲其他促销站点

波兰

24. http：//gruper.pl
25. http：//www.godealla.pl

丹麦

26. http：//www.downtown.dk
27. http：//www.sweetdeal.dk

比利时

28. http：//www.outspot.be

土耳其

29. http：//www.grupanya.com

附录 D　8 周打造亚马逊爆款产品流程

时间轴	行动			关注点	阶段
第 1 周 选品	1. 品类分析	a. 市场需求	Google，JS 等工具	需求＋品质	投资
		b. 竞争程度	调研 Best Seller（BSR），Listing		
		c. 机会	Bsr20，价格，设计，质量等		
	2. 产品分析	a. 差异性	功能，设计		
		b. 质量	Reviews		
		c. 价格	利润率		
		d. 生命周期	替代品，质量淘汰品		
	3. 供应链	a. 拿样比样	质量，价格		
		b. 订货第一批	交期，价格，付款条件等		
第 2 周 好文案 好价格	1. 拍图	7 张图布局	首图，场景图，亮点，功能，爆炸图，配件图。（精修或者渲染）		
	2. 文案	a. Title	主关键词，亮点，谷歌收录		
		b. Feature	差异性，注意事项，关键词布局		
		c. Keywords	写法和优化		
		d. Description	激发需求，回答疑惑，亮点展示		
	3. 上线	3 个价格	营销心理		
		FBA+FBM	Listing 收录		
第 3 ～ 4 周	1. 测评	a. Top Reviewer	权威性，本土化	转化率	
		b. 关联测评	华人资源		
		c. 折扣测评	评论管理		
	2. Q&A	解答疑惑	设计和布局		
第 5 周 流量试水	1. PPC	a. 转化	曝光核心要素	检视	投资
		b. 销量	持续曝光核心要素		
		c. 关键词权重	合理合法提高排名		
		d. 投资观念	销量维度＋时间维度		
		e. 实操	自动广告是投资，手动广告是成本控制，PPC 是销量助推器		

<table>
<tr><th>时间轴</th><th colspan="3">行动</th><th>关注点</th><th>阶段</th></tr>
<tr><td rowspan="4">第 5 周
流量试水</td><td rowspan="2">2. 审视 Listing</td><td>a. Reviews</td><td>星级，数量，种类配比，视频，图片，排序</td><td rowspan="4">检视</td><td rowspan="14">投资</td></tr>
<tr><td>b. Q&A</td><td>数量，解决问题，排序</td></tr>
<tr><td rowspan="2">3. 销量 + 转化率</td><td>a. 价格</td><td>投入与产出比的权衡</td></tr>
<tr><td>b. 总销量</td><td>排名对曝光的权重影响</td></tr>
<tr><td rowspan="4">第 6 周
产品改进</td><td rowspan="2">1. 质量反馈</td><td>a. 退货率</td><td>亚马逊判断好产品的逻辑思维</td><td rowspan="4">产品</td></tr>
<tr><td>b. 工厂反馈改进</td><td>解决痛点，排除障碍</td></tr>
<tr><td rowspan="2">2. 补货计划</td><td>a. 小量多批次</td><td>控制质量风险</td></tr>
<tr><td>b. 不要断货</td><td>断货之后，考验的是好产品标准</td></tr>
<tr><td rowspan="3">第 7 ~ 8 周
站内外推广</td><td rowspan="3">冲量</td><td>a. Deals</td><td>站内站外</td><td rowspan="3">流量</td></tr>
<tr><td>b. PPC</td><td>AcoS 与产品总销量统计平衡</td></tr>
<tr><td>c. 社交媒体</td><td>YouTube、Facebook、Twitter、TikTok 等</td></tr>
<tr><td rowspan="3">第 9 周及往后
稳定增长</td><td rowspan="3">快车道</td><td>a. 简单的事情重复做</td><td>曝光，转化，投诉率</td><td rowspan="3">坑位</td></tr>
<tr><td>b. 数据分析，预知风险</td><td>产品的质量生命周期和替代生命周期把控</td></tr>
<tr><td>c. 利润与利润率的平衡</td><td>BSR 的马太效应</td><td>收益</td></tr>
</table>

附录 E　境外社交媒体引流操作模块记录

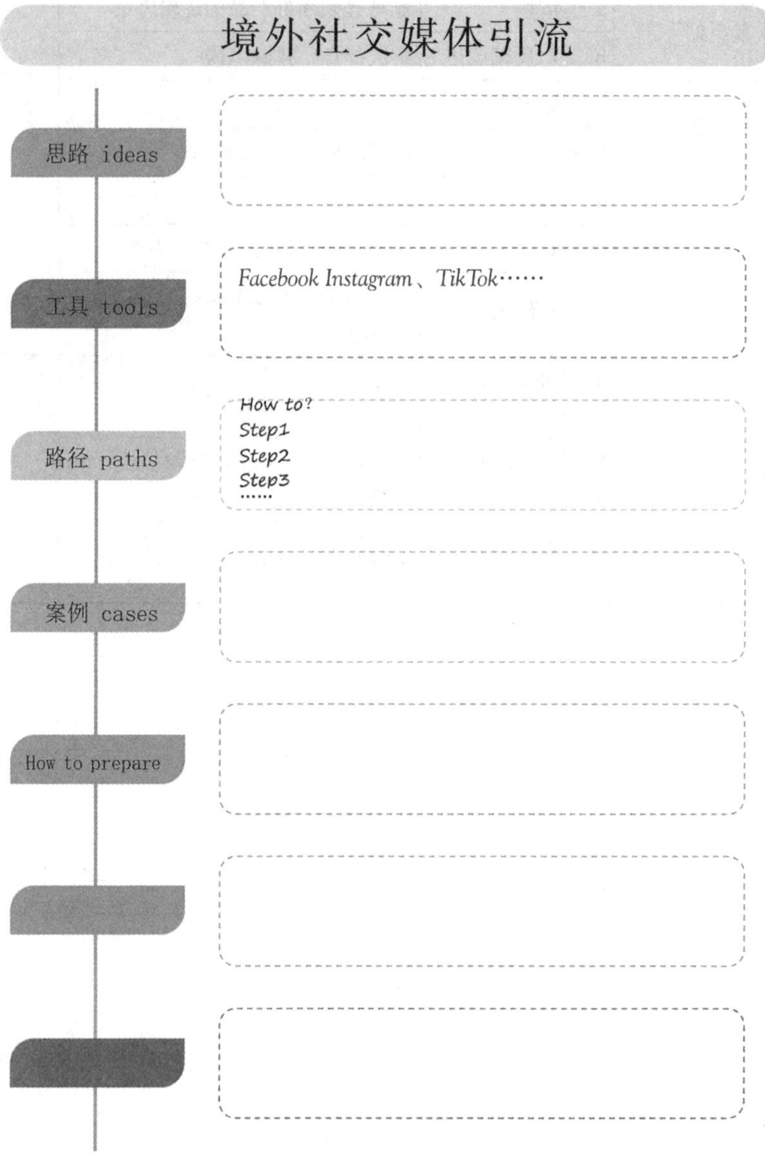

教师服务

感谢您选用清华大学出版社的教材！为了更好地服务教学，我们为授课教师提供本书的教学辅助资源，以及本学科重点教材信息。请您扫码获取。

教辅获取

本书教辅资源，授课教师扫码获取

样书赠送

电子商务类重点教材，教师扫码获取样书

清华大学出版社

E-mail: tupfuwu@163.com
电话：010-83470332 / 83470142
地址：北京市海淀区双清路学研大厦 B 座 509

网址：https://www.tup.com.cn/
传真：8610-83470107
邮编：100084